〔新西兰〕克雷格·埃利夫（Craig Elliffe）/ 著

赵冉冉 / 译

彭诚信

—— 主编 ——

人 工 智 能

课税数字经济

TAXING THE DIGITAL ECONOMY

上海人民出版社

仅以本书献给我的妻子莎琳(Sharyn)以及我们的孩子们：提摩西(Timothy)、尼古拉斯(Nicholas)和亚历克西娅(Alexia)。谢谢你们的爱与支持。

主编序

    在人工智能法学研究领域，"学术泡沫"的相关诟病早已有之，但伴随着商业实践和理论研究的不断深入，人工智能技术规制的法学议题开始逐渐聚焦于具体的应用模式及其底层支撑的数据集合安全。研究范式和研究视角的精准化使得学者们不再痴迷于假想式技术风险的治理模式论证，脱离具体的应用场景，抽象地探讨人工智能技术规制方式无异于空中楼阁，既无法提供有益于解决实践难题的制度方案，也无法澄清技术与法律不同话语体系之间的逻辑差异。技术本身从来都不是法律的规制对象，社会对于技术安全风险的种种担忧归根结底还是集中于具体的应用场景。无论是前期的软件开发、算法代码编写，还是后期的功能测试、上线应用，人工智能技术所表现出的风险类型并不完全相同。

    在数字经济时代，数据的资源开发和经济价值实现已经从大数据时代的数据挖掘转变为算法时代的实时数据仿真模拟。数据在规模化聚集之后能够反映更为全面且细致的信息内容，通过关联、比对数据之间的关系，预测未来趋势、分析内在因果关系等功能早已不是难事。可以说，技术创新应用和隐私保护的天平早已开始朝向技术一端倾斜。纵览国内人工智能相关理论成果，研究内容大多以默认技术会侵害隐私权益的形式"一笔带过"，至于技术如何阐释隐私概念、隐私权益的内容发生何种异变等实质性问题并未能得到明确的解释。这一现状值得学界予以关注，技术创新的目标是为了更好地保护权利和提升生活水平，而不是以牺牲既有权利为代价，促成"技术规训人类"这种主客体颠倒的局面形成。

因此，本辑丛书改变了以往聚焦人工智能技术应用的思路，结合数据生产要素市场化配置的国家战略，将"人工智能与隐私""人工智能与数据"作为本次国外法学精品专著的筛选主题，希望本辑丛书能够为国内人工智能法学研究提供与众不同的观察视角，推动人工智能法学研究范式的体系化。

本辑丛书本着"读书之乐何处寻，数点梅花天地心"的立场，编辑和译者们为了给读者们带来具有"异域风味"的学术盛宴，精心选择了三部著作，以期能够让读者们眼前一亮，重新思考和审视技术与法律之间应然的对话方式。这三部著作分别是伊恩·伯尔勒(Ian Berle)博士的《人脸识别：看得见的隐私》、尼尔·理查兹(Neil Richards)的《隐私为什么很重要》、克雷格·埃利夫(Craig Elliffe)教授的《课税数字经济》。

《人脸识别：看得见的隐私》一书重新审视了人脸识别技术应用究竟给我们的权利和社会结构带来了何种变化。在我们将公共场所的人脸识别应用视为社会安全保障有效手段的同时，作者对这种"理所应当"产生质疑：人脸识别技术真的能够有效预防安全风险吗？又或者说人脸识别技术仅是在事后阶段提供事实还原和权利救济的依据？更为重要的是，在我们默认人脸识别技术有利于社会治理时，个人再想拒绝人脸识别却变得极为困难，尤其是在人员进出场景模式下，个人拒绝或抵制人脸识别甚至会被视为"异类"。作者对这种现象表示担忧，在援引哲学家福柯提出的"规训权力的行使需要以主体的公开可见"为基础，认为被遮掩的人脸识别应用正在促成法律主体的"强制可见性"，一旦超出必要的限度，人脸识别应用将成为强制可见个人私密生活的"帮凶"。

《隐私为什么很重要》则为我们展示了我们之前鲜有思考的一个基础问题：究竟什么是法律意义上的隐私。在司法实践中，国内外的法官和当事人常常陷入主观性的"隐私"概念辩论之中，这背后的真相则在本书中有所提及，作者直截了当地澄清了有关隐私的四类偏见：一是隐私不是"见不得人"；二是隐私不只用于防范诡异和变态；三是隐私不仅仅限于自身相关信息的控制；四是隐私还没有"死亡"，在数字时代仍有存在的社会价值。在作者看来，隐私更像是一个"程度"问题，即隐私能够让我们在何种范畴自由选择身份，成为想成为的人；隐私能够实现何种程度的自由和安全；隐私能够以何种方式保护消费者、雇员的合法权益。简言之，隐私是关乎身份、自由和保护的工具。在平台经济时代，平台的隐私政策大多以验证用户身份的"真实性"为由，"合理合法"地蚕食隐私概念，但"真实性"的根本目的是保护用户安全，以隐私承载的"安全"为代价，实现另一种安全，这种异乎寻常的理由恰恰证明了平台正在掩盖我们所不知的问题。

《课税数字经济》则是以前沿领域的数字税征收问题为研究对象，评估和论证是否以及如何向商业模式高度数字化的跨国公司征收数字税。在数字贸易中，人工智能等信息技术的创新使得数字企业发展速度远超传统产业，这些企业无需深入消费者市场即可远程提供同等质量的产品和服务，但这些企业实际承担的税率仅是传统企业税率的一半，这种失衡的税收状态成为国际税收制度亟需解决的现实问题。尽管国际层面的经会组织/G20税基侵蚀和利润转移(BEPS)项目确实发挥国际税收制度包容性功能，但与政策制定者期望的公平且有效的税收状态仍然存在一定差距。

这三本国外学术专著的选择主要是以"技术、隐私与数据"为主题，将读者的视野拓展到人工智能所关涉的具体产品或服务。《人脸识别：看得见的隐私》思考的是人脸识别技术所产生的个人强制可见性效应；《隐私为什么很重要》反思的是传统隐私概念在数字时代究竟是否仍有存在的价值；《课税数字经济》则是将研究目标回溯至技术应用者，分析人工智能等信息技术和数据资源在产生直接经济效应的同时，应当如何以税收制度维系数字经济的公平有效竞争。法律的生命在于实践，法学研究同样需要以实践问题为研究对象。在人工智能法学研究趋于精细化的当下，再去探讨抽象层面的"技术—法律"二元互动方式已然过时，真正应当关注的是信息技术革命为个体权利和法律关系所带来的机遇与挑战。

三部风格迥异的学术著作以不同的研究视角和实践问题为我们呈现了人工智能技术领域的"研究百态"：或是忧虑人脸识别技术牺牲隐私实现安全的治理逻辑成为"常识"；又或是竭尽所能想要吹散"隐私已死"的迷雾，在个性化推荐服务普及的社会中找回真正的隐私；抑或是从技术和数据所推动的数字商业模式切入，以更贴近实务需求的视角分析数字税征收的法理依据和实施方案。这些多样化的研究成果表明人工智能技术的理论研究正在扩张至各个具体领域，研究的具体问题往往又与隐私保护、个人自主权、税收公平等传统法律问题相互牵扯，这也是未来人工智能技术理论研究的必然趋势。

《人脸识别：看得见的隐私》将人们习以为常的人脸识别技术普及应用以另一种方式予以描述：如果我们不是从政府和企业的视角，而是从技术消费者的公民视角出发，我们可能会对"强制可见性"的含义产生印象。我们已然知晓脸书是一个流行的全球社交网络，它被称为"脸书"是有原因的：它通过消费者的选择，提供家人、朋友和民间社会团体的个体面容。现在想象这么一个社会，许多或绝大多数人的身体、衣服或头饰上都绑着相机，并且可以在日常生活中随意记录周围的人。我们必须要追问的是，随着无处不在的微型相机和人脸识别技术(FRT)的融合发展，公民是否会被置于国家机关和私人公司"强制可见性"的位置。人脸识别技术会对受到其审查的人施加强制可见性，使个人随时暴露于其注视之下，无论它们是出于调查、安全目的，还是在社交网络上。强制可见性在之前可能已经被纳入对个人和社会有益的系统之中；这类系统在架构上可能具有自主性，因此在某些级别的功能性上不需要人工干预或操作，例如自动实时账单支付和访问控制。虽然这些应用看似有益，但当系统不允许选择或者有选择性地提供部分选项时，它们可能会降低自主性并因而具备强制性。

《隐私为什么很重要》则是重新解读了隐私作为规则的四项要件。第一，隐私从根本上说是关于权力的。隐私很重要，因为信息就是权力。人类的信息技术正被用来预测、影响和日益控制人类行为，被用来为信息时代的技术提供动力。就像石油为工业时代的卡车、火车、工厂和航运提供动力一样，这个时代的卡车、火车、工厂和航运则是被称为"机器学习""人工智能"或直接称为"AI"的技术。第二，隐私的斗争实际上是关于规则的斗争——管理收集和使用人类信息的规则。平台往往通过隐私政策让我们内疚，因为"我同意了那个应用程序，所以如果我的数据现在'在那里'，而且超出了我的控制，那就是我的错"。糟糕的设计导致人类选择默认的选项时——我们责备自己，我们成为了隐私规则斗争的失利者。第三，隐私规则是不可避免的。人类信息一旦被分享便不再是"隐私"的概念是个危险的谬误，因为我们需要规范信息的使用和收集。第四，隐私规则是工具性的。隐私本身并不重要，重要的是隐私可以让我们追求其他我们一致认为重要的(甚至是基本的)价值。

《课税数字经济》一书表达了对数字服务税征收困境的担忧。该类税种仅针对一项特定的业务类别，无法解决现行国际税收框架所面临的难题。可以认为，仅其中两项挑战通过数字服务税得到了解决：其一，逐渐消没的对企业利润进行课税的能力，但仅限于对自动化数字服务企业，而不包括面向消费者企业；其二，对数据的使用和用户的贡献。事实上，这仅是有关数字服务税法律问题的"冰山一角"，"如何将该项税收作为消费税进行征收"这一问题的解决更是相当棘手。因为如果高度数字化企业在特定的管辖区中能够赚取巨额的剩余利润或者仅存在极低的或不存在任何的经营边际成本，那么一个以企业总收入为依据且采用较低税率的税制则又会导致征税过低。此外，该项税收不能够抵扣其他直接所得税，这将导致对企业的双重征税。

人工智能技术商业化应用并非幻想，从自动驾驶汽车致人死亡到人脸识别技术滥用，这些切实可触的社会热点事件将法学研究重心再次拉回至产品或服务层面的安全风险。法律对技术的回应不应当是以揣测性的风险预估为基础，因为"可能导致……风险""未来可能会导致……"等论述已然超出了法学研究范式所要求的客观理性，在理论和实践层面均无法为技术治理活动提供方法论指引或制度方案参考。人工智能技术滥用会导致法律主体权益减损或丧失，异化技术辅助治理的实现方式，这些潜在的问题早已是不争的事实。人工智能技术治理的诸多制度方案却有可圈可点之处，但须知法律问题的定性和解决决然不是停留于纸面的假想，而是需要回归至技术应用对社会的实际影响。编辑和译者们之所以慎之又慎地选择这三本国外专著，也是期望这些论述观点能够在平静的水面激起有关"人工智能技术发展社会化"的层层水波。至少在我们刷脸进出小区时，我们不再默认人脸识别技术是公共安全之必要，而是质疑和讯问我们的面部图像数据究竟何去何从。

读书的乐趣远不是寥寥几笔所能勾勒，好书给人的感觉犹如夏日清风拂面的舒爽、秋叶幽夜赏月的惬意一般，期待本辑丛书能够让各位读者捧卷而读时有所收获。

彭诚信

上海交通大学特聘教授

上海交通大学人工智能治理与法律研究中心副主任

凯原法学院数据法律研究中心主任

2022 年 7 月 27 日

译者序

数字经济在为个人及社会带来大量便利和发展机遇的同时，也给相关制度的变革创造了迫切的需求。与传统经济模式高度匹配的课税规则，在很多方面与数字经济并不完全兼容。就此，国际组织及一些国家已做出了不少变革的尝试，如何评价这些尝试的效果，在应然层面如何设计符合数字经济特性的税收制度，是实务及学术界都在迫切探寻答案的问题，也是本书希望回答的主要问题。

很荣幸有机会翻译本书作者克雷格·埃利夫的著作，他是新西兰该领域的学术权威，具备深厚的税收制度设计实操功底；感谢上海交通大学凯原法学院彭诚信院长对本书的推荐和在翻译过程中的指点，让译者有机会接触、研读并最终为国内读者翻译了这本好书；感谢上海人民出版社夏红梅老师给予的全程支持，使得本书可以顺利出版；最后，还要感谢上海杉涌律师事务所的张曜、高丽珉、石维娜、石宇杰、林声达、刘晓霞的协作，没有他们的努力，本译著亦无法完成。

翻译工作赠人玫瑰，手有余香。在数字经济监管方面，外文佳作尚未被翻译引入国内的仍有不少，而国内数字经济的持续高速发展，也呼唤着国外前沿理论及经验的引入。在完成本书的翻译后，译者将继续寻找该领域高水平的外国著作进行翻译，进一步扩充本书所属系列，既满足国内读者的需求，相信译者本人也可以在这个过程中收获良多。

图释

前　言

　　2018 年，全球电子商务市场总价值达到了约 7.7 万亿美元。然而，无视电子商务这巨大的体量以及惊人的增长率，许多跨国企业向它们经营地国家所缴纳的税费可以说微乎其微。这是一个不容忽视的问题。数字型企业发展壮大的速度远快于其他一般企业。在 2006 年，欧盟公司市值前二十名中科技公司占比 7%；到 2017 年，这一比例已增长到 54%。数字型企业对物理层面实际经营的依赖较少。利用无形产品以及知识产权，使公司能够在远离消费者的地方建立业务，并在那里开展实际经营业务。最令人担忧的是，平均而言，数字型企业所需要承担的实际税率只有 9.5%，而传统商业模式的税率为 23.2%。①因此，数字型企业所支付的超低所得税变成了一个政府和公众普遍关注的问题。

　　如何适当地向跨国企业征税是国际税收制度面临的最具挑战性的问题之一。为解决这一问题而制定的经合组织/G20 税基侵蚀和利润转移 (BEPS，Base Erosion and Profit Shifting)项目，在过去七年左右的时间里一直在运作。BEPS 项目已经在多个领域产生了重大作用，并影响了国际税收制度的许多方面。它鼓励更多的信息交流和公司透明度，引入反避税和反条约滥用规则，并建议修改经合组织(OECD)示范条约和国内法律。虽然早期的 BEPS 项目已经对跨国集团的行为产生了明显的影响，但政策制定者仍在努力寻找解决方案，以确保数字经济的公平和有效的税收。因此开展 BEPS 2.0 项目势在必行。

　　由国际联盟(League of Nations)在 20 世纪 20 年代制定的框架及基本

---

　　①　European Commission-Fact Sheet, Questions and Answers on a Fair and Efficient Tax System in the EU for the Digital Single Market, Brussels, 21 March 2018.

原则亟需现代化。BEPS 2.0 项目的重点是改革国际税收框架体系的弱点。包容性框架(Inclusive Framework)和经合组织正在寻求就重大改革达成共识。这些改革一旦实施，将修改征税权的分配，推翻实际经营地的限制，并对公平交易原则提出挑战。

本书分析了高度数字化的企业对国际税收制度的七大挑战，并研究了 BEPS 2.0 项目对这些挑战的回应。最后得出的一个结论是，BEPS 2.0 项目所提出的对策能够应对国际税收中出现的不同问题。例如， BEPS 2.0 项目的两个支柱中，支柱一厘清了复杂的税收来源国关系问题，并将新的征税权分配给市场所在国。支柱二协助解决与住所地税收不足、知识产权的流动和滥用以及国家间竞争有关的其他重大问题。支柱一提出的新征税权分配模式是基于以目的地为基础的征税体系，因此它们构成了一百年来对国际税收体系最彻底的变革。

因此，国际税收体系正处于一个十字路口。要应对数字化经济对国际税收制度的挑战，大致有两种选择：要么世界发展并最终确定一个共识驱动的多边解决方案，以建立一个新的国际税收框架；要么在无法达成共识的情况下，忍受大量相当"丑陋"的"单边国内税"。

本书分为两部分。第一部分研究了数字税收的情况，并从跨境交易下的住所地和来源地作为切入点。

为了了解国际税收方面的现有机制，第 1 章从历史角度研究了 20 世纪 20 年代妥协(1920s compromise)的基础(即通过谈判达成的、过去 100 年中所使用的国际税收框架)。这一章探索了从源课税的理论依据，并探讨了各司法管辖区对国内来源地征税能力的法律限制。

第 2 章解释了数字经济的发展，并介绍了观察研究数字经济商业模式主要特征的常见方法。第 3 章讨论了商业数字化对国际税收制度带来的七大挑战。这些问题和挑战都是经合组织/包容性框架在其提出的解决方案中必须解决的。第 4 章探讨了将数字服务税(DSTs, digital services taxes)作为一种替代方案，能够对这些挑战作出哪些回应，并重点关注了法律法规对于这种过渡方案到底施加了哪些限制。

第二部分主要是经合组织/包容性框架对这些挑战的回应。第 5 章描述了这些建议的大致轮廓(这些轮廓被称为"21 世纪 20 年代的纳税妥协方案")。在第 6 章中,作者根据先前确定的挑战对这些建议进行了评判,以评估它们是否解决了这些问题。第 7 章主要讨论了 BEPS 2.0 项目实施过程中出现的问题。第 8 章探讨了某些重要替代政策策略的影响。这些策略影响了拟议的 21 世纪 20 年代妥协方案。这使得我们能够确定某些关键政策对新国际税收框架的贡献。

最后,第 9 章衡量了进行单边改革(以一般数字服务税设计下所产生的问题作为研究对象)与追求统一多边共识两种方案的优劣。总的来说,第 9 章强调了 21 世纪 20 年代妥协方案的五个重大变化,这些变化可能构成未来国际税收体系变化的一部分。

在这本书的写作过程中,许多人给了我很大的帮助。第一是新西兰法律基金会(NZLF,New Zealand Law Foundation)聘请我作为他们 2018 年的国际研究员,这使我能够参加在巴黎举行的经合组织的讨论,并与世界各地的关键人物交谈。我非常感谢 NZLF 的主任林达·哈根(Lynda Hagan)和经理戴安·加拉赫(Dianne Gallagher)的支持和指导。

第二,还有其他许多无法一一具名的人,在讨论中慷慨地给予了我他们宝贵的时间。这些讨论的内容也构成了本书研究的一部分。他们包括普华永道(PwC)在意大利和英国的成员——Philip Baker QC 和 Tsilly Dagan。我特别要感谢牛津大学商业税收中心(Centre for Business Taxation)的同僚们,他们对我非常友好、慷慨万分,使我在牛津大学学习期间感到无比温暖。

第三,我要感谢我所在的奥克兰大学,特别是法学院。它们给我提供了研究和学习假期,并以其他方式提供了许多不同的支持。学术研究是许多不同方面倾注的共同产物,而同事和管理层的支持是不可或缺的。

第四,我想感谢我的研究助理,他们参与了本书的编辑和索引工作。感谢雅各布·吉布森(Jakob Gibson)、彼得·穆扎里里(Peter

Muzariri)、巴尼·彼尔特(Barny Poulter)和伊冯·罗斯威尔(Yvonne Rothwell)，谢谢你们勤恳的协助和认真的态度。

　　最重要的是，我要感谢剑桥大学出版社的团队。感谢马特·盖拉韦(Matt Gallaway)、卡梅隆·达迪斯(Cameron Daddis)和琼·戴尔·蕾丝(Joan Dale Lace)的出色指导和帮助。

第一部分

1. 向跨境商业所得征税

1.1 什么是跨境税收?

1.1.1 引言

跨境贸易是指货物和服务跨越不同国际司法管辖区边界的流动。税收是由主权国家征收的费用,可以是直接税(所得税、遗产税、赠与税和社会保障缴款)或间接税(消费税,如增值税或商品和服务税、销售税和关税)。税收主要用于征收国或地区在法律和秩序、医疗保健、基础设施、教育和安全等领域的公共产品和服务。在大多数国家或地区,从税收中获得的收入主要用于再分配,以确保各类社会群体都能得到应有的照顾,例如老人、孩童及家庭、病人和穷人。

因而,跨境商业所得税具有以下形式:

(1) 某国的居民在海外做生意,而该国决定对该居民征税。这种海外收入的税收有时很复杂,因为另一个国家的税法可能也适用于这种收入(见第2点),这将对该居民所属国家的税收产生相应影响(境外投资)。要理解这种境外投资收入,必须掌握的一个关键概念就是住所地。因为一国向其居民的境外投资收入征税正是基于这一基础。

(2) 某国政府对非本国居民在其管辖范围内开展的经营活动征税(入境投资)。这类税收的基本逻辑关键在于,该等非居民的应税收入是否来源于该征税国的管辖范围。

跨境税收可以区别于纯粹的国内税(即一个主权政府对其居民在其管辖范围内开展的经营活动征税)。

由于贸易自由化、货币管制的废除以及技术进步,国际贸易有了巨大的增长。学术研究表明,在 2007 年,即金融危机前一年,世界贸易额比 1997 年高出 2 倍,比 1972 年高出 6 倍,比 1950 年高出 32 倍。这些研究还表明,当年全球出口比 1913 年增加了 4 000 多倍。①

几十年来,以上因素导致了各国之间资本投资流动的急剧增加,从而使各国经济变得相互联结。全球化的特点包括资本和劳动力的自由流动、技术和电信科技的发展、经济结构中第三产业的增长、知识产权的重要性增加,以及综合供应链的投入和使用。这些特点使企业能够通过复杂的转让定价技巧(例如,涉及货物和服务的定价、债务地点和知识产权)、分散的生产经营活动以及在通过不设立实体存在而开展经营活动的方式,将生产活动、风险以及最重要的——利润——安置在税率很低甚至没有税收要求的司法管辖区。

1.1.2 收入税以及跨境贸易:一个相对新颖的现象

虽然有理由相信,跨境贸易的历史远远早于直接(所得)税,但国际贸易可能一直和某种形式的税收之间存在某种联系。最初,这种税收可能只是采取简单的过路费或关税的形式(例如,为允许船只通过封锁河流的锁链而支付的费用)。更复杂的征税手段,如所得税(英国等国在 18 世纪末以此为拿破仑战争提供资金),与 1648 年《威斯特伐利亚和约》(Peace of Westphalia)后从宗教战争中出现的民族国家兴起有关。②尽管丝绸之路(长安—天山走廊的古代贸易路线)比所得税的出现要早得多,但传统上认为跨境征税只是 19 世纪和 20 世纪才诞生的现象。由于跨境税收的相对"年轻",以史为镜可能有助于为本书所述的一些问题提供潜

① Giovanni Federico and Antonio Tena-Junguito A Tale of Two Globalizations: Gains from Trade and Openness 1800—2010 (Centre for Economic Policy Research, Working Paper 16-02, February 2016) at 1.

② See M Shaw International Law (8th ed, Cambridge University Press, 2017) at 19—21; L Gross "The Peace of Westphalia, 1648—1948" (1948) 42 AJIL at 40.

在的解决方案。在这个意义上，也许可以把部分在目的地征税的税收模式与历史上最早的跨境税收类似看待，即在货物被带到市场或从一个司法管辖区实际转移到另一个司法管辖区时才征收赋税。③

1.2 国际税收的基础概念：住所地和来源地

大多数国家都对消费和收入征税。④当一项交易导致货物和服务的交易时，就会对消费征税。消费税通常是针对最终用户收取(例如增值税、商品和服务税以及零售税)，但它也可能发生在最终销售前的企业间交易环节。消费税和进口税是针对特定商品或服务征收的。其共同特点是，消费税通常在消费者所在地征收，也就是进口国(往往被称为目的地)。⑤

所得税的应税标的通常是纳税主体在一段时间内赚取的净收入，并且往往是按年征收。有观点认为，一国的征税权是建立在特定个人与其的关系上(在经合组织的评注中被描述为纳税人对国家的个人依附关系)⑥或建立在与其领土的关系上。⑦

1.2.1 住所地征税

6

在考虑征税权和纳税人对国家的人身依附关系时，纳税人的住所地(Residence)(从应税角度来看)是大多数司法管辖区关注的首要问题。

显而易见，国际法认可一个国家可以对不在该国境内的纳税人征

---

③ 参见第 9.3.1 节"向目的地征税的演进"。

④ OECD Addressing the Tax Challenges of the Digital Economy, Action 1—2015 Final Report(OECD Publishing, 2015) at 19—33.

⑤ 目的地原则也是所得税改革的一个重要可能性。第 8 章将对此进行更加详细的讨论，因为该原则已被用于影响 21 世纪 20 年代妥协的许多替代政策策略中。

⑥ OECD Model Tax Convention on Income and on Capital: Condensed Version 2017(OECD Publishing, November 2017) at 105.

⑦ W Schon "Persons and Territories: on the International Allocation of Taxing Rights" (2010) 6 BTR 554 at 554. 在这篇文章中，舍恩成功地展示了个人和领土附属概念的脆弱性，这些概念被认为是税收权力的基础。

税，只要该国和纳税人之间存在真正的联结点，例如国籍或住所地。⑧
更毋庸置疑的是，一国可以对居住在其管辖范围内的纳税人征税，即使
该等应税利润是在该国境外获得的。

如上所述，基于住所地的征税模式适用于境外投资收入。

如果一个国家实施的是全球性的税收制度，它会对该国居民在其国
内和国外取得的收入征税。相反，如果一个国家实行的是领土性的税收
制度，那么它只对其居民来自本国管辖范围内的收入征税。特别是在处
理公司所得税时，大多数国家实行的是混合制度，即同时采用全球性和
领土性制度。经合组织指出，税收管理部门难以掌握其管辖区内居民境
外收入的信息，这正是这些混合制度被广泛采用的原因。⑨

1.2.2　从源课税

从源课税(Source)(来源地征税)建立在赚取收入的地区与纳税人之间
存在的关系上。

对于入境投资而言，一国可以对源自其管辖范围内的收入征税(即
一国对在其管辖范围内做生意的非居民征税)。⑩收入是否应当被认定为
来源于特定司法管辖区，通常由该司法管辖区的国内法律决定。⑪因
此，从源课税的规则因国家而异，但它们普遍遵循一个广泛的模式。虽
然通常来说商业所得税的计算以净收入为基础，并按非居民纳税人的边
际税率征收，但其他形式的被动收入(如利息、特许权使用费和股息)，
则常常以总收入为基础计算征税。经合组织认为，这是由于税务管理部
门常常难以确定非居民在赚取此类被动收入时产生的费用成本。⑫但由
于该种从源课税是针对总收入进行的，所以税率通常很低。

1.2.3　由住所地和来源地征税模式之间矛盾而引发的国际税收困境

理论上，各国可以在基于住所地的征税方式或基于来源地的征税方

---

⑧　See Shaw, above n 2 at 486.
⑨　OECD, above n 4 at 23.
⑩　参见第 1.1.1 节。
⑪　参见第 1.7 节"初探国内来源地征税模式的限制"。
⑫　OECD, above n 4 at 24.

式中二者取其一。以住所地为基础的全球性征税制度的问题是，为了使其行之有效，则需要所有其他国家也这样做。换言之，各国必须达成一个协议，即世界上所有国家都将仅对其居民的全球收入征税，没有国家会对非居民在其管辖范围内的收入征税。

而采用基于领土性来源地税收制度并不要求同样程度的国际合作。而且在历史上，许多国家和地区就是这样做的。它们以在其管辖范围内产生的收入所得作为应税基础来建立实施它们的税收制度。但是这样的例子现在已不多见。⑬而且鉴于资本的全球流动性，我们许多人很难想象这样一种制度——否则居民将轻而易举地转移其所有资本到海外并逃避当地的税收。

随着经济全球化，各国都会有出口和进口(两者相抵的结果就是国际收支)。各国也会维持一个资本账户，反映国家资产所有权的净值变化(换言之，这个账户记录了他国对本国国内资产所有权的变化，以及本国对外国资产所有权的变化)。

从源课税在撰写国际税收文章的经济学家中通常是不受欢迎的。⑭他们承认，这与资本进口中立性原则(CIN, capital import neutrality)是一致的。该原则要求所有投资者采用相同的边际税率，无论他们是居民还是非居民。根据 CIN，所有的储蓄者(无论他们是哪里的居民)都面临着相同的税后收益，从而实现了储蓄的有效分配。⑮这些经济学家认为，对本国管辖区的投资征税会导致投资减少，因为投资者会寻求最高的税后回报；而本国管辖区通过高税收，会迫使投资从本国境内转移到其他税收更为优惠的地区。这可能会影响投资和生产。并且他们认为税收的产生是由国内劳动力和其他固定因素决定的。然而，他们也承认，发达

8

---

⑬　中国香港地区对商业利润征税就是其中一个例子。利润税只会就在中国香港产生或取得的利润征收。简单来说，这意味着在中国香港经营业务但从其他地方获取利润的人士，无需就这些利润在中国香港纳税。

⑭　Described by L Kaplow "Taxation" in M Polinsky and S Shavell(eds) Handbook of Law and Economics(Volume 1, Elsevier, 2007) at [5.5](chapter 10).

⑮　M Graetz "Taxing International Capital Income: Inadequate Principles, Outdated Concepts, and Unsatisfactory Policies" (2001) 54 Tax L Rev 261 at 271.

国家通常会采用来源地征税模式。[16]

基于住所地的税收制度坚持资本出口中立原则(CEN, capital export neutrality)，因为投资者对他们在国内抑或是海外进行投资的态度和倾向性是中立的。这是因为无论资本投向何处，海内外都提供了相同的边际所得税率。经济学家普遍喜欢 CEN 原则，因为它具有明显的全球性经济效率，并认可投资地点与税收影响无关。[17]

迈克尔·格雷茨(Michael Graetz)认为，尽管国际税收政策制定者一再提到 CEN 和 CIN 原则，但除非我们有一个世界性的政府，或者所有国家都有相同的所得税基和税率，否则要求所有国家同时遵守这些原则是不切实际的。[18]格雷茨通过强调以下三个简单原则之间"不可调和的冲突"来支持这一观点：

(1) 人们应该为自己的收入缴纳同等的税款，而不管收入的来源是哪个国家。

(2) 在一个国家的所有投资都应该面对同样的税收负担，而不管是外国人还是本地居民进行投资。

(3) 主权国家应该可以自由地制定自己的税率并加以改变。

他接着指出，只有当资本收入在所有国家以相同的税率征税时，前两项原则才能同时成立，而这就要求各国采取相同的税收制度——不仅是税率，还有税基和来源规则。但是，以上设想除非打破第三条原则，否则这永远不可能发生。

有人说，资本输出国和资本输入国有"相互冲突的财政利益"：资本输入国可以从来源地征税中获得最大利益，资本输出国则从住所地征税中获得最大利益。[19]另一种看待这个问题的视角是路易斯·卡普洛(Louis Kaplow)的总结："一个大的资本净进口国希望对流入的资本征税，而一个大的资本净出口国则通过对流出的资本征税而获益。"[20]从

---

[16]　Kaplow, above n 14 at 689.

[17]　Ibid at 689.

[18]　Graetz, above n 15 at 272.

[19]　Graetz and M O'Hear "The 'Original Intent' of US International Taxation" (1997) 46 Duke LJ 1021 at 1033—1034.

[20]　Kaplow, above n 14 at 689.

这些一般情况可以看出，国际税收除了理论上的经济和法律架构外，还有一个地缘政治的层面需要考虑。

当各国决定它们将继续实行基于住所地的全球性税收制度，并对非居民在其管辖范围内的收入征税时，必然会出现双重征税。一个国家的居民在另一个司法管辖区赚取收入，将被合法地征收两次税：首先是被赚取收入的来源地司法管辖区征税，其次还要被它们所居住的国家征税。

这种国际税收的困境使得我们有了目前的国际税收制度。那么，在我们目前的国际税收制度框架中，如何处理资本进口国和资本出口国的需求矛盾呢？

1.3　国际双重征税的历史：“20 世纪 20 年代妥协”

本章的这一部分涉及国际双重征税的简要历史，并描述了“20 世纪 20 年代妥协”(1920s Compromise)[21]的形成。这是一个因工业化而产生的问题，是由于在世界各地实施所得税制度和日益增加的跨境贸易而产生的结果。[22]评论家们将目前的国际税收制度追溯到最初因德国统一而形成的模式。该种模式在德意志帝国前身签订的双重税收协定中得到应用。[23]第一个国际双重征税协定是 1899 年 6 月 21 日在普鲁士王国和奥匈帝国之间达成的，它以我们大家都非常熟悉的方式处理双重征税问题。这个方案在个人税方面，将征税权分配给居住国(当然我们现在认

10

---

[21]　这是迈克尔·格雷茨和迈克尔·奥赫尔 (Michael O'Hear) 在他们关于美国税收政策历史的杰出文章中所使用的术语，耶鲁大学经济学教授托马斯·亚当斯(他也是财政部的顾问，并且是财政部在税务政策和管理问题上的首席顾问)对该术语的使用也有非常特殊的影响。See Graetz and O'Hear, above n 19 at 1026.

[22]　S Jogarajan "Prelude to the International Tax Treaty Network: 1815—1914 Early Tax Treaties and the Conditions for Action" (2011) 31(4) OJLS 679.

[23]　J Hattingh "On the Origins of Model Tax Conventions: 19th-Century German Tax Treaties and Laws Concerned with the Avoidance of Double Tax" in John Tiley(ed) Studies in the History of Tax Law(Volume 6, Hart Publishing, 2013); Maikel Evers "Tracing the Origins of the Netherlands' Tax Treaty Network" (2013) 41(6/7) Intertax 375.

为是住所地），在商业和财产税方面则将征税权分配给来源国。[24]

在第一次世界大战后的几年里，世界各国正越来越多地从领土性税收制度转向全球性住所地税收制度，并同时提高税率。这是必要的，因为全球许多经济体产生了巨大的开支。由此产生的法律上的双重征税和高税率的结合，导致 1920 年在布鲁塞尔举行的国际商会会议 (International Chamber of Commerce Conference)向国际联盟提出了解决双重征税问题的要求。反过来，国际联盟金融委员会(Financial Committee of the League of Nations)要求四位经济学家从公平分配负担和干扰资本自由流动的角度考虑双重征税的经济后果，提出任何可以消除"双重征税恶果"的一般原则，并确定这些原则是否能够适用于一个新的国际公约。[25]

这四位经济学家并不是随机选择的，而是在一定程度上代表了战后的经济格局。[26]有两位来自资本进口国(有利于来源地征税制度)，即荷兰的布鲁因斯(Bruins)教授和意大利的艾诺迪(Einaudi)教授。约西亚·斯坦普(Josiah Stamp)爵士来自英国，而英国在历史上是一个主要的资本输出国(倾向于住所地征税)，塞利格曼(Seligman)教授来自美国(一个曾经是资本输入国的国家，但当时是最大的资本输出国)。这些经济学家开会讨论了前进的道路，并在 1923 年 4 月提交了一份报告(即《1923 年报告》)，该报告被一些人视为当代国际税收制度的基石。[27]另一些人认为，《1923 年报告》虽然具有影响力，但并不像许多人认为的那样具有决定性意义。[28]

---

[24] Jogarajan, above n 22 at 679.

[25] G Bruins, M Einaudi, E Seligman and J Stamp Report on Double Taxation(League of Nations Economic and Financial Commission, Document E.F.S.73. F.19, April 1923).

[26] Reuven Avi Yonah Advanced Introduction to International Tax Law(Edward Elgar, 2015) at 3—4.

[27] Ibid. See also Hugh Ault "Corporate Integration, Tax Treaties and the Division of the International Tax Base: Principles and Practice" 47 Tax L Rev 565 at 567.

[28] Graetz and O'Hear, above n 19 at 1078. 他们认为，虽然《1923 年报告》的组织结构和对基于来源地利息和股息征税的否决代表了现代税收条约的基本蓝图，但是真正重要的概念可以在基于来源地征税的有效性的认识、1919 年和 1921 年美国立法中发现的外国税收抵免的重要性、国际商会的工作中找到(i.e. the work of Thomas Adams)。

在对国际联盟的原始报告进行研究后，两种关键观点逐渐浮现。㉙

1.3.1 观点一：建议在住所地国和来源地国之间分配不同类别收入所得的征税权

《1923 年报告》提出，理想的解决方案是对个人的"全部能力"(指纳税人的支付能力)进行征税，但只征收一次，而且"应根据他在各税区的相对利益在各税区之间划分责任"。㉚这种税收划分应在确定"个人的真正经济利益所在"之后进行。这需要对纳税人和国家之间存在的"经济忠诚"进行分析，并涉及对四个因素的评估：(1)财富的生产(也被描述为财富的来源或获得)；(2)财富的地点(也被描述为财富的地点和位置)；(3)财富权利的执行(法律上可执行的权利)；以及(4)财富的处置(在市场上的消费或出售)。㉛

即使在仔细研究了这四项"基本考虑"，㉜并试图应用不同国家对生产和收入的各种贡献之后，经济学家们仍旧得出了以下结论："在经济理论中，几乎不可能在所有据说有份的国家代理人之间，对最终收入从数量上进行直接分配。"㉝鉴于这种理论上的困难，他们得出结论：在实践中，有必要对征税权进行"妥协或任意分配"。㉞

从本质上讲，《1923 年报告》得出结论，有四个备选方案可以用于防止或减少双重征税：㉟

(1) 使用抵免方法，即住所地国将对在来源地国支付的任何税款给予外国税收抵免；

(2) 使用豁免方法，即来源地国对所有非居民在其管辖范围内的收

12

　㉙　Bruins, Einaudi, Seligman and Stamp, above n 25;国际联盟(技术专家)双重征税和逃税(F212，日内瓦，1925 年 2 月);国际联盟(来自阿根廷、比利时、捷克斯洛伐克、法国、德国、英国、意大利、日本、荷兰、波兰、瑞士、美国、委内瑞拉的技术专家)双重征税和逃税(C.216.M.85，日内瓦，1927 年 4 月);国际联盟(政府专家大会)双重征税和逃税(C.562.M.178，日内瓦，1928 年 10 月)。

　㉚　Bruins, Einaudi, Seligman and Stamp, above n 25.

　㉛　Ibid at 20—24.

　㉜　Ibid at 22.

　㉝　Ibid at 45.

　㉞　Ibid.

　㉟　Ibid at 41—42.

入免征税收；

(3) 按比例征税(即，一部分税款在来源地国和住所地国都要支付)；

(4) 使用征税权分配方法，即某些类别的收入将受到来源地国的征税(如土地租金)，而其他收入则不受来源地国的征税(如利息)；如果来源地国要求缴税，住所地国将允许外国税收抵免；但在来源地国豁免该等税收的情况下，住所地国将获得全额税收。

四位经济学家建议将土地、直接依赖土地的商业企业(如矿井和油井)、主要由工厂组成的工业企业和有固定地点的商业企业分开处理，这些都应在来源地国纳税。相比之下，股票(股息)和债务工具(利息)产生的收入以及职业收入将完全在住所地国纳税。[36]

《1923 年报告》[37]的最终结论是，豁免法(上文第 2 点)是一种纯粹基于住所地的征税形式，是他们的首选方法。尽管有人评论说，需要对征税权进行妥协或任意分配，以反映基于来源地和基于住所地的征税制度之间的平衡。

实际上，经济学家对上述第四种方法的第二次选择反映了这种妥协，而早期双重征税条约模式的发展历史表明，分配法会成为最重要的方法。[38]

1.3.2 观察二：建议承认来源地和住所地征税的排他性关系、来源地国家享有征税优先权——当《1923 年报告》的理论提议和后续的实际讨论倾向于采用住所地征税

迈克尔·格雷茨和迈克尔·奥赫尔认为，《1923 年报告》中使用"经济忠诚"原则(principle of economic allegiance)的做法对基于住所地征税的制度是很慷慨的。[39]《1923 年报告》尽管很不情愿，但明确承认来源地征税是许多国家征税方法背后的主导和"本能"。[40]他们说："但

---

[36]　Ibid at 39.

[37]　Ibid at 51.

[38]　格雷茨和奥赫尔指出，在英国以外的地区几乎没有任何重要性。See Graetz and O'Hear, above n 19 at 1078.

[39]　Ibid at 1077.

[40]　Bruins, Einaudi, Seligman and Stamp, above n 25 at 40.

是，如果我们承认事实，不因历史事故和行政上的怯懦或软弱，而能对每个人的总资源只进行一次征税，而不是从他那里零散地获取，那么'来源地'的想法就不会那么本能了。"[41]

经济学家们认为来源地征税制度不合适的主要原因有两个方面：第一，它导致的后果是双重征税的成本由住所地国承担(因为如果来源地国已经对收入征税，住所地国就有责任提供外国税收抵免)；第二，它被视为有点自私("他们准备承认的只是他们自己要求的紧迫性")[42]和权宜之计(政府在试图吸引外国资本时，愿意放弃对外国人的税收，故而它将仅在"当外国人已经进行投资而无能为力时"适用)。[43]

与这种对从源课税制度的攻击相一致，当《1923 年报告》比较各类征税的一般原则时，它得出的结论是基于住所地征税的理论基础更为可取。它通过对比所谓的交换说*(exchange theory)和能力说**(faculty theory)说明了这一点。如今，我们知道这些理论的名称略有不同。交换说可以被细分为成本费用说和众所周知的所得利益说。成本费用说认为，税收应该按照政府提供服务的成本来征缴，而所得利益说则是根据个人所获得的特定社会利益来证明税收的合理性。能力说，也被称为赋税能力说，通常被认为是更全面的，"因为它涵盖了所得利益说的价值"。[44]尽管《1923 年报告》明显倾向于采纳基于住所地的征税制度，但其并没有明确说明住所地征税制度的好处，只是说明了上述从源课税制度(即来源地征税制度)的缺点。

《1923 年报告》并没有给故事画上句号。1925 年，由国际联盟财政委员会(Fiscal Committee of the League of Nations)任命的技术专家委员会

14

---

[41]　Ibid.

[42]　Ibid at 41.

[43]　Ibid at 40.

　*　译者注：该理论认为国家征税和公民纳税是一种权利和义务的相互交换，换言之，税收是国家保护公民利益时所应获得的代价。

　**　译者注：或称为纳税能力原则或赋税能力说，即每个人都应根据自己的能力为支持公共负担作出贡献。

[44]　Ibid at 18.

提交了他们的报告，提出了减轻双重征税的建议(即《1925 年报告》)。根据格雷茨和奥赫尔的说法，《1925 年报告》"是为了将支持住所地征税的《1923 年报告》改进成一个更为均衡的产物"。[45]在此期间，这个委员会的大多数成员来自债务国而非债权国。关于最终决定的分歧，是基于"纯粹的实际目的"，并且"不应该从这个事实中去总结出任何关于经济理论或学说的推论"。[46]

上述技术专家委员会小组中新增了一批国家，[47]并取得了重大进展，包括引入"常设机构"(permanent establishment)的概念。因此，技术专家委员会在 1927 年提出的报告(即《1927 年报告》)所载双边公约草案中的商业利润将只在设有常设机构的来源地国纳税。[48]

1928 年政府专家出具的报告(即《1928 年报告》)所载的双边公约草案在现代人眼中开始变得相对熟悉。它有一项规则，即在常设机构所在国对工业、商业或农业企业征税，这包括"管理中心、分支机构、采矿和油田、工厂、车间、代理机构、仓库、办公室"，但"具有独立地位的善意代理人(经纪人、佣金代理人等)"被明确排除在常设机构之外。[49]

1.3.3 对"20 世纪 20 年代妥协"的反思

这段关于原始双重征税协定基础的简短历史，展示了对任何一般原则在制定征税理由方面作用的一系列重要思考。包括：

(1) 要在一个自洽的理论基础上证明征税权分配的合理性是非常困难的。参与《1927 年报告》和《1928 年报告》的托马斯·亚当斯(Thomas Adams)批评了埃德温·塞利格曼(Edwin Seligman)的(以及《1923 年报告》

---

[45] Graetz and O'Hear, above n 19 at 1080.

[46] 国际联盟(来自比利时、捷克斯洛伐克、法国、英国、意大利、荷兰、瑞士的专家), above n 29 at 15。

[47] 小组成员从 7 个扩大到 13 个。

[48] 国际联盟(来自阿根廷、比利时、捷克斯洛伐克、法国、德国、英国、意大利、日本、荷兰、波兰、瑞士、美国、委内瑞拉的专家), above n 29 at 10。

[49] 国际联盟(政府专家大会), above n 29 at 8。

的)"经济忠诚"理论。该理论是四位经济学家达成结论的试金石。关于这个理论他写道:⑩

> 我很遗憾地发现,这一理论不过是一个笼统的标签,涵盖了该理论的作者对某些人或交易征税的合适地点所作出的一些零星判断,这些结论是基于不同的考虑,而不幸的是这些考虑随着世界各国的商业习惯和发展阶段而变化……该理论导致其许多倡导者赞同关于住所地管辖区权利的夸张主张。这些主张被提出的部分原因,是基于其倡导者是债权国的公民这一事实。

16

如前所述(第1.3.2节),在《1925年报告》中,技术专家们并没有试图从理论上证明征税权的分配是合理的,而是说"我们所确定的划分……纯粹是为了实用,不应该从这个事实中推断出经济理论或学说"。⑪

(2) 各国(或其专家)所采取的立场有时可能反映其自身利益——或者用《1923年报告》的术语来说,就是债权国或债务国的世界观。然而,这些专家也可能会采纳更广泛的方法,大量参与1923年至1928年报告的两位美国经济学家所采取的相互冲突的方法便是一个很好的例子。作为一个债权国,人们可能会认为美国会采取一种完全基于住所地征税的方法;但大量的证据表明,美国国际税收的"本心"是采取来源地征税制度,并允许外国税收抵免。⑫

(3)《1923年报告》《1925年报告》和随后的报告普遍承认,在没有任何国际协议的情况下,各国可以不受约束地采取从源课税的征税方案。

《1923年报告》在使用经济忠诚理论来评估和证明征税权的分配之

---

⑩ Thomas Adams "Interstate and International Double Taxation" in Roswell Magill(ed) Lectures on Taxation(Commercial Clearing House, 1932) 101 at 125.

⑪ 国际联盟(来自比利时、捷克斯洛伐克、法国、英国、意大利、荷兰和瑞士的专家), above n 29 at 15.

⑫ Graetz and O'Hear, above n 19 at 1021.

前，讨论了所得利益说和赋税能力说。在我们研究证明来源地和住所地征税合理的案例时，有必要重新审视经济忠诚这一概念。

1.4　来源地和住所地征税的合理性证明

正如我们所看到的，最初在 20 世纪 20 年代确定并作为国际税收制度框架采用的征税权分配，被视为"一个随意的妥协，尽管它已被国际社会的大部分人所接受"。⁵³这可以被视为我们在国际税收领域的"切入点"，但它并没有解释我们"为什么"走到了这一步。要做到这一点，我们至少应该尝试"证明"某些征税原则，特别是与跨境商业有关的原则。在神学和法律中，"证明"一词有许多不同的含义；但对于我们的目的来说，最相关的解释是"表明或维护(一项行动、要求等)的公正性或合理性；为其提供理由；为正确或适当的行为辩护"。⁵⁴

当克劳斯·沃格尔(Klaus Vogel)处理税收的合理性问题时，他将其描述为"一个被遗忘的问题"。⁵⁵他的文章侧重于从法理学的角度证明税收的合理性这一更广泛的问题，而没有特别关注跨境业务，但许多原则当然与此国际层面相关。

在中世纪，税收仅被允许作为一种应急手段。⁵⁶弗朗西斯科·苏亚雷斯(Francisco Suarez)等神学学者记录了这一点，并将其归因于托马斯·阿奎那(Thomas Aquinas)的道德哲学。⁵⁷被允许的征税目的包括资助

---

⁵³　M Devereux and J Vella "Are We Heading Towards a Corporate Tax System Fit for the 21st Century?" (2014) 35(4) Fiscal Studies 449 〈https://ssrn.com/abstract=2532933〉.

⁵⁴　Oxford English Dictionary, definition of "justify" at 6.a(3rd ed, 2013), Oxford University Press.

⁵⁵　Klaus Vogel "The Justification for Taxation: A Forgotten Question" (1988) 33(1) Am J Juris 19.

⁵⁶　Ibid at 24.

⁵⁷　Ibid at 24 and 25 where Vogel refers to the work of Suarez in the work "Tractatus de legibus ac deo legislatore", Lib. V Cap. 13, 15(1612).

战争和发展军备、筹措君主的生活费用(包括被绑架后的赎金)和皇室公主的嫁妆。[58]鉴于税收的紧急性质，它被只能用于一个特定的目的；如果这个目的消失了，那么根据苏亚雷斯(Suarez)的记载，这些税收就需要被退还或用于另一个合法目的。

已经有一系列的哲学家、经济学家和政治理论家就这一重要议题展开了讨论。[59]正如马斯格雷夫(Musgrave)所说：

> 有充分的理由：纳税的义务或征税的权力，是臣民与主权者或公 18
> 民与社会之间所有联系中最具体的一种。克服税收随意性的斗争是
> 宪制的早期目标之一，而税收准则的制定为界定个人在社会契约中
> 的地位提供了一种保障。[60]

大多数传统的，甚至是当前的税收理论[61]都可以松散地分为两大类。[62]这些理论是所得利益说和赋税能力说。传统观点认为，所得利益说用于支持来源地征税，而赋税能力说则支持住所地征税，但这种观点的有效性受到了质疑。[63]

1.4.1 什么是所得利益说和赋税能力说？

这两种理论的区别是基于公共财政(即收入和支出之间的关系)间根本不同的世界观。在所得利益说中，纳税人和政府被视为经济行为体，

---

[58] Ibid at 55.

[59] For a summary, see Edwin Seligman Progressive Taxation in Theory and Practice(2nd ed, American Economic Association, Princeton University Press, 1908).

[60] R Musgrave The Theory of Public Finance: A Study in Public Economy(McGraw-Hill, 1959) at 61.

[61] 至少还有另外两种截然不同的理论——主权主义和现实主义。These are referred to in N Tadmore "Source Taxation of Cross-Border Intellectual Supplies—Concepts, History and Evolution into the Digital Age" (2007) BFIT at 2.在某些方面，这些理论似乎是对属性的陈述，而不是理论本身。主权主义认为，只有在主权存在的情况下，制定税法的管辖权才存在。现实主义与主权主义有着相反的关系，它认为，由于不存在任何国际法规则来限制一个国家的税收管辖权，因此这种限制只是一种实际执行的限制。

[62] Ibid at 61. Vogel(above n 55)还指出，最好将它们表述为两个基本方向或理论组，但他也认为，由于理论及其历史发展的多样性，这种区分过于狭隘。

[63] Devereux and Vella, above n 53 at 2.

相互交换对价。换句话说，是商品和服务的交换——有价值的东西(税收)换取有价值的东西(公共商品和服务)。

相反，在赋税能力说中，收到的利益和支付的税款之间没有联系。因此，税收被认为是强制性的，与市场没有任何关系。

马斯格雷夫指出，两种方法都有优点和缺点。所得利益说在分配(或从富人向社会中处于危险或需要资助的人的再分配)方面并不直观，尽管在他看来确实有"将公共服务的选择与社会个体成员的偏好联系在一起的巨大优点"。[64]除此以外，该理论还有一个非常重要的缺点，即很难确定何为福利。[65]事实上，约翰·斯图尔特·密尔(John Stuart Mill)鲜明地拒绝了所得利益说。因为如果需求和税收之间存在对等关系，那么税收就会具有向上递减的性质。[66]他不能接受穷人因为需求更大而被按比例征收更多的税。现在似乎很清楚，税收在很大程度上不是交换。因为双方(国家和个人)之间的交换是在一个非常抽象笼统的层面上(不是在任何特定时期向任何一个纳税人提供确切的利益)。此外，交换的价值在任何情况下都不一定是我们所理解的等价交换(quid pro quo)。

赋税能力说的优点是，它把复杂的纳税关系简化为强制关系，然后使国家能够确定如何分配支出、确保价格水平的稳定和充分就业。[67]当然，赋税能力说没有告诉我们如何分配税收负担或如何分配支出。

1.4.2 上述理论的发展简史

关于税收理论发展的研究[68]说明了几个世纪以来的一些社会、哲学和历史变化。正如本书这一部分前面所述，税收最初是作为一种紧急措施开始的。17世纪后期，税收开始从特殊基础上演变为持续征

---

[64] Musgrave, above n 60 at 62.

[65] Ibid at 61; see Musgrave's reference to the publication by John Stuart Mill Principles of Political Economy(WJ Ashley ed, Longmans, 1921) at 804.

[66] Musgrave, above n 60 at 804.

[67] Ibid at 63.

[68] 对众多经济学家、哲学家和税务学者进行了详细的分析，详见 Musgrave, above n 60 at 61; Vogel, above n 55; K Vogel "Worldwide vs Source Taxation of Income — A Review and Re-evaluation of Arguments(Part I)" (1988) 8—9 Intertax 216。

收。一般性的公共需求开始取代基于特定目的的征税。[69]德国关于公共财政的案例记录了基于社会契约的早期所得利益说。社会契约论是基于国家向特定个人提供的具体利益，而不是基于税收视角下的一般"公共利益"。[70]

20

亚当·斯密(Adam Smith)在他的第一个最高税率理论中，囊括了所得利益说和赋税能力说两个方面：[71]

> 每个国家的臣民都应该尽可能地按照他们各自的能力为政府提供支持，也就是说，按照他们在国家保护下各自享有的收入比例提供支持。一个大国政府对个人的支出，就像对一个大庄园的共同租户收取管理费用一样，或者说所有的人都有义务按照他们各自在庄园中获得的利益比例来作出贡献。

在这一表述中，斯密指出，每个人都从一般的公共服务中受益，每个人都应该为维持这些服务的成本作出贡献(与所得利益说一致)。在没有对个人利益是什么或需要什么成本以换取这些利益进行评估的情况下，亚当·斯密提出了一个概念，即税收应该"与他们各自的能力相称"(与赋税能力说一致)。

在大多数19世纪德国哲学家和经济学家看来，赋税能力说采取了一种略显极端的形式。[72]这种理论被称为"牺牲理论"，可以用沃克(Vocke)的话概括如下：[73]

---

[69] Vogel, above n 68; Vogel, above n 55.

[70] F Mann Steuerpolitische Ideale(1937). Described in footnotes 21 and 35 of Vogel, above n 55.

[71] Adam Smith The Wealth of Nations(E Cannan ed, Vol 2, GP Putnam's Sons, 1904) at 310.

[72] Such as Rau, Schmoller, Schaffle, Vocke, and Wagner, all of whom are discussed in Vogel, above n 55 at 28—30.

[73] W Vocke Die Abgaben, Auflagen und die Stuer vom Standpunkt der Geschichte und der Sittlichkeit(Cotta, 1887) at 174.

个人没有选择权,无法确定社会向个人提供服务总和的代价。相反,每个人连同他的一切和拥有的一切都属于社区。

到了 20 世纪,"牺牲理论"的极端性质似乎又变回了更为合理的赋税能力概念。[74]沃格尔将此归因于现代国家的发展,以及不再需要"牺牲理论"来实现征收一般所得税的政治目标。[75]

当然,赋税能力说最重要的一个特点是,它可以通过住所地与纳税人产生联结点,而无需给他们提供福利。这种基于住所地的征税和福利之间缺乏联系的模式是一把双刃剑。一些分析家认为,向居民征税以及得以全面评估一个人的赋税能力是一种行政层面的优势,因此他们建议"在世界范围内实行住所地征税制度"。[76]然而,这也导致一些理论家得出结论,基于住所地的征税是不合适的(因为这可能导致国家最终向那些没有从该国获得好处或只有少量好处的人征税)。

1.4.3　赋税能力说与向非居民征税

从源课税(来源地征税)也能充分确定纳税人在现实生活中的收入状况,从而使得准确的累进税率制度成为可能。因此,赋税能力说与纳税人在世界范围内获得的收入(无论如何衡量)直接相关。埃尔金斯(Elkins)对此表述如下:"住所地在国际税收中发挥的作用是母国征收所得税的一个基础功能。"他将母国税(一国对本国居民征收的税)与东道国税(一国对在其境内从事经济活动——包括被动投资——的外国居民征收的税)区分开来。[77]要想以赋税能力为由证明所得税的合理性,可以采取各种不同的形式和理论。包括:[78]

---

　　[74]　沃格尔在他的评论中指出,这一时期之后的文献几乎总是以支付能力为主导,而不是使用牺牲的概念。Vogel, above n 55 at 31.

　　[75]　Ibid at 36.

　　[76]　David Bradford US Treasury Tax Policy Staff Blueprints for Basic Tax Reform(2nd ed, Tax Analysts, 1984) at 89—90.

　　[77]　D Elkins "The Myth of Corporate Tax Residence" (2017) 9 Col J of Tax Law 5 at 12.

　　[78]　详见各种理论的精彩描述以及同上的脚注部分。

(1) 杰里米·边沁(Jeremy Bentham)和约翰·密尔所主张的功利主义学说：从富人那里拿一美元比从穷人那里拿一美元造成的损失要小，从富人那里拿一美元并将其用于公共服务会提高总的幸福；

(2) 罗尔斯主义原则(Rawlsian principles)：罗尔斯认为，每个人对物质资源都有平等的道德要求；只有在这种不平等有利于社会中最不富裕阶层的情况下，正义才允许不以财富多寡为基准进行不平等分配；因此，如果市场分配不平等，那么社会正义就要求对社会资源进行再分配；

22

(3) 牺牲说：每个人从交税中感受到的痛苦应该是相同的，而且由于货币的边际效用不断下降，富裕的人需要支付更多的钱来获得相同的"牺牲体验"或痛苦感觉。

衡量不同的人为财政作贡献的能力是赋税能力说的主要特征之一，它影响了许多重要的政府决策，如美国财政部制定的政策。[79]将赋税能力说应用于公司所得税并不像应用于个人所得税那样合理，因为这其中无法厘清该等税收最终是由公司还是公司的股东承担。如果这些股东是另一个司法管辖区的居民，该理论在这种情况下就会失效。[80]

虽然赋税能力说已被证明(至少在许多评论家眼中)是在住所地课税的一个重要理由，但它与大多数形式的从源课税几乎没有关系。换句话说，赋税能力说至少在传统上没有被用来证明东道国征税的合理性。其他评论家只是承认，"净收入的来源与支付能力根本无关"。[81]

鲁文·阿维·约纳(Reuven Avi-Yonah)诙谐地说："从源课税制度对律师来说是件好事，但却让经济学家感到绝望。"[82]他继续解释说，经

---

[79] Bradford US Treasury Tax Policy Staff, above n 76.

[80] Devereux and Vella, above n 53 at 3.

[81] C Fleming, R Peroni and S Shay "Fairness in International Taxation: The Ability-to-Pay Case for Taxing Worldwide Income" (2001) 5 Fla Tax Rev 299 at 311.众所周知，作者谈论的净收入的实际来源(即来自一种来源而不是另一种来源)，因此配额并不完全符合上下文，尽管如此，原则是有效的。

[82] R Avi-Yonah International Tax as International Law (Cambridge University Press, 2007) at 38.

济学家更希望世界上没有任何基于来源地的征税。相反，一个国家只是对其居民征税。阿维·约纳认为，经济学家不时地影响美国财政部，并热衷于讨论建立基于居民的税收制度。其中一个例子见于美国财政部在 1996 年编写的《全球电子商务报告》(the Report on Global Electronic Commerce)，该报告提道："从源课税制度正失去其合理性，并被电子商务所淘汰。相比之下，几乎所有的纳税人都是某地的居民。"[83]相应的，该报告总结道：[84]

> 因此，美国的税收政策已经认识到，随着传统的从源课税制度失去意义，基于住所地的税收制度可以介入并取代它们。这一趋势将因电子商务的发展而加速，基于住所地的征税制度也将在其中发挥重要作用。

但是，世界似乎不太可能接受纯住所地征税制度，阿维·约纳强调了这一观点，原因有二：(1)这将导致收入从发展中国家向发达国家的压倒性转移；(2)许多国家，包括美国，将不愿意放弃对外国人实施从源课税的权利。美国财政部最近的评论似乎也强调了上述第二个原因：[85]

> 美国的制度曾经发展到了美国是资本投资的主要来源国并主导了世界市场的时候。在过去的几十年里，全球格局发生了很大的变化，其他国家挑战着美国的经济优势地位。美国现在是外国投资的净流入国，而不是最大的来源国。

凡此种种导致了这样一种结论：赋税能力说对世界范围内的税收很

---

[83] 美国财政部税收政策办公室选定的全球电子商务税收政策影响(1996 年 11 月)，第 23 页。
[84] Ibid at 23.
[85] 美国财政部税收政策办公室：21 世纪提高美国营业税体系竞争力的方法(2007 年 12 月)，第 54 页。

重要，所以是跨境税收的一个关键部分。然而，在处理入境或东道国税收时，我们必须关注所得利益说。

除了赋税能力说的发展之外，所得利益说也有进一步的发展。这些发展被马斯格雷夫描述为"利益学说的文艺复兴"。[86]这些发展的重点是将税收解释为对国家提供服务的交换对价，将视角从以往关注个人所得福利切换至更关注社会整体所收到的福利。[87]

1.4.4 所得利益说的复兴

沃格尔突出强调了他的两位同胞，在他眼里，他们在税收的合理性理论方面取得了重大进展，特别是在所得利益说方面。[88]第一位是劳伦斯·冯·斯坦因(Lorenz von Stein)，一位 19 世纪末的律师和哲学家。[89]斯坦因认为，只有通过税收，社会才有可能为个人提供"他们发展所需的经济条件"。[90]这是一个互利的概念，个人将他们从社会获得经济利益的一部分回报给社会。换言之，国家提供了创造经济价值的环境。反之，对收入的征税又将经济价值增长的一部分返还给国家。

克劳斯·沃格尔认为，19 世纪的另一位关键作者是格奥尔格·冯·尚茨(Georg von Schanz)。对于税收学的学生来说，值得指出的是，尚茨是"综合收入"概念的创造者。亨利·西蒙斯(Henry Simons)在撰写其著名的《个人所得税》(Personal Income Taxation)一文[91]时，承认有两位作家的收入概念与他自己的概念不谋而合，他们便是尚茨和罗伯特·黑格(Robert Haig)。[92]

尚茨正是那些认为基于住所地征税制度不公平的人之一，因为住所地和国家提供的福利之间缺乏联系。他也反对双重征税，如果住所地国和来源地国都对相同的收入征税，就会出现双重征税。在他的文章中，

---

[86]　Musgrave, above n 60 at 68.

[87]　Ibid at 68—89. See Musgrave's discussion of the work of Wicksell and Lindahl.

[88]　Vogel, above n 55 at 33—46.

[89]　L von Stein Lehrbuch der Finanzwissenschaft (5th ed, 2 vols, Leipzig, 1885).

[90]　Ibid at 348.

[91]　H Simons Personal Income Taxation: The Definition of Income as a Problem of Fiscal Policy (6th ed, University of Chicago Press, 1938).

[92]　Ibid at 60.

他提出了在住所地国和来源地国之间公平公正分配税收负担的建议，其依据便是被称为"经济忠诚"的税收原则。[93]这是四位经济学家在《1923年报告》中采用的术语。但从上一节可以看出，经济学教授们的第一选择和主要建议是免除来源地国的税收，将税收留在住所地一级。这进而产生了《1923年报告》以及衍生的"20世纪20年代妥协"。但问题是，最初由尚茨使用的术语后来被四位经济学家误用了。正如沃格尔在谈到《1923年报告》中对经济忠诚原则的使用时所说："这一结论的理由既不令人信服，在政治上也不能接受……因此，进一步完善税务条约政策的权利从经济学教授手中被夺走，进而转交给技术专家。"[94]

尚茨所说的经济忠诚概念，与《1923年报告》中最初提出的基于住所地征税作为最佳选择有根本性的不同。尚茨提出，住所地国和来源地国(投资地)都可以合法地要求征税。就来源地国而言，向纳税人提供服务是征税的理由。在尚茨看来，来源地国基于征税而提供的服务占比高于住所地国。这意味着，如果一个人在另一个国家有商业活动或收入，那么此人对这个来源地国的忠诚比对住所地国的忠诚更重要。虽然住所地国应该得到其公平的份额，但尚茨提议，相关收入的四分之三应该由来源地国征税，剩余的四分之一由住所地国征税。沃格尔明确支持这一主张，并进一步指出，如果间接税已经对住所地国的服务进行了补偿，那么由来源地国对以上收入全额征税是合理的。[95]

与尚茨和斯坦因的观点一致，美国教授亚瑟·哈丁(Arthur Harding)在关于克服美国双重征税的工作中[96]认为，经济生产是一个社区互动的结果，而不是个人的贡献，国家在这种互动中很重要：[97]

---

[93] G von Schanz "Zur Frage der Steuerpflicht" (1982) 9(11) Finanzarchiv 1, 4.

[94] Vogel, above n 68 at 220.

[95] K Vogel "Worldwide vs Source Taxation of Income — A Review and Re-evaluation of Arguments(Part III)" (1988) 11 Intertax 393 at 395.

[96] A Harding Double Taxation of Property and Income, a Study in the Judicial Delimitation of the Conflicting Claims of Taxing Jurisdiction Advanced by the American States (Harvard University Press, 1933).

[97] Ibid at 42, cited in Vogel, above n 68 at 221.

我们看到，国家的经济实质、性质和功能是在这种经济机制中找到的。这种机制在其领土范围内运作，并为群体中个别成员的生活、进步和幸福作出贡献，而且必然为整个群体作出贡献。

然后，哈丁将国家的征税权与它所提供的利益联系起来，认为税收可以用于协调群体能够承担各种任务，产生效用或财富：[98]

看来，国家可以对所有财产、货物、劳动、服务等进行征税。这些财产、货物、劳动、服务等通过纳入或融入特定的商业机制而与国家的经济结构相一致……那么经济财富被用于协调不同社会群体的经济任务这一事实，决定了征税的权利取决于：它是否在与社会群体经济团结有关的情况下，作为社会群体的一部分，并由社会群体的经济团结而产生效用或财富。

尽管沃格尔在 1988 年写道，他对哈丁的工作表示非常钦佩，但他对其仍有所保留。因为哈丁的工作主要针对的是州际征税而不是国际征税，而且它已经被后来的司法判决所取代。[99]根据美国最高法院 2018 年 6 月 21 日对南达科他州诉 Wayfair 等(South Dakota v Wayfair, Inc.)[100]一案的判决，这一立场确实需要进行重新评估。我们将在下一节继续讨论这个判决。

将从源课税与所得利益说联系起来的思路，在国际联盟和经合组织已经存在了相当长的时间。[101]这种在来源地国和住所地国之间分配征税权的妥协，是构成现代国际税收制度和经合组织双重征税模式基础规则历史的一个组成部分。由此，经济忠诚原则脱胎于《1923 年报告》。[102]

---

[98]　Ibid.

[99]　Vogel, above n 68 at 221.

[100]　South Dakota v Wayfair, Inc, et al, Certiorari to the Supreme Court of South Dakota, No. 17-494. Argued April 17, 2018—Decided June 21, 2018, 585 US-(2018).

[101]　参见第 1.3 节"国际双重征税的历史：'20 世纪 20 年代妥协'"。

[102]　Bruins, Einaudi, Seligman and Stamp, above n 25 at 20.

27   上述经济忠诚原则承认来源地国和住所地国对生产和收入的各种贡献。换言之，20 世纪 20 年代妥协认可将征税权分配给来源地国，因为外资实体享受了来源地国提供的利益(如公共服务和产权保护)。

参与编写《1923 年报告》的四位经济学家讨论了经济忠诚的四个要素：[103]

(1) 财富的生产：这意味着在财富变现之前所涉及的所有阶段。他们的意思是："加利福尼亚树上的橘子在采摘之前并不算获得了的财富，甚至直到它们被包装、被运到需要的地方之前都不算，直到它们被放在可以使用它们的消费者那里时才算。"[104]

(2) 财富的位置，即财富所在的地点：通常，这是财富的所在地。对于被动投资收入来说，投资资本的所在地可以是来源地国也可以是住所地国。

(3) 财富的持有，即社会的法律框架和可以行使财产权利的地方：在这个语境下，行使财产权利可以体现在供给侧/住所地和需求侧/来源地，例如行使知识产权权利或履行债权人/债务人的义务。

(4) 财富的处置，这意味着财富已经到达其最终所有者的阶段。所有者可以利用财富进行消费，也可以用它进行再投资。但无论所有者意在何为，这期间财富都存在于所有者处，因此他们的缴税能力是显而易见的。

在此背景下，住所地只有在所有者消费或处置财产时征税才有意义。值得注意的是，上述财产很可能位于另一个国家。

28   在分析了这四个要素后，《1923 年报告》得出结论，生产阶段"直到财富实现成果时，可由不同的当局分享"。[105]经合组织承认："根据在国际联盟及其许多委员会主持下编写的公约草案，这一'财富起源'原则一直是来源地国征税的主要依据。"[106]

---

[103]   Ibid at 22—23.
[104]   Ibid at 23.
[105]   Ibid at 23.
[106]   《对全球经济中的利润征税——国内和国际问题》(OECD, 1991) at 32，讨论了众多委员会报告，并建立了作为经合组织示范公约基础的双重征税协定。

在 1991 年的一份报告中，经合组织承认来源地国有权对源自其境内的收入，包括外国人的收入征税：[107]

> 对如此分配征税权的一个理由是：外国拥有的生产要素通常受益于东道国政府提供的公共服务和产权保护。像公司税这样的来源地税也可以防止外国投资者获取所有的"经济租金"。因为当外国资本进入东道国利用其生产机会，例如其自然资源时，可能会产生这种租金。

1.4.5 数字时代的所得利益说：对于在本管辖区内没有设立实体存在的主体，该管辖区的征税权是否依旧有效？

(1) Wayfair 判决

南达科他州有一个零售税。问题是，当一个别州的供应商在南达科他州没有设立实体时，南达科他州便无法对远程销售征税。之前美国最高法院的两项裁决认为，南达科他州(或任何其他美国州)对于在本州内未设立实体的企业没有管辖权，因而也无权向这些企业收取零售税。[108]为了支持南达科他州征收零售税基础，并为州和地方提供的公共服务提高必要的收入，南达科他州通过立法要求非本州供应商缴纳零售税，"视作卖方在该州设立了实体"。法院在 Wayfair 案中决定(以 5：4 的微弱多数)推翻既往判决，要求在本州内未设立实体的零售商，在远程交易但向本州内的人交付货物时，也要核算零售税。

因此，南达科他州诉 Wayfair 案是一个重要的判例。它维护了南达科他州立法机构(或美国其他州)制定法律的权利，这些州可以要求别州卖家在向本州销售并交付商品时缴纳销售税。从此，如果卖家与征税州有"实质性联系"，各州便可以要求远程卖家缴税。[109]肯尼迪法官在作

29

---

[107] Ibid at 36—37.

[108] National Bellas Hess, Inc v Cap department of Revenue of Ill., 386 U.S. 753; Quill Corp. v Cap North Dakota, 504 U.S. 298.

[109] R Avi-Yonah "The International Implications of Wayfair" (2018) 160 Tax Notes 215.

出多数判决时引用了最高法院以前的一项判决，即"当纳税人(或收款人)利用了在该司法管辖区开展业务的实质特权时，这种(实质性)联系就成立了"。[110]在本案中，多数法官认为，"根据被告与该州的经济和虚拟联系，这种关系显然是足够(实质)的"。[111]

南达科他州的相关立法仅适用于向南达科他州交付超过价值100 000美元货物或服务的交易，或每年从事200次或以上向该州交付货物和服务的卖家。肯尼迪法官总结说："除非卖方利用了在南达科他州开展业务的实质性特权，否则不可能发生这种数量级的业务。而被告是大型的全国性公司，无疑保持着广泛的虚拟存在。"[112]

阿维·约纳认为Wayfair判决对欧盟和国际税收都产生了广泛的影响。[113]他强调了"雄辩的"上述判决中说理陈述。该陈述允许各州对远程卖家收税，因为它反映了"具有管辖权的市场为远程卖家创造利润提供了不可或缺的利益"。[114]他所强调的是由肯尼迪大法官代表最高法院对所得利益说的明确陈述，其内容如下：[115]

> Wayfair出售大量的家具以供消费者选择。它的广告试图创造一个美丽、宁静的家庭形象，但也提到"通过Wayfair购买家居的好处之一是我们不必收取销售税"。Wayfair在其协助逃税的微妙提议中忽略了一点，那就是创造一个梦想的家需要有偿付能力的州和地方政府。州税为警察和消防部门提供资金，以保护装有客户家具的房屋，并确保货物的安全交付；州税被用于维护公共道路和市政服务，以便(公司)与客户沟通和接触；州税被用于维系"健全的地方银行机构，

---

⑩　South Dakota v Wayfair, Inc, et al, Certiorari to the Supreme Court of South Dakota, No. 17-494. Argued April 17, 2018 — Decided June 21, 2018, 585 US-(2018) at 22, citing Polar Tankers, Inc v City of Valdez, 557 U.S. 1, 11(2009).

⑪　Ibid at 22.

⑫　Ibid at 23.

⑬　Avi-Yonah, above n 109.

⑭　Ibid.

⑮　South Dakota v Wayfair, Inc, et al, Certiorari to the Supreme Court of South Dakota, No. 17-494. Argued April 17, 2018 — Decided June 21, 2018, 585 US(2018) at 16.

以支持信贷交易(和)法院,以确保公司能够收到货款",并帮助创造"有利于提升消费者信心的氛围",以促进销售。据被上诉人称,阻碍它们免税招揽顾客是不公平的。但是,要求公司在利用州利益的同时承担对应的征税负担,并没有什么不公平可言。

美国最高法院在 Wayfair 案中推翻了最高法院之前的两项判决,这两项判决要求有实体存在才能构成实质性联系。多数派对是否设立了实体的测试提出了以下观点:[116]

- 法院认为该问题难以自洽:为何一个雇员或一个仓库应足以构成实质性联系,而依托现代技术实现的普遍存在却不足以建立这种联系。

- 一家公司,拥有可在南达科他州访问的网站,可以视作其通过客户的电脑在该州设立了实体。访问一个网站可能会在客户的硬盘上留下 cookies,或客户可能会将公司的应用程序下载到他们的手机上。

- 一家公司可能会永久或偶尔地在南达科他州租赁数据存储服务器。

- 通过投放有针对性的广告,以及大多数消费者可以通过任何互联网设备即时访问,一个企业能够以实质性的方式存在于任意一州,而不是必须设立"传统意义上的实体"。

- 虚拟展厅可以展示更多的库存、更多的细节,并为消费者和卖家提供更多的互动——而这对于本地实际存在的商店来说是不可能的。

因此,没有实体存在这一理论并不能以任何方式限制美国最高法院作出定论;公司与州之间的大量虚拟联系足以构成与其的实质性联系。最高法院应用所得利益说承认了远程的实质性联系。虽然该案的背景是

31

---

[116] Ibid at 15.

州税，但州际安排和跨境税收之间并没有任何理论上的区别。

(2) 是否只有在非居民企业在来源地国有实体存在的情况下，才能承认来源地国提供的利益？

2003 年，经合组织的一个技术咨询小组(TAG，Technical Advisory Group)编写了一份报告，审查条约规则的设置和电子商务背景下的商业利润税征收。[117]技术咨询小组无法达成一致，因为有些成员认为，即使对于在来源地国没有任何实体存在的实体，该国仍有权对其所得的商业利润征税。这一点很重要，因为正如迈克尔·伦纳德(Michael Lennard)在他的文章中所指出的，2003 年各界无法就此达成共识，"甚至在一个几乎完全由发达国家代表、公司或顾问组成的机构中也是如此"：[118]

43. 然而，技术咨询小组成员在一个重要的相关问题上存在分歧：即不在一国境内的供应商是否可被视为使用了该国的法律和经济基础设施；如果是，那么这种对一国法律和经济基础设施的使用，需要达到何种程度才能被视为允许该国对企业利润主张来源地征税权的依据。

44. 对一些成员来说，在这种情况下，从源课税是合理的。因为外国企业的商业利润部分来自该企业利用该国基础设施提供的优势，这些优势使企业经营有利可图。这些优势可能包括但不限于交通方式(如道路)、公共安全、确保产权保护的法律体系和金融基础设施。[119]

45. 然而，其他成员并不同意。他们认为，商业利润来自企业开展的商业活动；只有当企业在其领土上开展活动时，一个国家才有理由认为利润来自其领土。他们不认为进入一国市场的企业一定会"使

---

[117]　经合组织监测现行条约规范对企业利润征税的应用的技术咨询小组，"现行企业利润征税的条约规则是否适用于电子商务？"最终报告(税收政策和管理中心，2003 年)。

[118]　M Lennard "Act of Creation: The OECD/G20 Test of 'Value Creation' as a Basis for Taxing Rights and Its Relevance to Developing Countries" (2018) 25(3) Transnat'l Corp 55 at 67.

[119]　脚注[20]写道："因此，为拒绝征收专属居住税(见上文)提供理由的利益原则也可以作为确定企业利润来源的原则，同样的道理也在'经济忠诚原则'中得到阐明"(见脚注[12])。

用"该国的基础设施。他们认为,这种仅仅使用一个国家一般基础设施的做法对于企业的盈利过程来说太过偶然,不能据此认为有很大一部分企业利润是归于该国的。

大约在《2003年报告》发布的同一时间,戴尔·平托(Dale Pinto)教授考虑了同样的问题,并得出结论:外国企业没有必要在该国保持实体,以证明来源地国征税权的合理性。他认为,向非居民企业提供的福利——即使他们在来源地国没有实体——足以被视为来源地国有权对基于此产生的收入征税的理由。[120]

平托考虑了查尔斯·麦克卢尔(Charles McLure)提出的一个论点:所得利益说表明,实体存在可能是建立税收关系的必要条件。[121]根据麦克卢尔的说法,其原因是:许多服务(如警察和消防保护)只有在非居民企业在来源地国保持实体存在的情况下才会产生价值。平托引用了阿维德·斯卡尔(Arvid Skaar)的书,该书的结论是:即使一个企业在来源地国没有实体存在,它仍然可以从其基础设施中获得巨大的利益,并应通过税收的方式对该国作出贡献:[122]

> 常设机构只是经济忠诚原则的一方面,而不是来源地国征税的理由……看来,一个不需要投资于不动产设施或其他常设机构的企业,仍然可以从其收入来源地所在的社区获得相当大的好处。如今,在另一个国家进行商业活动,活动的持续时间和由此产生的利润,本身就是重要的缴税依据……这就要求所有从国家获得这种利益的企业对社会作出相应的贡献,无论它们是否在该国设有常设机构。

33

---

[120] D Pinto E-Commerce and Source-Based Income Taxation (IBFD Publications BV, Netherlands, 2003) at 22—23.

[121] C McLure "Source-Based Taxation and Alternatives to the Concept of Permanent Establishment" in Canadian Tax Foundation(ed) 2000 World Tax Conference Report(2000) at [6.5].

[122] A Skaar Permanent Establishment: Erosion of a Tax Treaty Principle(Kluwer Law and Taxation Publishers, 1991) at 559—560.

(3) 来源地国理论对数字商业的贡献

可以指出的是，来源地国至少在这五个主要领域，为在其管辖范围内开展数字化业务的企业作出了贡献：[12]

第一，对商业和经济大环境的贡献：这包括一般的商业信心、反腐败和法律与秩序、富裕程度和消费能力。通常情况下，居民在来源地国购买的商品和服务会在进一步的商业活动生产中(需要一个良好的环境)或在私人消费中(需要有消费能力的消费者)被消费。

第二，对技术基础设施的贡献：这包括适当的电信基础设施、WiFi和宽带，以及拥有适当设备(电脑和智能手机)的人口。

第三，对法律体系的贡献：这包括提供保障以确保交易款项的支付，维护知识产权(如商标)，并保持一个竞争和有利的商业环境。知识产权保护(例如，对计算机软件而言)对无形产品和数字化服务的供应商至关重要。处理欺诈和犯罪行为的能力也很重要，消费者保护的立法和执法也是如此。

第四，对基础设施的贡献：现代基础设施允许以及时和受保护的方式实际交付货物，并为包装材料提供废物处理方案。

第五，所在国用户对数字商业的贡献：这可能有多种形式，将在第3章中讨论。包括用户和社交媒体的作用(设计或提供内容)，个人通过网络效应的贡献(家庭、追随者和朋友)，提供作为共享经济一部分的资产和服务(实际位置或在来源地国管辖区内)，审视、检验和评价服务或商品的过程等。

34

显而易见，在非居民企业享受或利用来源地国(或来源地国的经济实体——例如所在国用户)所作贡献的情况下，所得利益说作为对非居民企业征税的理由仍有其价值。这不是一个现代的想法，它在20世纪20年代妥协的原始理论结构中就已经存在。经济忠诚的概念虽不明确，但显然包含了以下内容：当非居民企业开展的活动利用了来源地国提供

---

[12]　这份清单是在平托讨论的福利清单的协助下编制的，above n 120 at 22—23。

的公共服务、法律和技术基础设施并从中受益时，征税权应该如何在国家之间分配。

虽然这一论点可以证明来源地国在处理数字商业方面的征税是合理的，但这显然只是一个理论上的合理性问题。它并不表明目前的国际税收框架允许在企业没有实体的情况下对数字商业进行征税。

经合组织最近的一个重要发展是提出了"价值创造"的概念。这个概念是什么，它来自哪里，它与所得利益说有什么关系？

1.5 所得利益说及其与价值创造的关系

欧盟委员会指出："在价值被创造的地方对利润征税是一项国际公认的原则。"[124]委员会的声明提到了经合组织/G20 税基侵蚀和利润转移项目(BEPS)。事实上，经合组织 BEPS 项目的重点是确保 "利润在价值被创造的地方被课税"。[125]我们可以提出一个强有力的案例来支持价值创造的主张是国际公认的，但似乎并不清楚各国都认可什么。经合组织/G20 包容性框架的最新声明代表了超过 125 个国家，并重复了这个概念，即"让税收回到经济活动和创造价值的地方"。[126]此外，《税基侵蚀和利润转移行动计划》(the Action Plan on Base Erosion and Profit Shifting，以下简称《BEPS 行动计划》)的第 8 项至第 10 项行动声称要确保转让定价的结果与"价值创造"相一致。[127]

35

---

[124] 欧盟委员会致欧洲议会和理事会的函件(COM，布鲁塞尔，2018 年 3 月 21 日)。

[125] OECD Explanatory Statement: 2015 Final Reports(OECD/G20 Base Erosion and Profit Shifting Project, 2015) ⟨www.oecd.org/ctp/beps-explanatory-statement-2015.pdf⟩.

[126] Inclusive Framework on BEPS, Progress Report July 2018—May 2019(9 June 2019) at 1; OECD/G20 Base Erosion and Profit Shifting Project Addressing the Tax Challenges of the Digitalisation of the Economy(Public Consultation Document, 2019) at [11]; OECD/ G20 Inclusive Framework on BEPS Programme of Work to Develop a Consensus Solution to the Tax Challenges Arising from the Digitalisation of the Economy(2019) at [23] and [53].

[127] OECD Aligning Transfer Pricing Outcomes with Value Creation, Actions 8—10 Reports (OECD/G20 Base Erosion and Profit Shifting Project, 2015) at 3.

价值创造在经合组织/G20 计划之外的欧盟委员会[128]出版物中也被提及。在讨论数字化经济税收改革的个别国家中也提到了价值创造，比如英国[129]、澳大利亚[130]和新西兰[131]。

1.5.1 价值创造概念的起源和目的

对于价值创造的概念，我们可以提出几点看法。第一点观察是关于它的起源和目的。价值创造的概念似乎是"突然出现的"，[132]是"一个混乱的、政治性的想法"，[133]而不是一个经过彻底分析的指导性原则。正如乔安娜(Johanna Hey)教授解释说："在所有关于经合组织/G20 BEPS 倡议的出版物中，都不可能找到任何解释，来说明为什么这应该是征税权国际分配的基本原则。"[134]价值创造的理念是 BEPS 方案的一个组成部分，它起源于防止恶性的税收竞争，保护公司的税收水平和维护"对公司征税以调节其财富和权力的民粹主义概念"。[135]

正如迈克尔·德弗罗(Michael Devereux)和约翰·维拉(John Vella)所指出的，最初作为"BEPS 项目的指导性原则……很快就被广泛接受，成为在国际环境中对企业利润征税的指导性原则"。[136]

价值创造原则似乎抓住了重要政策制定者的想象力，并从旨在处理积极税收筹划和避税的 BEPS 倡议演变为处理更基本的征税权实际分配问题。

---

[128] As referred to above, n 124，在欧盟委员会致欧洲议会和理事会的欧盟委员会通讯声明第 4 页中。

[129] HM Treasury Corporate Tax and the Digital Economy: Position Paper(November 2017) at [1.1],其中指出，"政府信奉的原则是，跨国集团的利润应在其创造价值的国家内征税"。

[130] Australian Treasury Discussion Paper The Digital Economy and Australia's Corporate Tax System(October 2018) at 13.详见第 4.1 节中的讨论，关于当前的税收框架及其未能恰当地捕捉某些交易对数字化业务的价值。

[131] New Zealand Inland Revenue Policy and Strategy Options for Taxing the Digital Economy—a Government Discussion Document(June 2019) at 4.详见第 2.5 节关于根据新西兰与海外所产生的价值来确定收入归属的讨论。

[132] J Hey "Taxation Where Value Is Created" and the OECD/G20 Base Erosion and Profit Shifting Initiative(2018) BIT 203 at 205.

[133] S Morse "Value Creation: A Standard in Search of a Process" (2018) BIT 196 at 197.

[134] Hey, above n 132 at 203.

[135] Morse, above n 133 at 197.

[136] M Devereux and J Vella "Value Creation as the Fundamental Principle of the International Corporate Tax System" (2018) Oxford University Centre for Business Taxation.

1.5.2 作为一个原则性的概念,它是模糊的、不明确的

第二个观察是,价值创造作为一个概念或原则,是相当模糊的。价值创造的地点可以归于员工所在的地点、销售的地点、具备产能的地点、管理的地点,或者筹集资本的地点。[137]这些众多的因素是产生利润的必要组成部分,但可能分布在许多国家,"使得我们甚至无法准确地指出每个具体地点对所赚取的总利润的贡献"。[138]唯一明确的是,由于BEPS项目和反避税的背景,在没有真正开展经济活动或业务的地方,不会成为创造价值的地点。学术评论家指出,这种不精确的说法有些误导,价值创造的真正问题在于:"新的指导原则源于这样一个事实,即它假装对分配问题给出了更好的答案,而最终却只变成了来源地规则的一个新变体。"[139]苏珊·莫尔斯(Susan Morse)教授建议,针对这种不明确性,有必要建立一个创造价值的争端解决论坛。它可以披露程序规则和决定,从而制定具有先例价值的"硬核"案例法,并在确定不同司法管辖区的收入和抵免额分配方面做到既透明又有影响力。[140]

37

1.5.3 与所得利益说保持一致

第三点观察与本书关于征税理由的这一部分有关。有一个强有力的论点认为:价值创造只是所得利益说的一个新版本或新名称。当一个国家通过公共服务和法律及经济环境为企业创造价值而作出贡献时,那么所得利益说就证明了征税的合理性。[141]

如上所述,价值创造可能归因于员工的活动、市场的影响、法律、物质和技术基础设施,而这些活动和其他活动可以使市场国家要求获得一定的税收补偿。[142]

---

[137]　Morse, above n 133 at 197.

[138]　M Devereux and J Vella "Implications of Digitalisation for International Corporate Tax Reform" (2017) Oxford University Centre for Business Taxation at 9.

[139]　Hey, above n 132 at 205.

[140]　Morse, above n 133 at 198—199.

[141]　乔安娜和苏珊教授在《国际税收公报》中的文章得出了类似的结论。

[142]　Hey, above n 132 at 204.

经合组织在对《BEPS 行动计划》第 8—10 项的评论中承认，价值创造甚至可以包括"地点节约"，即在特定市场经营所带来的成本节约。[⑬]当然，价值也将在生产地点创造(对于高度数字化的企业来说，可以说无处不在)。基于融资或使用知识产权所创造的价值，以及其他许多因素，同样可能证明公司总部所在地的征税权是合理的。

所有这些都表明，价值创造是一个足够宽泛而多样的原则，可以证明将征税权分配给来源地国和住所地国是合理的。

38　对于高度数字化的企业而言，价值创造概念给国际税收带来的进步，是在没有设立实体存在的情况下建立联结点的可能性。从这个意义上说，价值创造的重点是证明税收的正当性，而不是确定收入的归属。

要继续完成证明将利润归于价值创造地点合理性的任务，会比证明税收的合理性困难得多。正如各种评论家所指出的，将利润归于价值创造是一项非常困难的任务。[⑭]事实上，这项任务与试图建立利润与国家提供的利益之间的联系一样困难。[⑮]

1.5.4　价值创造与现有国际税收原则有区别吗？它会被 20 世纪 20 年代妥协的实用主义所束缚吗？

如第 1.3 节所讨论的，现有的国际税收制度是基于一种务实的妥协。该框架将某些类型的收入(主要是被动收入，如利息、特许权使用费和股息)主要分配给住所地国，同时使来源地国能够对企业收入征税(受制于常设机构门槛)。

1.5.5　价值创造与现有国际税收框架的关系

尽管经合组织已尽最大努力去尝试，但是将价值创造与现有的国际

---

⑬　Aligning Transfer Pricing Outcomes with Value Creation, Actions 8-10-2015 Final Reports (OECD/G20 Base Erosion and Profit Shifting Project, 2015) at 43—44.

⑭　Hey, above n 132 at 205:"其中一些问题源于理论基础和它所适用的税基之间的不一致……因此，公共产品的使用既不是对收入征税的良好理由，也不能为衡量公司的收入并将其归入不同的司法管辖区提供任何指导。一些跨国公司可能会大量使用公共产品，但最终会遭受重大亏损，例如造船业。

⑮　Devereux and Vella, above n 136 at 6:首先，利润可能无法很好地代表所获得的收益。高利润的公司可能会有限地利用公共服务和资源，而亏损的公司可能会给他们带来非常沉重的负担。这两位作者也在他们优秀的文章中提出了相同的观点。M Devereux and J Vella "Taxing the Digitalised Economy: Targeted or System-Wide Reform?" (2018) 4 BTR 387 at 393.

税收框架协调起来是不可能的。创造价值的原则是对 20 世纪 20 年代妥协的一种改变，因此取代了住所地和来源地混合的税收模式。[146]

首先，价值创造的概念与居民税收无关。许多司法管辖区对其居民企业征收全球税(尽管有相当多的司法管辖区对居民主动获得的商业收入所得税予以豁免)。根据价值创造的概念，对居民企业的海外收入征税是不合理的。[147]

其次，如上所述，价值创造至少可以部分归因于市场所在地，因此可以纯粹以市场所在国提供的客户为正当理由，给予来源地国征税权。经合组织表示，在许多国家看来，对高度数字化的企业征税是合理的，因为利润征税地点和价值创造地点之间的现有关系与利润分配规则不一致：[148]

> 这一组中的大多数国家都反对这样一种观点，即一个国家如果为外国企业的商品和服务提供了市场，那么它就提供了足够的联系，从而为税收目的创造了一个关系，无论这些供应的规模如何。相反，他们认为，根据现有税收制度的长期原则(例如，使利润与价值创造相一致)，利润应继续只在产生收入的要素所在地征税。

这些国家认为只有供应方(研发、生产和销售)的活动才能创造价值，而需求方(购买商品或服务)的活动却不能。马丁·维尔德(Maartin de Wilde)提出了这样一个问题："如果需求方与创造收入有关，那么为什么国际税法目前在分配公司的国际利润时没有考虑到这一点？"答案似乎是，这只是事情的演变过程，是"历史的产物"。[149]

---

[146]　如前所述，经合组织提出了 BEPS 项目的重点是确保"在经济活动发生和创造价值的地方对利润征税"的主张，see Explanatory Statement(OECD/G20 Base Erosion and Profit Shifting Project, 2015)〈www.oecd.org/ctp/beps-explanatory-statement-2015.pdf〉。

[147]　Devereux and Vella, above n 136 at 3.

[148]　Tax Challenges Arising from Digitalisation — Interim Report(OECD Publishing, 2018) at 172(emphasis added).

[149]　Maartin de Wilde "Tax Jurisdiction in a Digitalizing Economy: Why 'Online Profits' Are So Hard to Pin Down" (2015) 43(12) Intertax 796 at 798.

德弗罗和维拉仔细地(且正确地)指出，忽视需求端的价值创造"违背了基本的经济逻辑"。[150]然后，他们继续阐述了价值是如何在市场(需求)方面被创造的：[151]

> 各国之间的收入分配既归功于市场，也归功于供应链的各个环节。收入取决于供给和需求满足时的价格：如果没有市场，收入根本不会上升。目前还不完全清楚，为何国际商业税收制度背离了对价值创造的简单和无可争议的经济学理解。

在《1923年报告》中，经济学家讨论了财富的生产，并给出了一个支持这一观点的例子——征税权可以被市场的供需双方共享：[152]

> 加利福尼亚树上的橘子在采摘之前并不算获得了的财富，甚至直到它们被包装、被运到需要的地方之前都不算，直到它们被放在可以使用它们的消费者那里时才算。在这些阶段，即直到财富实现的时候，才能由不同的当局分享。

目前的国际税收制度并不分配营业利润的征税权，除非达到了常设机构门槛，且该等外国实体的业务是通过该常设机构进行的。20世纪20年代妥协防止来源地国对主动商业收入完全征税，并在未达到常设机构门槛的情况下将一些征税权分配给住所地国。

非居民企业可以通过许多不同的方式在一个司法管辖区"做生意"，有些需要在该司法管辖区设立实体，有些则不需要(合同可能在来源地国签订或部分履行，这可能不需要在此设立实体)。大多数国家的国内来源规则要求某些活动必须在该国进行，才能构成商业收入。有时

---

[150] Devereux and Vella, above n 145 at 394.

[151] Ibid.

[152] Bruins, Einaudi, Seligman and Stamp, above n 25 at 23.

国内法规定的这一门槛相当低，而且相当模糊。⑤

可以说，价值创造是对所得利益说的又一次重申，它正在挑战 20 世纪 20 年代妥协。从这个角度来看，经合组织在其最近的文件中，⑭将 价值创造的使用描述为"新的征税权"⑮是正确的。

经合组织/G20 关于 BEPS 包容性框架在"修订关系和利润分配规则"的标题下，⑯提出了三项新的建议：在他们所说的情况下，将更多的征税权分配给消费者或用户所在的管辖区，他们称之为"市场地管辖区"。在这种情况下，他们表示："价值是由商业活动通过(可能是远程的)参与该管辖区经济活动创造的，而该管辖区在当前的利润分配框架中不被承认。"

正如你所看到的，经合组织/G20 将价值创造原则视为对以下行为的一种正当化理由，即：在数字时代(建立联系)中，在没有设立实体的情况下，对从跨境活动中获得收入的实体行使征税权。同时他们认识到，由于 20 世纪 20 年代妥协所产生的制约后果，现有的规则不允许这样做。因此，有必要阐述当前的提议，将价值创造作为一项"新的"征税权。这种新的妥协，即 21 世纪 20 年代妥协，不言而喻是可能的，并且可以在理论上基于价值创造的概念，将其视为所得利益说的发展。

1.5.6　总结

本讨论提出的主张是：价值创造的概念是所得利益说的进一步发展，证明了从源课税(来源地征税)制度的合理性(如表明征税的理由或公平性)，但仅此而已。但这个概念无法解决如何将利润归于特定管辖区内开展的活动的难题，也无法解决如何量化和分摊征税权有关的任何其他问题。

---

⑤　参见第 1.7 节"初探国内来源地征税模式的限制"。

⑭　这一点似乎之前没有得到承认。

⑮　经合组织/G20 BEPS 包容性框架为经济数字化带来的税收挑战制定共识解决方案的工作计划(2019 年)。

⑯　Ibid at 11. Also known as Pillar One and referred to in the document.

1.6 关于跨境商业背景下的来源地和住所地征税的意见

1.6.1 尽管以居民为基础的企业税是有争议的,但它起到了后盾的作用

尽管从源课税在理论上是合理的,但基于住所地征收公司税的理由却不那么充分。以居住为基础的企业税存在问题,而这又对整个国际税收框架有影响。

首先,作为一个实际问题,公司税的所在地往往不是那么简单,通常涉及对一系列复杂事实问题的评估。这就导致了缺乏确定性,容易造成激进的税收筹划。或者如果宣称公司的住所地另有他处,就会导致潜在的风险。

住所地征税制度可能会引起很大争议,因为它是克服当前国际税收体系明显缺陷的一种方式,我们将进一步详细讨论[157]——即从源课税未能成功地对数字型和其他型企业征税,这些企业可以在一个经济体中运作,而无需设立纳税机构或常设机构。

根据国内法,各国不一定使用相同的依据来确定其公司的住所地。有些国家,如美国,依赖于成立或注册时的审验,这样,在美国成立的公司即使在那里没有业务或财产,也可以成为美国的居民。其他司法管辖区使用不那么正式的审验,他们会审查董事和高级管理人员的活动,以确定有效管理或高级管理层管理和控制公司的地点。最后,一些司法管辖区在其住所地审验中同时参考以上正式和事实层面的因素。根据《经合组织税收协定范本》(OECD Model)第 4(3)条,在选择有效管理地点作为最常见的双重居民住所地决定因素时,双边税收协定的立场虽然大多比较一致,但也被批评为缺乏精确性。[158]

---

[157] 参见第 3.7 节"基于住所地征税的不足之处"。

[158] J Avery-Jones "2008 OECD Model: Place of Effective Management—What One Can Learn from the History" (2009) 63 BIT 183.

正如最近的一些案例所展示的，就个人而言，明确住所地是一个困难的问题，[159]而就公司而言，正如约翰·艾弗里·琼斯(John Avery Jones)所指出的那样，这个问题就更大了。[160]这些略显粗暴的国内法对确定住所地的测试标准(例如，董事会议召开的地点，甚至是公司的正式审验)为重大的跨国税收筹划提供了机会，因为公司会被架构在一个最"有利(于减少税收开支)"的司法管辖区，而不是架构在最自然合理的地方。这种现象导致鲁文·阿维·约纳观察道："公司的住所地很难确定，而且相对来说没有意义。"[161]

这使经营数字业务的大型跨国企业有可能居住在一个低税率的司法管辖区，同时在世界各地开展业务而无需承担来源地税。这样的跨国企业将只在低税区缴纳有限的税款。跨国公司在低税管辖区以外赚取的全球收益，要么在外国管辖区没有技术层面的来源地，要么公司在该管辖区并未设立常设机构。

当你考虑到全球征税的后果(以及对外国收入的潜在征税)，就很容易理解为什么税务部门可能会提出住所地征税的主张。如果这些主张是成功的，公司被认定为居住在税率较高的司法管辖区，这不仅将导致住所地管辖区对该公司的全球业务利润征税，而且还会对其在低税区赚取的所有利润征税——这就是为什么它被称为"后盾税"。[162]

1.6.2 对公司以住所地为基础征税的正当性问题：因为它并不一定代表股东的税收，因此理论基础薄弱

第二点是相当明显的，即公司赚取的利润通常被视为独立于分配给

---

[159] Harding v Commissioner of Taxation [2018] FCA 837; Van Uden v Commissioner of Inland Revenue [2018] NZCA 487.

[160] Bywater Investments Ltd v Commissioner of Taxation and Hua Wang Bank Berhad v Commissioner of Taxation [2016] HCA 45; HMRC v Smallwood and Another [2010] STC 2045; Development Securities(No 9) Ltd & Others v HMRC [2017] UKFTT 0565.

[161] Avi-Yonah, above n 82 at 11.

[162] "backstop"一词既有更普遍的用法，也有美国棒球运动中特有的用法(在本垒后面用来把球留在场上的墙或网)。它用于描述 TS Adams 的观点，他曾是美国财政部在众议院筹款委员会和参议院财政委员会前的发言人。格雷茨和奥赫尔在他们的文章中将亚当斯的观点描述为一个重要的后盾。详见格雷茨和奥赫尔在第 1038 页第 19 节中所说的。当然，这是一种过于简单化的做法，因为需要考虑其他问题，如双重居住权和任何适用的双重税收协定的平分条款，以及外国税收抵免的问题。

44　公司股东/业主的收入。由于公司的利润作为股息分配给股东时同样属于经济收入，这就造成了一个重大的双重征税问题。如果公司的收入仅在股东手中被征税，这个问题就不会出现，但这在实践中并没有发生。因为业界普遍认为，如果不在公司层面征税，那么这部分利润的税收就会被无限期延迟，因为这部分利润会被公司保留下来，而不是作为应税收入分配给股东。尽管世界上大多数司法管辖区将公司层面和股东层面的税收进行了某种形式的整合，但这种整合(例如通过归责或降低税率)仍然导致了公司层面的大量重复征税。理查德·范(Richard Vann)教授认为，从股东那里收取的所得税很少，对收入的"主要"税收发生在公司层面。[163]

正如前面所讨论的，[164]在用个人依附性原则证明从世界范围内向居民征收所得税的合理性和主要对公司而非股东征税，这两个议题之间存在着复杂的关系。就个人而言，以住所地为基础向其征税的理由比公司的情况要充分得多。如前所述，公司住所地可以被人为操纵，并且决定其住所地的测试也相对而言比较随意。阿维·约纳断言："此外，跨国公司不是单一社会的一部分，它们的收入不属于任何特定的社会分配目的。"[165]范同意这个观点，他说："换言之，传统的住所地分析只在个人纳税人的情况下才有意义。"[166]

这使得范得出结论："只依据住所地征税的理论论据，无论对个人投资收入而言是否有效，都不适用于公司的收入。"[167]这一结论与沃夫冈·舍恩(Wolfgang Schon)教授的结论一致，他说："对公司在全球范围内征收所得税并不因为崇高的原则而变得正当，而是因为一个简单的事实，即一些税务机关必须承担起对其他国家并未征税部分收入课税的责

---

[163]　R Vann "Taxing International Business Income: Hard-Boiled Wonderland and the End of the World" (2010) 2(3) WTJ 291 at 295. See also part I of the appendix.

[164]　参见第 1.2.1 节"住所地征税"。

[165]　Avi-Yonah, above n 82 at 11.

[166]　Vann, above n 163 at 304—305.

[167]　Ibid at 305.

任(特别是由于未分配利润目前在股东一级也并未征税)。"[168]

1.6.3　由此得出的结论是,大多数国家可能倾向于继续对主动商业利润按照基于来源地的模式征税

45

20世纪20年代妥协的结果是,大致上由住所地管辖区享有对被动(投资)收入征税的主要权利,而来源地管辖区享有对主动商业收入征税的主要权利。[169]这种混合妥协极有可能以某种方式继续下去,原因如下:

(1) 各国基于一些务实的考量,致力于对在本国经营的非居民企业征收来源地税。在《1923年报告》中,四位经济学家满怀渴望地写道:"如果收入的来源地(source)和源泉(origin)在一个国家境内,人们就认为这个国家对这些收入有征税的主要权利,尽管这些收入流向了国外的某个人。尽管有一些不同,但这是主要的本能原则。"[170]对来源于其国内收入进行征税的国家将有机会第一个征税。因此,要阻止以来源地征税为基础的司法管辖区行使征税权是极其困难的。显然,防止从源课税最重要的机制就是通过双边和其他税收条约对其进行限制。

(2) 前面一节(第1.4节)详细解释了所得利益说。基于此,从源课税是合理的。相反,基于住所地的征税制度受到了批评,因为人们担心它有可能被滥用。而且(从实际层面来看)其与真正的所有者——股东缺乏联结点。尽管许多经济学家倾向于采用完全以住所地为基础的税收制度,但情况仍是如此。

(3) 在达成政治共识方面已经取得了很大进展。目前经合组织/G20关于BEPS包容性框架已有超过125个国家参与。在这些国家中,许多国家是发展中国家和净资本进口国。它们在国际税收框架的发展中可能比以前有更多的发言权,它们将渴望对市场的需求侧(而不是供应侧)征税。有人指出,重要的是要区分作为来源地的市场国家(即纳税人建立

46

---

[168]　Schon, above n 7 at 559.

[169]　Avi-Yonah, above n 82 at 11.

[170]　Bruins, Einaudi, Seligman and Stamp, above n 25 at 40.

了超出供应商品和服务的存在)与仅仅作为目的地国的市场国家(基于提供了购买商品和服务的消费者而获得征税权的国家)。[171]

(4) 非政府组织的作用和公众的普遍认识表明,跨国企业的纳税数额是一个具有重大政治重要性的问题。鼓励跨国企业缴纳其应缴纳的份额在政治上是可以接受的;但同时,当这些强大和有影响力的企业缴纳的地方税很少时,就很难为其辩护。这不仅是谁为该司法管辖区承担税收负担的问题,也是一个竞争领域的问题。如果跨国公司以这样一种方式运作,即在来源地国支付很少的税,而在住所地国通过有组织的架构也只支付很少的税,情况更是如此。政治压力不一定有助于制定良好的税收政策,但如果认为政客在制定税收政策时不会考虑公众的看法,那就太天真了。

1.7 初探国内来源地征税模式的限制

本章前面部分提出了几个命题。首先,各国在征税权分配的历史中所采取的基本立场只是各国为了达成关于征税权国际分配制度的一种妥协(即 20 世纪 20 年代妥协)。[172]这保留了来源地国对主动经营所得征税的权利,但也对这种权利作出了限制——只有在非居民企业在来源地国设立了常设机构时方才适用。

其次,基于所得利益说的征税理论研究表明:[173](1)如果非居民企业利用并受益于来源地国向该企业提供的公共服务、法律和技术基础设施,则可以证明来源地国对其行使征税权的合理性;(2)这种征税权的合理与否不取决于非居民企业在来源地国是否设立了实体(除了 20 世纪 20 年代妥协以及在达成该协议后约 90 年时间内开展商业经营的传

[171]　W Schon "10 Questions about Why and How to Tax the Digitalised Economy" (2018) 72 (4/5) BIT 278.

[172]　参见第 1.3 节"国际双重征税的历史:'20 世纪 20 年代妥协'"。

[173]　参见第 1.4 节"来源地和住所地征税的合理性证明"。

统方式之外，没有明显的理由可以正当化这种实体的要求)。现在面临的问题是，在一般情况下，基于国内来源地的征税制度是否限制了各国征税权的行使。换言之，是否有任何法律惯例(国际法、普通法管辖区或大陆法管辖区的原则)表明来源地国在向非居民企业征税时应受到限制?

1.7.1　设置来源地规则的目的

如前所述(第 1.2.2 节)，来源地征税(从源课税)是国际税收框架的一个组成部分。非居民企业只需对源自来源地国的收入纳税。因此，如何定义"什么是源自一国的收入"控制着该国对入境投资的征税方式。来源地规则，不仅对于非居民税收有着决定性的影响，对于居民税收也很重要。这是因为大多数司法管辖区对居民纳税人来自国外，且已被外国征税后的收入给予抵免。通常情况下，这些司法管辖区不会对本地来源的收入给予抵免，无论该等收入是否被他国课税。换言之，一般只有当收入是来源于国外，且已经被他国课税时，他国征收的税收才可以抵免居民在本国所应当缴纳的税费。[174]

1.7.2　不同类型的来源地规则：特别或正式规则

(1) 正式来源地规则

在普通法国家，基本上有两种不同类型的来源地规则。第一类规则是具体的，有时被称为"正式规则"。[175]例如一些司法管辖区确定股息来源地的来源规则。许多司法管辖区只看付款公司的住所地位于何处。[176]无论付款人居住在哪里，那就是股息的来源地国。这种类型的规则提供了确定性，并且相对容易管理，因为支付股息的公司正是来源地国的居民。还应补充的是，一些国家在股息方面不遵循这种正式的来源地规则，而是看公司在哪里实际获得收入。在这种情况下，无论公司的住所地在哪里，股息都被认为是来自利润生成所在地的国家。例如，一

48

---

[174]　Avi-Yonah, above n 82 at 38—40.

[175]　Ibid at 42.

[176]　美国和新西兰就是这类测试的例子。新西兰 2007 年所得税法(NZ)第 YD4(10)条规定，"来自住所地在新西兰的公司的股份或成员的收入，其来源在新西兰"。

家居住在亚特兰蒂斯的公司在其所有利润都来自澳大利亚的情况下向股东支付股息,澳大利亚将被视作这些股息的来源地。[⑰]此处使用亚特兰蒂斯这样一个没有缔结双重征税条约的虚构国家来举例是有意而为之的。因为《经合组织示范税收公约》(OECD Model Tax Convention)对股息收入没有设置来源地规则,但在第 10(5)条中有一项禁止规定,该款禁止业务经营所在地国对属于另一国居民的红利征税。[⑱]

在不同的司法管辖区有许多关于这些具体或正式来源地规则的例子,当然不同国家也有不同的规定。[⑲]除了红利之外,利息的来源地通常是支付人的住所地。另一种规则是看钱是从何处出借的。[⑳]即使钱是在管辖区之外借出的,利息的来源地也被认为与借款人开展经营活动的地点一致。[㉑]

(2) 实质性来源地规则

第二类规则试图追踪收入的经济来源地。阿维·约纳将这种类型的规则称为实质性规则。[㉒]

49　　　对于积极或主动形式的收入(如商业收入或就业收入),人们常常试图在带来此类收入活动的开展地点寻找收入来源地。这往往会遇到问题。因为与正式的来源地规则相比,这种试验只能因人制宜、个案分析,而且它是以一种非常务实的方式去解决问题。无论哪种方式,实质性规则都无法带来可以预见的确定性,而需要纳税人和税务机关作出更多的自主判断。因此,运用这种方法发生争议的可能性要高得多。

1.7.3　普通法国家的法律发展

接下来我们考虑如何确定就业收入的来源地。其中最关键的是特定

---

⑰　1936 年所得税评估法案(联邦)第 44(1)条规定:尤其是,如果非住所地股东从公司支付给股东的股息中获得的股息是从其来自澳大利亚的利润中支付的,则股息应在澳大利亚进行评估。

⑱　See the discussion on the section entitled D. Australia, in P Kaka "Source Taxation: Do We Really Know What We Mean?" (2017) Tax Notes Int'l 1221 at 1224.

⑲　Avi-Yonah, above n 82 at 43. This is in reference to the US rule but the same is also true for the New Zealand sourcing rule.

⑳　这方面的例子是新西兰 2007 年所得税法第 YD4(11)条中的利息收入来源规则。

㉑　Ibid.

㉒　Avi-Yonah, above n 82 at 44.

的雇佣关系发生地和实际履行职责的地点。一个国家可能有一个测试标准，即如果就业收入是在一个国家"赚取"的，那么该等就业收入的来源地就在该国。[183]那么，它是指签订雇佣合同的地方，劳动者提供劳务的地方还是支付款项的地方？ 在不同的特定情况下，这些因素中的任何一个都可能比其他因素更重要。澳大利亚高等法院的首席法官巴威克(Barwick CJ)在联邦税务专员诉米彻姆(Federal Commissioner of Taxation v Mitchum)一案[184]中的裁决解释了普通法如何运用这种实质性测试：[185]

> 从这个法案的角度来看,关于收入所得来源地的结论是一个对事实的总结。没有关于"来源地"的法定定义可用,这是一个实际现实的问题。在每个个案中,可以考虑的各种因素的相对权重将由有权对来源作出最终结论的法庭决定。我认为,没有任何推定和法律法规要求在任何特定意义上解决这个问题。

从这一决定中推导出的两个一般原则是：第一，该等测试是由适当的法庭对事实结论作出决定；第二，法庭采取的方法应该是以一个理性人的视角去寻找确定收入的真正来源地。[186]普鲁士·卡卡(Porus Kaka)在其 2016 年以大卫·蒂林哈斯特(David R Tillinghast)讲座为基础、关于国际税收的文章中，追溯了普通法的方法，并研究了英国、澳大利亚、南非和独立前的印度和巴基斯坦对于确定来源地的司法渊源。[187]这些不同司法管辖区的方法具有显著的相似性，但考虑到各个法院的性质和法律体系的相似性，这可能并不令人惊讶。

从对跨境商业税收的角度来看，普通法国家一次又一次地回到了

50

---

[183] 例如，参见新西兰 2007 年所得税法第 YD4(4)条。
[184] Federal Commissioner of Taxation v Mitchum(1965) 113 CLR 401(HCA).
[185] Ibid at 407.
[186] Kaka, above n 178 at 1223.
[187] Ibid at 1222—1224.如果他把新西兰也包括在内，结果将是一致的，因为新西兰上诉法院采纳了枢密院在澳大利亚内森诉税务专员案(1918)25 CLR 183 中的裁决的推理。

"寻找一个被理性人真正视为收入来源地"的测试。[188]这一测试似乎首次出现在澳大利亚高等法院对内森诉联邦税务专员案(Nathan v Commissioner of Taxation)的裁决中。[189]法院审理的问题是，根据澳大利亚来源地规则这些红利是否应在澳大利亚缴税[如上文所述，在提及《1936年所得税评估法》(Income Tax Assessment Act 1936)第44(1)条时指出，根据澳大利亚法律，这些红利是否应在澳大利亚纳税，包括从英国公司在澳大利亚开展业务所取得利润中支付的红利]。在那个时候，内森先生不需要根据他的澳大利亚居民身份对这些红利进行纳税——如果这些不是来自澳大利亚的红利，那么他们在澳大利亚根本不需要纳税。艾萨克斯法官代表法院作出了一致裁决，认为这些英国公司的股息确实在澳大利亚有来源地。他的著名判词如下：[190]

> 立法机构在使用"来源地"一词时，不是指一个法律概念，而是指一个被理性人视为收入的真正来源的东西。当然，当我们考虑某一特定来源属于谁时，法律概念必须深入这一问题。但是，确定某项收入的实际来源是一个实际的、困难的事实判断问题。

51　　　　1940年，枢密院(Privy Council)在清算方、罗得西亚金属有限公司(清算中)诉税务专员(The Liquidator, Rhodesia Metals Limited v Commissioner of Taxes)一案[191]中考虑到：一家英国公司在南罗得西亚购买了不动产，随后出售了该公司的采矿权以获取利润，是否可以说该利润来自罗得西亚？问题是这是否属于"任何人从领土内任何来源地收到的"应税收入？清算人辩称，企业利润的唯一来源地在英国，因为那里是管理和控制公司经营的地方，是签订买卖合同的地方，也是收到销售收入的地方。阿

---

[188]　读者会发现以这种性别歧视的方式来表述测试很奇怪。

[189]　Nathan v Federal Commissioner of Taxation(1918) 25 CLR 183(HCA).

[190]　Nathan v Federal Commissioner of Taxation(1918) 25 CLR 183(HCA).

[191]　The Liquidator, Rhodesia Metals Limited(in Liquidation) v Commissioner of Taxes 1940 AD 432(PC) at 436.

特金(Atkin)勋爵代表司法委员会(Judicial Committee)给出的判决驳回了这些意见，认为收入的来源地在罗得西亚。他们的结论受到两个因素的影响：(1) 早期的英国案件，即圣保罗(巴西)铁路有限公司诉卡特[Sao Paulo (Brazilian) Railway Co Ltd v Carter]案，[192]该案的结论是，一家英国公司可能需要对其在巴西经营铁路所赚取的业务利润缴税，更明确的是，即便这些款项是从巴西的来源地收到的；(2) 南非最高法院上诉庭(South African Supreme Court, 向枢密院提出上诉的法院)的德·维利尔斯(De Villiers)在异议判决中表达的观点，他实际上采用了艾萨克斯法官在内森案判决[193]中使用的相同测试标准。鉴于这两个因素，阿特金勋爵得出结论：[194]

> 除了这些不动产之外，该公司从未将其资本的任何部分用于抵押。这是一个铁一般的事实。唯一正确的结论似乎是，该公司从领土内的一个来源地获得了有关的款项，即他们在那里获得并开发的采矿权，其目的正是为了获得该特定的收据。

还有其他一些上诉判决也采用了这种方法，得出了非常相似的结论。南非最高法院上诉庭在税务局局长诉利华兄弟公司和其他(Commissioner for Inland Revenue v Lever Bros and Another)案[195]和新西兰上诉法院在税务局局长诉内华达州飞利浦灯泡公司(Commissioner of Inland Revenue v NV Philips' Gloeilampenfabrieken)案[196]中的判决只是两个例子。在这两起案件中，非居民企业(Lever Bros 案为英国公司，飞利浦案为荷兰公司)都成功地辩称，位于南非和新西兰的债务人支付的利息在这两个国家都没有来源地(因此不是源于利息的收入)。但是以理性人的视角来看待事实的本

52

---

[192]　Sao Paulo(Brazilian) Railway Co Ltd v Carter [1896] AC 31.

[193]　Using exactly the same words as Isaacs J, The Liquidator, Rhodesia Metals Limited(in Liquidation) v Commissioner of Taxes 1940 AD 432(PC) at 436 at 441.

[194]　Ibid.

[195]　Commissioner for Inland Revenue v Lever Bros and Another(1946) AD 441.

[196]　Commissioner of Inland Revenue v NV Philips' Gloeilampenfabrieken [1955] NZLR 868 (CA).

质，显然可以得出这样的结论：利息收入的来源正是来自英国和荷兰公司提供的资金。[197]

正如卡卡所描述的那样，[198]"贯穿所有这些判决的共同逻辑"是这样一个概念：无论法律分析如何，一个理性人都会得出收入来源的结论。这一总体原则是一个了不起的实用主义原则。这表明从普通法的视角，对来源地的概念确实没有限制。

1.7.4　各国对于来源地的概念是否存在统一看法？

根据沃格尔的说法，许多日耳曼国家(即德国和奥地利，但瑞士也通过判例法采取类似做法)根据单一、全面的来源地规则分配营业利润的来源地。[199]早在 19 世纪末，这些国家就在成文法和条约法中使用常设机构的概念来分配营业利润。许多其他欧洲国家也遵循同样的一般规则。归属于常设机构的收入在常设机构所在国产生了一个营业收入来源，其认定依据是该场所是一个独立的企业。在中欧，如果与商业活动有关，股息、利息和特许权使用费被认为是营业收入，而在普通法国家，它们通常有自己的特定来源规则。[200]

可以看出，中欧对营业收入来源地认定的方法表明，国内法与《经合组织税收协定范本》采取的做法可能有着更大的默契。因此，在欧洲，常设机构的概念与国内来源地和数字服务税之间的联系更为重要。相比之下，英美法系国家的国内法在界定收入来源地方面可能采用更宽泛的视角。因此，在这些司法管辖区，数字服务税可能会对英美法系国家向商业收入征税的能力设置更多的限制。

对于什么构成营业收入的来源地是否存在共识，学术界意见不一。这个问题的根本性质导致一些评论家怀疑是否有可能确定营业收入的来源地。例如，克劳斯·沃格尔表示，认为"来源"是一个"自然的、自

---

[197]　正如普鲁士在他的文章中指出的那样，经合组织现在对来源持相反的观点，因此当支付人是缔约国的居民时，利润被认为发生在该缔约国。See Kaka, above n 178 at 1224.

[198]　Ibid at 1224.

[199]　Vogel, above n 68 at 226.

[200]　Ibid at 227.

我定义的概念"，是"远离事实的"，[201]关于从源课税比基于住所地征税更可取的讨论"决不是……基于共同的理解"。[202]德·维尔德(De Wilde)同意这一观点，他说，虽然"经过一些努力"我们可以确定谁获得或赚取了利润，[203]但要回答"利润是在哪里赚取的"这一问题则要困难得多，"甚至可能是不可能的"。[204]没有确定收入来源地的能力，就意味着各国不会对来源地有共同的看法，尽管大体上他们可以。

鲁文·阿维·约纳认为，大多数来源地规则是国际习惯法的一部分，它们是相似的，并遵循相对普遍的全球惯例。[205]换言之，"他们是大多数国家认为必须遵循的规则，因为绝大部分其他国家如此"。[206]亚里夫·布朗纳(Yariv Brauner)解释说，与国际税收制度中的许多规则不同，来源地规则只适用于跨境交易，因此"结果是任何国家的国际税收制度与纯粹的国内税收制度'共享'部分内容"。[207]在分析了来源地规则和不同的国内管辖权之后，布朗纳得出结论："总之，来源地规则已经接近于事实上的统一。某些差异可以在世界税收制度中得到解决，但大部分差异并不重要，因为它们来自现行制度的双边性质。"[208]即使来源地规则事实上已经统一——虽然存在争议——但这并不能解决真正的问题：如何确定和量化什么是可归于某一来源的收入？

54

简单地说，要在一个实体正在进行的经济活动和它的收入来源地之间建立明确的联系似乎非常困难。休·奥尔特(Hugh Ault)对此描述如下："收入有一个明确来源地的想法似乎是理所当然的，但收入的来源地并不是一个定义明确的经济概念。"[209]现实世界的税收，需要关注人

---

[201] Ibid at 223.

[202] Ibid at 229.

[203] de Wilde, above n 149 at 798.

[204] J Avery Jones and others "Tax Treaty Problems Relating to Source" (1998) 38 Eur Tax 78 at 79.

[205] Avi-Yonah, above n 82 at 63.

[206] Ibid.

[207] Y Brauner "An International Tax Regime in Crystallisation" (2003) 56 Tax L Rev 259 at 266.

[208] Ibid at 282.

[209] H Ault "Some Reflections on the OECD and the Sources of International Tax Principles" (2013) 70(12) Tax Notes Int'l 1195 at 1200.

们的交易和活动，并对收入进行相应的分配。正如奥尔特所指出的，问题在于，几乎没有理论指明什么是适当分配收入所期望达成的理想经济结果。他建议，现有的国际规则可能更多的是受到行政管理和可行性因素的影响，而不是受到经济原则的指导。沃格尔将这种把收入来源地"以某种方式"与收入的生产或与商品价值的创造联系起来的说法描述为含糊不清或模棱两可。[⑳]他认为，收入来源地的联系类型不能通过一般方法来界定。

所有这些理论观点都不是很有帮助。因为如果说要对来源地的概念形成一个共同的理解不仅看起来艰难，甚至从实践角度来说也不可企及；那么如何适当地分配收入就会成为第二个同样难以克服的障碍。

1.7.5　总结

从上述情况来看，可以推测，对营业收入来源地的概念并没有什么实际限制。诚然，有一些共同的公约可能会防止矫枉过正；但在一些分析家看来，这些公约说明了习惯国际法对来源地概念还是存有限制。较早的判例法大多采用一种务实的方法，特别是在普通法国家，即"收入来源"就是普通理性人会认可的收入来源。因此，"一个国家对另一个国家税收范围的唯一真正限制，是其执法能力"这一陈述也是事实。[㉑]

对许多国家来说，"除非受到国际协议的限制、国内征税权是主权"这一原则可能是国际税收领域的主要特点。这一点尤其令人担忧，除非能够在国际征税权分配方面找到合理、长期的多边解决方案，从而建立一个新的框架以解决这一问题。

1.8　税基侵蚀和利润转移以及企业数字化带来的新威胁

正如本书引言部分所述，国际税收在过去十年中一直处于变化的漩

[⑳]　Vogel, above n 68 at 223.

[㉑]　Kaka, above n 178 at 1234.

涡之中。最初，这是由各种积极的税收筹划技术和国家之间达成或默许的税收竞争所推动的。2015 年 11 月，所有经合组织成员国和 20 国集团(G20)国家同意了《税基侵蚀和利润转移行动计划》，以及由 15 个行动要点组成的 BEPS 方案本身。BEPS 一揽子计划旨在促使某些国家和跨国企业对其行为作出根本性改变，其中包括：

- 在缺乏透明度的基础上进行竞争；
- 在极少或几乎没有经济活动的地点虚构利润；和
- 利用各国税收制度的漏洞或差异(跨国仲裁)。

一个多边论坛——经合组织/G20 包容性框架已经建立，其中 130 多个国家代表了全球 95% 以上的 GDP。这可以说是在非常短的时间内取得了很大的进展。

尽管有所有这些合作和多边行动，《BEPS 行动计划》已经把数字化经济带来的税收挑战确定为关键焦点之一。[21]《行动计划 1 报告》(the Action 1 Report)包括两个关键结论：

- 世界经济都在数字化，要想把数字经济圈起来，即使不是不可能，也是很困难的；
- 除了 BEPS(和激进的税收计划)，数字化经济还提出了一些与国家间征税权分配问题有关的挑战。

本章首先介绍了跨境征税的主要特点。世界上大多数国家实行的是混合制度，包括对其居民(有时对全球收入征税，但有时不征税)和非居民在其管辖范围内的收入征税。为了给后面对数字化企业征税的研究打下一些基础，我们讨论了 20 世纪 20 年代妥协的历史，明确了该框架的随意性，但也在一定程度上理解为什么它在如此长的时间内如此地成功。

本章的后一部分探讨了我们如何证明征税的合理性这一根本问题。在跨境税收和国际贸易的背景下，我们特别关注的是对在一个国家做生

---

[21] 应对数字经济的税收挑战，行动计划 1—2015 最终报告(经合组织/G20 税基侵蚀和利润转移项目，2015)。

56

意的非居民进行征税的问题。所得利益说表明，对 20 世纪 20 年代妥协进行修改，以扩大国家对数字时代跨国企业的征税权行使范围是合理的。从国内来源地征税制度对此并无限制也支持了以上论点。

我们接下来将研究数字化企业的主要特征，以确定它们如何运作，以及为何它们对现有国际税收体系形成了如此巨大的挑战。

2．数字化业务的发展

2.1 动态信息时代

2.1.1 不断变化的背景

在分析数字经济的主要特征和新的商业模式之前，有必要对信息时代正在发生的巨大变化进行简要回顾。信息和通信技术领域的快速技术进步主宰了一个循环，即创新、市场增长、竞争，进而反过来降低了消费者的成本。成功的产品很容易被竞争对手复制，除非原生产商能够通过特殊功能或与其他组件捆绑以某种方式区分其产品，否则双方将展开产品成本竞争。[213]数字化是企业家精神的重要来源，其创造了新的效率，并且不断提升生产力。[214]关于经济数字化的后果我们可以做出很多观察，但有两个关键结论很突出：

- 这些变化带来了巨大的福利提升上的利益；
- 不可能将数字经济与其他经济隔离开来。

(1) 数字化带来的巨大好处

很重要的一点是，数字化一直在推动并将继续推动几乎每个国家的经济中提高福利的变革。这些好处可以列举如下：[215]

---

[213] OECD Addressing the Tax Challenges of the Digital Economy, Action 1—2015 Final Panel Report(OECD Publishing, 2015) at 3.1.

[214] OECD Tax Challenges Arising from Digitalisation—Interim Report 2018: Inclusive Framework on BEPS(OECD Publishing, 2018) at 1.2.

[215] Australian Government The Digital Economy and Australia's Corporate Tax System (Treasury of Australia, October 2018) at 1.2.

58

- 生产力：数字化使消费者和企业能够事半功倍。[216]社交媒体允许即时通信；数字书籍和音乐降低了商品和服务的成本。有证据表明，生产率增长潜力巨大，例如产出和生产率的提高、数据质量和数据访问的改进以及成本的降低。[217]欧洲数字议程在 2014 年估计，一半的生产力增长来自对信息和通信技术(ICT)的投资。[218]

- 竞争：数字化的颠覆性发展导致某些市场的竞争加剧，其降低了进入市场的壁垒，也降低了交易成本并提高了价格透明度，因此更加广泛地影响了商业环境，[219]这对于遭受企业在此之前利用市场权力收取高价或提供低劣服务的消费者来说更有利。[220]

- 选择和便利：数字化和全球化扩大了消费者和企业可以获得的商品及服务范围。

- 创新：互动和开展业务的新方式在沟通和许多其他领域都显著节省了成本。例如，技术使得共享经济的使用能够降低短途交通和住宿的成本，而数字支付手段的竞争促使银行提高其服务质量，推动即时转账和非接触式支付的使用。[221]

- 盈利能力：在技术、媒体和电信(TMT)领域运营的实体已经享受到了数字技术带来的优势。这类技术开辟新市场、刺激增长，并为那些占据领先地位的公司提供了获取巨大价值的机会。麦肯锡

59

公司对全球2 400 家上市公司的研究表明，从 2000 年到 2014 年，TMT 公司带来的经济增长扩张了 100 倍，或高达 2 000 亿美元。[222]

---

[216] International Monetary Fund Measuring the Digital Economy (International Monetary Fund, April 2018) at 32.

[217] OECD, above n 214 at 1.1, see box 1.1 which details selected productivity enhancements.

[218] 数字经济税收专家组工作文件：数字经济——事实和数据(欧盟委员会，2014 年 3 月)。

[219] OECD, above n 214 at 1.2.

[220] Australian Government, above n 215 at 1.2.

[221] Ibid at 1.2.

[222] Tushar Bhatia, Mohsin Imtiaz, Eric Kutcher and Dilip Wagle "How Tech Giants Deliver Outsize Returns—and What It Means for the Rest of Us" (September 2017) McKinsey & Company, ⟨www. mckinsey. com/industries/technology-media-and-telecommunications/our-insights/how-tech-giants-deliver-outsized-returns-and-what-it-means-for-the-rest-ofus⟩.

变化并不总是积极的。快速增长和商业模式的巨大变化已导致现有或传统领域的商业遭受重大冲击。数字化转型还引发了商业以外的问题，改变了我们彼此交流的方式，并突出了隐私、安全、教育、健康、工作和技能以及税收等方面的一些相关问题。[223]

(2) 将数字经济与其他经济区分开来的困难

经合组织工作的一个关键结论是，"由于数字经济正日益成为经济本身，因此为了税收的目的，很难(即便存在这种可能也会非常困难)将数字经济与经济的其他部分隔离开来"。[224]这一结论得到国际货币基金组织的支持，该基金表示：[225]

"数字经济"有时被狭义地定义为在线平台，以及基于此类平台而存在的活动，但从广义上讲，在现代经济中，乃至整个经济中，所有使用数字化数据的活动都是数字经济的一部分。如果通过使用数字化数据来定义，数字经济可能包含大多数经济体中巨大的、分散的部分，范围涵盖从农业至研发等领域。

经合组织在 2015 年和 2018 年的报告中明确了数字化的一些重要特征，这些特征从税收的角度来看可能具有相关性。[226]其中包括流动性、对数据的依赖性、网络效应、多边商业模式的传播、垄断趋势或寡头垄断和波动。涉及各种电子商务、应用商店、在线广告、云计算、参与式网络平台、高频交易和在线支付服务的商业模式的使用，而经合组织观察到一些现象，如数据的收集和挖掘、网络效应以及多边平台等新商业模式的出现正在加剧对现有税收规则的挑战。

(3) 技术、软件和用户的关系

在经合组织 2015 年关于行动计划 1 的报告《应对数字经济的税收

60

---

[223] OECD, above n 214 at 1.2.
[224] OECD, above n 213 at 11.
[225] International Monetary Fund, above n 216 at 6.
[226] Ibid at 7, and OECD, above n 214 at 1.3.2.

用户
- 以个人身份或代表企业直接交互的个人
- 通过界面层直接或间接访问应用程序

用户界面
- 人机界面层：通用（即计算机或智能手机）或特定（联网的恒温器）
- 代表用户体验，随着操作能力的提升，用户体验逐渐趋于通用

应用程序
- 通过提供商品或服务为最终用户创造价值的软件资源组合
- 可以包括执行把关功能（身份验证、支付和地理定位）的网络浏览器/应用程序

可访问性
- 连接软件和基础设施以创建用户可用的应用程序的工具层
- 包括诸如万维网上的HTTP或用于电子邮件的SMTP等协议的操作系统

软件资源
- 使组织能够创建应用程序的核心软件资源
- 由组织或个人用户生成的原始数据、数字内容或可执行代码组成

基础设施
- 电缆、路由器、交换机和数据中心
- 由ISP、运营商和网络运营商运营

图 2.1　信息和通信技术层的概念视图

挑战》(Addressing the Tax Challenges of the Digital Economy)中，一个概念图阐述了(当时)不同层面的集成硬件和软件如何协同工作，以此为数字经济的核心——信息和通信技术提供关键组成部分。[227]

　　图 2.1 说明了这种涉及不同级别或不同层面之间的信息传递关系。[228]用户位于最高层(有时提供内容或只是通过使用互联网进行交易)。在其之下的一个概念层是人机界面层，称为"用户体验"。通常，这是通过计算机、智能手机或平板电脑等设备进行的。第三层是应用程序，应用程序是通过提供商品或服务为最终用户创造价值的软件资源的组合。

61

---

[227]　OECD, above n 214 at figure 3.1.
[228]　OECD, above n 213 at [99—108].

该应用程序利用其可访问性(accessibility)，这是应用程序利用互联网的底层基础设施和核心软件资源所必需的结构。下一层是这些软件资源，存储在位于世界各地数据中心和组织中的服务器上，这些资源使得组织机构能够创建应用程序并能够对原始数据、数字化内容或可执行代码进行组合处理。最后是一个互联网的基础设施，包括电缆、管道、路由器、交换机和数据中心，一般由专门从事网络互连的公司设计和制造，并由互联网服务提供商(ISP)、运营商和网络运营商运营。

(4) 信息和通信技术层面的概念化视角

尽管这个概念表述是在 2015 年提出的，但似乎已经过时了。世界范围内个人计算设备的使用出现了惊人的增长——伴随的趋势是设备的多样化和更加专业化(从个人电脑到智能手机、平板电脑以及电视、冰箱和汽车等家用电器中的集成设备)。

信息和通信技术的所有领域都发生了重大变化，例如电信网络、软件、内容的使用(包括专业人士制作的受版权保护的内容、企业生成的内容和无版权的用户生成的内容，例如消费者评论或在线论坛上的评论)。企业(和政府)可以访问大量数据，其中大部分是个人数据，用于诸如定制用户体验以及提高生产力和效率等不同的目的。个人数据可能是用户自愿提供的(例如，当用户注册在线服务并披露爱好、兴趣、偏好和专业知识时)或者通过观察用户行为获得的(通过记录互联网浏览活动和显示购物习惯或兴趣的位置数据)，或者通过对现有信息进行推测获得的(通过观察和分析在线活动以建立诸如信用评级等类型的数据库)。㉙

随着互联网连接设备数量的增加，以及用来处理分析数据的尖端技术越来越多，因而相应收集所需数据的能力也在增强。其结果就是包括硬件、网络基础设施和软件在内的资源标准化和商品化使一些企业能够融合这些资源，并通过互联网将它们作为服务对外提供。互联网加速了

62

㉙ OECD, above n 214 at 3.1.5.

从传统软件业务(商品)到 XaaS(X as a Service)模式的转变。这种模型基于这样一个事实，即网站本质上是一个软件应用程序，提供通过互联网(而不是本地或现场)交付的服务。许多企业对消费者(B2C)的应用程序是作为软件交付的，例如通过网络浏览器提供的搜索引擎和社交网络应用程序等服务，无需事先下载任何可执行代码。在日常生活中连接个人、内容和事物所不可或缺的是强大的软件驱动流程，其资源在云中存储和执行。

云计算是一个通用术语，通常分为三类：基础设施即服务(IaaS)——例如亚马逊和谷歌等大公司将庞大的计算基础设施出租给其他公司；平台即服务(PaaS)——开发人员为特定用户群所创建的在线应用程序的线上空间；软件即服务(SaaS)——客户通过互联网使用软件。

云计算技术的核心是利用互联网，将传统上可能在个人计算机上执行的任务——从简单的存储到复杂的开发和处理——外包给一个庞大而功能强大的互连机器远程网络。这有可能破坏整个商业模式，因为云计算的实现方式不需要大量硬件，同时也鼓励业务的移动性和灵活性。麦肯锡全球研究所估计，企业使用支持云的互联网服务所产生的盈余，以及企业 ICT 生产力提高的金额在 500 亿至 7 000 亿美元之间，云技术的潜在经济总影响大概为 1.7 万亿至 6.2 万亿美元。[230]

(5) 进一步发展

使用互联网将任何智能设备或对象连接到网络的能力推动了"物联网"(IoT)的出现。该术语指一系列同等重要的组件，包括机器间通信、云计算、大数据分析、传感器和执行器，还与机器学习和远程控制的进一步发展相结合。[231]据爱立信称，预计 2022 年大约 290 亿台联网设备中的 180 亿将会与物联网相关。[232]移动电话的数量预计将被物联网设备

63

---

[230] 麦肯锡全球研究所颠覆性技术：将改变生活、商业和全球经济的进步(麦肯锡公司，2013 年 5 月)。

[231] OECD, above n 214 at 3.2.1.

[232] Ericsson "Internet of Things Forecast"，〈www.ericsson.com/en/mobility-report/inter net-of-things-forecast〉.

超越，其中包括联网汽车、机器、仪表、可穿戴设备和其他消费电子产品。

虽然数字化已经大大降低了与他人远距离互动的成本，但需要注意的是我们要认识到这仍处于相当早期的阶段。一些经济部门，如广告、零售、媒体和运输业，已被颠覆，但包括资产密集型行业在内的其他行业，在采用数字技术方面的速度普遍较缓慢。[23]现有的数字业务依赖互联网、计算机和智能手机，但未来涉及区块链、加密货币、增强虚拟现实、3D打印、人工智能和机器学习的技术意味着变革将以更快的速度继续发展。[24]

从这个相当广泛的概念化的描述出发，我们现在可以特别聚焦于其市场动态、商业模式和关键特征，更详细地讨论经济的数字化。这种理解将有助于我们确定现有税收规则为何存在问题以及潜在的解决方案可能是什么样的。

2.2　数字市场的定义特征

2.2.1　了解数字市场的特点

经合组织认为，某些特征在公司开展业务的过程中变得越来越重要，并导致了经济的结构转型。这些特征并不是数字经济所独有的，虽然它们也存在于传统的商业世界中，但正是这些特征在数字经济中的普遍存在才将它们认定为具有相关性。对数字市场的一些定义特征已达成了广泛共识，具体如下：[25]

- 直接网络效应：在数字市场中，消费者可以因市场中其他参与者的数量众多而获益。网络越大对最终用户的益处就越大，例如社

64

---

[23]　Simon Blackburn and others Digital Australia: Seizing the Opportunity from the Fourth Industrial Revolution(McKinsey & Company, March 2017) at 19.

[24]　Australian Government, above n 215 at 1.2.

[25]　OECD, above n 214 at 2.2.

交媒体及与其相关的消息服务。当更多的家人和朋友都成为网络的一部分时，对任何个人都会有更大的效用。另一个例子是线上购物，供应商(或购买者)会因最大数量的潜在交易对象而受益。

- 间接网络效应：间接网络效应因为多边市场存在而产生。以线上平台和与社交网络交互的用户群为例，这一特定的最终用户群体主要是在社交方面受益于彼此的互动。但是另一类参与者也会从与前一类最终用户的交互中受益，即广告商(例如以最终用户的偏好为目标，分析用户提供或以其他方式提取的用户数据)。此类效用随着用户的数量规模而增加。越来越多基于平台的业务，利用平台的多角色参与的特性来宣传商品和服务或以其他方式产生收入。

- 规模经济和流动性：数字商品及服务的生产通常涉及大量的前期成本，并降低可变成本。一个很好的例子是软件开发。一旦对人力和基础设施进行了初步(通常是可观的)投资，维护、分销和销售的成本就会相当低。数字经济使得数字化产品的复制几乎不需要成本。[236]除了降低经营成本外，数字经济中的地域流动性也显著增强，这使得公司能够在世界任何地方的市场中运营，[237]并使当地市场和公司面临跨国竞争。[238]使用互联网进行全球分销，同时结合低边际成本和非常巨大的潜在市场，使得具有高盈利潜力的公司有可能占据重要的市场地位。

- 转换成本和锁定效应：最终用户的设备通常需要使用不同的操作系统(例如安卓或苹果)，并且一些客户可能会固定使用某种特定系统。这其中部分原因是心理因素以及考虑到改变所带来的成本。此外，因为已有的信息量、联系人数量和供应商存储的其他数据，社交媒体或其他平台的会员可能也难以转换平台。

- 数据的重要性：除了降低收集、存储和分析数据的成本外，许多

65

---

[236] European Commission, above n 218 at 1.1.1.
[237] Ibid at 1.1.1.
[238] International Monetary Fund, above n 216 at 6.

市场交易可以用来分析确认消费者行为。网络点击、在线购买、搜索引擎条目、产品和服务的同行评论都可用于积累大量数据，通过分析这些数据，可以为产品和服务锁定目标消费者。[239]

● 互补性：许多产品和服务是互补的。用户会发现他们使用笔记本电脑或智能手机的实用性通过安装许多应用程序而得到了增强。

经合组织指出，如果单个公司变得足够大以影响市场价格，那么它们就可以成为价格制定者而不是价格接受者。[240]据观察，市场的新进入者有可能在短时间内通过提供更优质的商品或服务，取代现有市场参与者的地位。回顾过去，对于搜索引擎和网络浏览器来说，与其他最近出现的竞争对手相比，前者变得不再像过去那么重要，这是完全可能的，并且这一情况也证明了经合组织的观点(例如，雅虎不再拥有它曾经拥有的市场地位)。

看起来数字经济最重要的特征似乎是以下五点：

● 全球市场(可以极大地扩张客户群，同时使活动对应的司法管辖区的划分更加复杂)；

● 销售和配销的边际成本低；

● 直接和间接网络的市场后果和显著的正外部性(当某些平台达到临界规模时，它们几乎可以具备垄断市场的能力)；

● 多边市场，在这里平台用于连接不同的人群，并且平台不同参与 66 方的定价策略不仅相互连接而且可以调整；

● 数据收集的低廉成本(这些数据由用户上传，用于分析且能作为数据输入而产生利润)。

总之，这些特点使某些公司获得了显著的竞争优势，并能有效地主导市场。[241]

---

[239] European Commission, above n 218 at 1.1.3.

[240] OECD, above n 214 at 2.2.

[241] Justus Haucap and Ulrich Heimeshoff Google, Facebook, Amazon, eBay: Is the Internet Driving Competition or Market Monopolization?(Heinrich-Heine-Universitat Dusseldorf, Dusseldorf Institute for Competition Economics, January 2013);他们得出的结论是，在他们撰写论文的时候，超出一般竞争规则应用范围的干涉主义做法似乎是不合理的。

2.2.2　新的商业模式

由于这些特点,最终用户之间的交易得以实时完成,并且可以在其设备连接到互联网的情况下交换信息,因此更快的传播、即时结算、更多信息的快速流转和更准确的客户定位得以实现。这些结构性变化导致了新商业模式的发展和旧商业模式的转型。

数字商业模式的多样化和类型令人应接不暇。首先,它们可能会使用各种不同的支付模式。Netflix 使用订阅模式。脸书、Instagram、谷歌和推特采用免费模式运营。共享经济中的一些企业例如 Airbnb 通过为用户提供使用利益来取得用户付费。如前所述(第 2.2.1 节),通常会发现一组相互依赖的产品和服务对消费者的价值取决于拥有者的数量(如苹果用户固定使用苹果产品/服务)。许多企业利用数字技术的即时性将需要服务且有支付能力的用户与需要钱和时间来提供服务的个人联系起来。因此,像优步这样的公司利用按需模式可以为自己、客户和司机创造价值。其中有一种流行的商业模式是诸如 LinkedIn 等公司采用的"免费增值定价"模式。即用户获得产品/服务的基本版本,而升级服务则需要支付费用。[24]然而,支付机制(或将数字业务货币化)并不能告诉我们业务的类型。支付机制可能取决于业务类型,但其并不能决定业务的形式。

世界各地的大量企业使用网站、应用程序或类似界面向客户销售其产品和服务,但这些不是本书所关注的重点。如果涉及不同群体的人,企业平台可以以完全不同的方式来组建。这些数字化企业中的大多数都成功地创建和扩展了平台,这些平台受益于直接网络(拥有庞大网络群体的优势)和间接网络(包括创建互补产品或服务,其通常在多方网络的另一端,诸如广告商的一端)的效应所带来的影响。[24]经合组织(在 2015

---

[24]　Warren Knight "7 Business Models of Digital Disruption" (8 May 2018) ⟨https://warren-knight.com/2018/05/08/7-business-models-digital-disruption/⟩.

[24]　Tushar Bhatia and others "How Tech Giants Deliver Outsized Returns — and What It Means for the Rest of Us" (September 2017) ⟨www.mckinsey.com/industries/technol ogy-media-and-telecommunications/our-insights/how-tech-giants-deliver-outsizedreturns-and-what-it-means-for-the-rest-of-us⟩.

年)提供了不同商业模式的说明性清单，但其承认该清单不完整且存在重叠。㉔

在经合组织 2018 年的出版物中㉕列出了四种新的商业模式，这种分类对于了解交易基础并分析税收影响非常有帮助。这些类别来自 A.哈邱 (A Hagiu)和 J.赖特(J Wright)撰写的哈佛商学院研究报告。㉖

经合组织指出，该分类属于特定的商业模式而不是公司分类。因此，亚马逊商城属于一个类别，而亚马逊电子商务属于另一个类别。㉔大型公司通常拥有多个业务线并使用多种业务模式类型。在数字市场中有四种重要的商业模式：

(1) 多边平台：这些是下面将要描述的业务类型，平台允许最终用户相互交易，将关键控制权和义务留给提供服务或商品的最终用户(并非留给平台方)。

可以将此类别分为两个子类别，即：

68

在线和场外相结合交付商品和服务的多边市场平台。使用这种类型多边平台的企业有优步、Airbnb、 Hotels.com、 Bookings.com、 eBay 和 Amazon Marketplace 等。

在多边平台上最终用户主要处理与其自身有关的行为，但最终用户会收到广告和其他合作邀约，这些邀约有时会根据他们自愿提供的数据来定位。这类企业的例子有谷歌、脸书和 LinkedIn。

(2) 经销商：这类企业从供应商处采购产品和服务并将其转售给买方，由其控制价格并对客户承担责任。这类企业的例子有亚马逊零售、阿里巴巴、Spotify 和 Netflix(提供内容购买的业务)。

㉔　OECD, above n 213 at 4.2 at [116].这包括电子商务、企业对企业模式、企业对消费者模式、消费者对消费者模式、支付服务、应用商店、在线广告、云计算、高频交易和参与式网络平台。

㉕　OECD, above n 214 at 2.2.2.

㉖　Andrei Hagiu and Julian Wright Multi-Sided Platforms (Harvard Business School, 16 March 2015).

㉔　OECD, above n 214 at 2.2.2.

(3) 垂直整合类企业：这类企业获得了其供应商的所有权，因此将供应链整合到自己的公司内部。这类企业的例子有 Netflix(内容生产的业务)和华为(硬件和云计算业务)。

(4) 投入品供应商：这类企业(作为中间商)为其他公司提供后者的商品或服务在生产过程中所需的物品。它们只与公司互动，而不与最终客户产生关联。这类企业其中一个例子是半导体芯片制造商英特尔。

2.3 利用多边平台开展业务

数字化带来的最重要变化之一是凸显了多边市场的重要性。

2.3.1 什么是多边市场？

我们大多数人都非常习惯于单边市场的存在。比如面包店出售面包、蛋糕和其他烘焙产品，其有一个明确的交易市场，通常是一个销售产品的明确地点。消费者去面包店购买的是面包，而非硬件或电子产品。

我们也非常习惯于多边市场的存在。这类市场既是旧经济行业的一部分，也是新的数字经济业务的一部分。[248]报纸或电视就是一个很好的例子，其公司为使用者提供信息或娱乐服务，同时在其媒介上展示其他公司的广告，为广告主触达其目标受众群体。前文提到的结构性变化(第 2.2.1 节)导致新型公司的出现，这些公司充分利用了多边市场的所有特征和优势。特别的是由于数字化，企业得以快速、廉价地与全球供应商、用户和消费群体进行沟通。而且还可以通过网站、在线平台和移动应用程序建立跨越不同司法管辖区的用户网络。[249]

多边平台为两种或多种类型的参与者提供了聚集的方式。之所以被

---

[248]   David Evans and Richard Schmalensee The Industrial Organization of Markets with Two-Sided Platforms(National Bureau of Economic Research, Working Paper 11603, September 2005).

[249]   OECD, above n 214 at 2.2.1.

称为平台，因为其通常在物理或虚拟基础上运行，每一方都由可以使用该平台进行联系的参与者组成。实体平台的一个例子是购物中心。在这样的平台上，其一方是不同的商店，另一方是购物者。比如优步等拼车应用实际是一个使用了云软件的虚拟平台，可以通过联网手机对其访问。平台匹配了作为两端参与者的司机和乘客。[250]在这类多边平台中，平台通常将一种类型参与者的访问权出售给另一类型的参与者，这意味着平台用户的数量对于平台服务非常重要。我们以购物中心为例，考虑是什么因素能使其成功。在此情景下，商场将招募多元化且有吸引力的店铺，以此鼓励购物者前来购物。在这个平台(商场)上，商店可以接触到购物者，同时购物者也能够接触到商店。[251]

关于什么是多边市场存在很多争论：经合组织定义其具备两个同时存在的特征：

(1)间接网络外部性和(2)非中性定价策略。[252]

70

当特定的最终用户群体从与其在同一平台上的另一最终用户群体的交互中受益时，就会产生间接网络外部性。在脸书上使用社交网络的最终用户群体越大，对广告商(另一最终用户群体)的裨益就越大，因为有更多的目标人群可以投放广告。如果市场的另一端有更多的最终用户，这两类群体的最终用户都能间接受益：这使得更多的广告商可以向社交网络人群投放广告(或者在相同的收入来源情况下投放更少的广告，因为广告分发的范围更广)。在这种情况下，在线平台在数字市场的不同参与方之间提供中介服务，并且该商业模式的成功依赖于平台所能触达到的各方终端用户的临界规模。平台的一个关键特性是能够通过对参与市场的每一方收取不同的会员费和使用费来调整其定价结构。在社交网络的情况下，用户方是免费的，而广告商需要付费。该平台的业务通过

---

[250]   David Evans Multisided Platforms, Dynamic Competition, and the Assessment of Market Power for Internet-Based Firms (Coase-Sandor Institute for Law and Economics, No 753, March 2016).

[251]   Ibid at 8.

[252]   OECD, above n 214 at 2.2.1.

从广告商那里收取收入来运营，而社交网络用户则在看似没有成本支出的前提下进行互动。

非中性定价结构是多边平台的第二个特点。平台的最优价格可以设定为低于市场一方参与者的边际供应成本，而其余部分由市场的另一方补贴。这使得价格弹性较低的最终用户会被过度收费，而价格弹性较高的最终用户则基本不被收费(或按补贴率收费)。因此，通过诸如用户数据或用户生成内容等有价值的信息输入被用于交易以换取免费社交平台服务、电子邮件服务或媒体供应商的服务，在市场的一端会出现易货交易。平台运营商(社交网络公司)从用户(及其交易)处提取数据，然后根据该数据对于向市场另一方的价值，向其出售服务(例如广告)。与市场另一方的此类交易，最好的例子就是目标客户广告的销售。经合组织提出，影响市场各方价格结构的间接网络外部性这一特征就是"多边"定义的一部分。[53]

71 　　哈邱和赖特在哈佛商学院的工作报告中提供了多边平台的另一个定义，如下所示：[54]

- 两个或多个不同参与方之间能够直接互动；
- 每一方都从属于该平台。

学者所提出的上述定义与经合组织定义的细微差别在于使用了"直接互动"一词。其意思是两个或多个不同的参与方可以拥有交易关键条件的控制权。在交易中，关键条件一般是与另一方交易的商品或服务的定价、捆绑销售、货物或服务的营销和交付、服务的性质和质量、交易条款和条件等。比如一个房屋租赁平台会为那些想要出租房屋的用户提供便利，同时为想要租房的人提供租住资源。在哈佛商学院的定义之下，有一点很重要，即租金价格最初由房主设定和控制，之后由承租人与房主谈判协商。因此，这种多方之间的直接交互将多边平台与经销商

---

[53]　Ibid at 2.2.

[54]　Andrei Hagiu and Julian Wright Multi-Sided Platforms (Harvard Business School, 16 March 2015).

区分开来(经销商平台通常从供应商处购买商品,然后再将其转售给另一方的购买者)。在经销商的场景下,交易的两方(或多方)彼此之间没有直接的互动或谈判。

哈邱和赖特所说的"从属于平台"是指双方的用户有意识地基于特定平台所做的费用、个人资源(包括花费时间和金钱来学习如何在平台上进行交易)或机会成本等的投入。这种投入是各方进行直接交易所必需的。概念中的从属关系表述,有助于将多边平台与商品或服务的供应商(这种商业模式被称为"投入品供应商"更合适)区分开来。以律师事务所为例,事务所收集其所雇用的律师的意见,然后向其客户提供法律建议。尽管客户直接与律师打交道,但律所的雇员或客户与律所没有任何上述多边平台概念所设想的从属关系。同时,双方也没有直接的交互。律师就服务的关键条款(例如费用)与客户进行谈判,是代表律所而不是以个人身份进行的。

尽管多边平台在过去一直是不同类型业务的一个特征(例如报纸上的广告),但数字市场平台提供了基础设施,从而在信息时代使得这种业务结构得以大规模、迅速发展。

2.3.2 多边市场商业模式

在图 2.2 所示的简图中,我们可以看到多边市场商业模式的一些关键特征。商品或服务的供应商和购买者这两类用户群体(如点对点交易平台上的二手商品)直接相互交易,供应商向交易平台支付佣金。平台两个用户群体之间的直接交互使得他们能够设置价格和任何其他的关键交易条款(例如时间、付款和交付)。

该商业模式的基本模型有许多不同的变化,但其关键元素保持不变。陶舍尔(Täuscher)和劳迪恩(Laudien)在一篇论文中分析并介绍了各种平台的业务模型。[25]他们的研究以定量和定性的方式分析了数字市场业

72

---

[25] Karl Täuscher and Sven Laudien "Understanding Platform Business Models: A Mixed Methods Study of Marketplaces" (2016) Euro Mgmt Journal 319.

务模型的样本。研究确定了六个主要的市场商业模式集群或类型，并得出结论称，作为样本的公司通过提高效率和节约成本为用户提供价值，同时主要通过订单佣金、订阅费、产品链接收费和广告费等方式产生收入。市场业务模式的六种主要类型如下(分为四个主要的大类)：

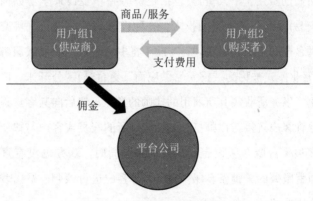

图2.2　多边市场业务模式

73　　(1) 实体产品市场平台

- 主要为消费者—消费者交易的实体产品市场：本类别下的公司中大多数(三分之二)是促进个人之间的实物商品交易的主体。平台公司(占三分之二多数)的收入主要来自订单佣金，其他收入来自用户订阅(向卖方收取额外服务、提高知名度或查阅客户数据的费用)。[256]像 eBay 这样的公司最初是基于这类业务模式而成立的。与 eBay 一样，亚马逊和阿里巴巴也采用了此类商业模式，目前这些公司已进入了第二个类型(为企业提供向消费者销售产品的平台市场，同时向企业收取佣金)。

- 主要为企业—消费者交易的实体产品市场：这个类别下的大多数公司以特定领域或行业的供应商以及对某种类型产品(如收藏品或艺术产品，以 Artsy 公司为例)感兴趣的客户为目标。提供交易平台的公司向卖家收费，绝大多数以订单佣金模式收费，少数采用客户订阅收费模式。

(2) 数字产品市场平台

- 该市场主要迎合被称为"数字产品社区"的志趣相投者聚集的网络社区：[257]该类市场平台中的大多数公司采用订单佣金模式收费。该类公司的例子是自助出版公司 Sellfy，它允许各种数字内容的创建者销售电子书、视频、音频和音乐。这类平台在全球化市场中占有极高的比例，建立了由独立作者、音乐家和设计师组成的网络社区，这些人群积极维护其社交网络形象并且能够直接与买家互动。

(3) 数字服务市场平台

- 在线服务市场：作为最大的市场集合体，其通常倾向于专注于某一特定的细分市场(语言辅导或视频课程等技能，以及离婚律师和财务顾问等专业服务)。因为大多数提供平台市场服务的公司设定了固定价格，因此其报酬体系各不相同。陶舍尔和劳迪恩得出结论，即在某种程度上这些平台服务已经商品化了。[258]

(4) 线下交付服务市场平台

- 匹配服务公司和消费者的市场：与前一类别不同，在本类型下的服务是线下交付的。这些服务例如美发、旅游活动等可能需要进行预约，或者像运输、建筑之类服务需要其他形式的容量管理。这类公司的平台通常买家可以免费使用，而卖家需要支付订单佣金。在该类别下，有很高比例的公司提供对卖家的评价。鉴于与提供线下服务紧密相关的地理位置依赖性，这些公司大多只专注于一个地理位置的市场以及一个类型的细分市场。

- 匹配个人服务与消费者的市场：这类交易被描述为点对点的服务

---

[257] Ibid at 324.
[258] Ibid at 326.

交换，通常是每个自然人个体共享其实体性质的资源(如 Airbnb 之类平台中的住宿)或这些自然人的时间和其他资源(其中一个典型例子是 Wag!，这是一个匹配遛狗者与狗主人的平台)。这类公司给予了提供服务的一方新的收入来源，并通过提高交易效率为买方创造了价值。这些公司通常建立一个评价体系以在平台用户之间建立信任。其收入来源主要为订单佣金，其中包括固定费用。尽管超过一半的本类公司从卖方一侧获取收入，但在本类别下向买方收取费用的公司数量其所占的比例在所有公司类型中是最高的。

- 尽管可能结论过于宽泛，但总的来说，这六种类型的市场交易中都是平台公司对外销售其服务。平台公司提供交易市场并将购买者介绍给供应商，在执行该职能的过程中收取订单佣金。

2.3.3 以其他方式利用多边平台

从广义上讲，数字公司还有另外两种创收方式。即可以出售有关消费者的信息(例如 cookie)，而且可以向广告商出售广告位。[259]对于第一种创收方式，平台公司可以采用多种方式销售消费者信息(例如向直接营销公司出售有关用户行为的信息)，这些信息通常由消费者的身份、习惯、需求和偏好组成。公司可以与数据管理平台合作(例如将 cookie 安装在用户电脑上并收集可以间接出售的在线活动或数据的聚合器)捆绑信息和服务(如定向广告或匹配众筹等服务)。[260]

关于第二种方式，全球许多受欢迎的平台例如谷歌、脸书和 YouTube 都通过搜索广告(与输入搜索引擎的查询结果一起显示的链接)或展示广告(图像或网页内容旁边显示的动画)而获得收入。[261]

多边平台也适用于两个用户群之间的关系是隐含而不是明确授权的情况。在使用社交媒体和搜索引擎的场景下，主要的用户群体可以免费

[259] Anja Lambrecht and others How Do Firms Make Money Selling Digital Goods Online? (Springer Science+Business Media, Mark Lett, 24 June 2014) 331—341 at 333.
[260] Ibid at 335.
[261] Ibid at 336.

与其他用户交互或使用关键词搜索进行网络检索(图 2.3)。作为回报,平台会收集用户信息和数据,并用于吸引相关的广告商群体,这些广告商向平台付费并对用户群体投放广告。某些时候,平台也会对用户群体收费。这类收费可以是"高级"服务的附加固定费用,也可以是为"免费增值"服务而收取的费用(在此情况下,如果存在广告成本,用户需要通过支付费用暂停广告展示)。

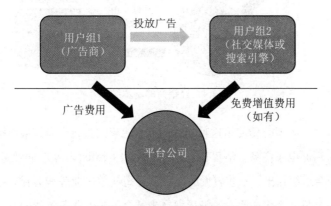

图 2.3   使用社交媒体或搜索引擎的多边平台

2.4   经销商模式

并非所有数字商业模式(无论新旧)都采用多边平台形式。这类企业从供应商处获得产品和服务并将其转售给买家,向客户制定价格并承担责任。转售是一种传统的商业模式,与多边平台不同,该模式被数字化企业采用并不是归功于数字化带来的众多益处(尽管它确实受益于数字平台的效率)。

经销商与上述多边平台运营商之间存在着明显差异。经销商不允许

㉖㉒   Marcin Kotarba "Digital Transformation of Business Models" (2018) 10 Fndn of Mgmt 123 at 140.

其两端的最终用户进行互动，因为该模式下是两方直接与经销商签订合同。因此，经销商不一定要求其客户加入其线上平台(在线购买合同除外)。因此，在图 2.4 中描述的业务关系与图 2.2 和图 2.3 中显示的参与式多边平台或网络完全不同。

77

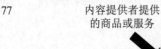
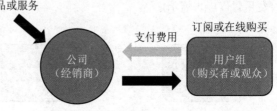

图 2.4　经销商的基本结构

有许多大型公司使用这种形式的数字化模式进行运营。最典型的例子是亚马逊电子商务、阿里巴巴、Spotify 和 Netflix(内容采购业务)等公司。经合组织指出，一些较大的数字化公司从单一业务线开始，这类业务线通常是一个多边平台，随后发展为结合了其他业务条线的集成或混合结构，而这类业务条线采用了不同的业务模式(例如转售)。[263]

2.5　垂直整合形式的公司

垂直整合的公司与经销商有一些相似的特征，因为它们与最终用户(购买者或订阅者)的交易由公司掌控。事实上，一些在线流媒体公司最初只是纯粹的经销商，随后将其业务扩展到电影和媒体制作上。因此，垂直整合公司不会展现出与多边平台公司相同的特征，后者在两个用户群体之间存在着直接互动。如图 2.5 所示，整合公司获得了其供应商的所有权，并将供应链整合入其公司内部。

---

[263]　OECD, above n 214 at 2.2.2.

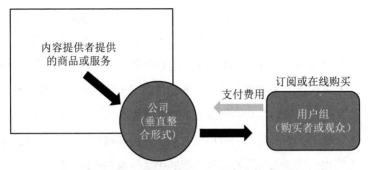

图 2.5　垂直整合企业的基本结构

2.6　作为投入品供应商的公司

本模式是哈邱和赖特在哈佛商学院研究报告中确定的第四种数字商业模式。[264]这类公司的关注重点在于中间投入品的提供，该环节是为另一家公司生产商品或提供服务的必须的一环，而另一家公司反过来又将产品或服务提供给最终用户。因此，投入品供应商不与最终客户产生关联，只与公司互动。例如，英特尔作为投入品供应商提供构建个人计算机所需的微处理器(和其他部件)，该公司并且不直接与消费者产生关联。[265]

2.7　对于数字化商业模式关键特征的观察

本章简要讨论了在特别关注数字商业模式的视角下信息时代的技术进步发展。当我们审视数字化对税收制度带来的挑战时，这些数字商业模式蕴含了某些关键特征，具有特别重要的意义。

---

[264]　Hagiu and Wright, above n 254.
[265]　OECD, above n 214 at box 2.1 at 2.2.2.

在经合组织 2018 年的报告中提出了数字业务的共同特征如下：[266]

78

- 对无形资产(包括知识产权)的依赖：很显然，无形资产的使用是开展数字化业务的一个特征。这也是各种形式的现代商业，包括不关注数字化的商业非常重要的组成部分。因此，虽然对无形资产的依赖确实是数字化业务增长的共同特征之一，但从税收角度来看，一些人对无形资产的估值、区位和许可产生了担忧。这些担忧比数字化商业模式所引起的担忧涉及的范围更广。

最有可能因无形资产而受益的数字商业模式：所有数字商业模式。

- 网络效应和全球化：这包括直接(因拥有更大网络的效用而产生的正外部性)和间接网络效应(多边平台上因拥有更多数量的另一类用户，例如社交网络用户，而获益的另一类用户，例如该类平台的广告商)。

- 通过数字化和全球市场作用于数字企业的网络效应是相当可观的。正如经合组织所描述，企业能够跨国进行大规模的运营，许多数字化企业可以"在没有任何或任何重要实体存在的情况下深度大量地参与不同司法管辖区的经济生活，从而在没有实体规模化的情况下达到一定的运营规模"。[267]

- 对于各种市场(实物产品／数字产品／数字服务等)来说，网络效应因其地理构成方式而有所不同。例如一般来说，数字产品和数字服务市场更加全球化，因为企业能够以非常低的成本即时向最终用户交付产品。因此在某些情况下，一方面某些产品的供应商和购买者实际上可以分布在全球的任何地点。但另一方面，在二

79

手车供应商和购买者之间的市场平台有更大的可能局限于一定范围的地理区域之内。

- 然而对于多边平台，值得注意的是，即使最终用户是位于特定地

---

[266] Ibid at 2.5.2 at 135—138.
[267] Ibid at 2.5.1 at 131—134.

理区域的购买者或消费者，平台公司本身也可能在没有实体存在的情况下在该司法管辖区内开展业务活动，对于其他广告商等类型的最终用户也是如此。换言之，关注数字化公司的业务活动非常重要。这类公司通常能够从当地的交易对手那里获得佣金或广告收入，其交易对手可能需要申报合法来源费用扣除，而数字化公司一般不需要扣除其任何来源于当地的收入。

最有可能从网络效应中受益的数字商业模式：多边平台、经销商和垂直整合公司。

- 用户群体之间的定价和交易，该特性有两个方面：首先是数字平台为平台双方的参与者提供了直接相互交易的渠道，并为双方保留交易的关键控制要素(例如定价)。因此，供应商可以为购买者设置商品和服务的价格(例如 Airbnb 或其他酒店多边平台)。平台公司无需了解供应商产品或购买者的任何复杂需求即可获得订单佣金，因为交易由参与的各方自行处理。因此，双方用户之间的参与度水平或对平台的"从属关系"有所提高。

- 这种级别的参与或控制可以使业务更高效，且更具个性化，因为其有效地使得两类最终用户无缝进行交易。我们可以对比乘客使用智能手机直接与司机修改上车地点，和乘客使用一种出租车集中订购系统，这两类场景之间的区别。

- 定价的第二个方面是非中性定价结构的可能性，这使得市场一方的最终用户可以补贴(有时是完全承担)另一方最终用户费用。如前所述，社交网络公司从用户那里提取数据，作为交换为其提供"免费"的社交网络体验，同时通过为广告主的最终用户群体提供广告服务而获得补偿。

最有可能受益于非中性定价和终端用户对关键条款的控制方面的数字商业模式：多边平台。

- 效率、规模经济和低边际成本：为购买的商品进行价格谈判以争取低价的实现，或者让供应商能够自行设定价格的实现，意味着

80

77

可以降低规模化销售成本。在某些情况下，交付成本(尤其是数字产品和服务)几乎为零。数字产品和服务呈现出独特的特征组合：(1)产品是非竞争性的(商品的消费不会降低其对他人的可用性——因为供应是无限的)；(2)即使相距很远，产品的生产和分销边际成本也接近于零；(3)与实体店销售的产品相比，产品搜索的边际成本更低；(4)与非数字产品相比，产品的交易成本更低。[268]

- 此外，购买者可以立即从一系列供应商那里看到最优惠的价格和主要功能(例如在酒店多边平台上酒店住宿的位置和价格)，因此可以显著提高效率。此外，最终用户或购买者可以因忠诚度计划获得优惠(比如入住十次酒店后的免费住宿)，并通过平台注册过程记录其偏好。

最有可能受益于效率、规模经济和低边际成本的数字商业模式：多边平台、经销商、垂直整合公司和投入品供应商。

- 数据采集、评论和内容创造(用户参与)：引入数字化的一个重大变化是用户在其中所扮演的角色。第一个方面是从用户角度出发，收集用户提供的数据这一过程是被动的。即使用户不再使用特定的业务平台转而使用其他网站之后，公司也可以通过使用cookie 来收集数据。与购买者／供应商、社交网络和搜索引擎用户互动的公司有能力获取消费者偏好和个人信息(例如信誉、支出以及兴趣爱好)，并利用这些信息通过销售广告将其平台业务变现。经合组织将这一现象描述为"数据的使用、收集和分析正在成为大多数的数字化公司商业模式不可或缺的一部分。随着数字化进程的继续，这些功能有望成为更大范围内公司业务模式中越来越重要的组成部分"。[269]在某些情况下，数据分析的益处与特定消费者信息相关联，使得可以向特定用户投放更有针对性的广告。在其他业务中，收集的数据用于改进运营、产品设计或营销活动。

---

[268] Lambrecht and others, above n 259 at 333.
[269] OECD, above n 214 at 2.5.3 at [139].

- 第二个方面是用户作出更广泛和积极的贡献(除了提供数据之外)。许多数字企业都有利用最终用户的时间和专业知识来创造价值的商业模式(关于价值的多少,是一个有争议且相当开放的问题)。不能否认,用户的参与对社交网络业务具有价值。社交网络业务的用户以不同的形式(照片、视频和评论)贡献内容,并通过邀请家人和朋友来扩展网络。除非社交网络业务能够将用户平台一端的业务货币化并吸引广告商,否则社交网络业务何以能对用户免费运营?

- 并非所有数字业务都严重依赖用户参与。正如经合组织指出,垂直整合的企业专注于产品或服务的销售和购买过程中与客户的关联。经合组织得出结论,虽然"在生产过程中存在数据收集和用户参与的可能性,但该可能性是有限的(尽管在未来可能会扩大),并且不太可能以有意义的方式为价值创造过程提供支持"。[270]

- 经合组织将积极参与分为三大类,根据参与度和用户行为的价值划分为低、中或高三个级别。[271]

- 书签、标记和评级等活动被视为需要较低工作量的筛选操作。按用户参与度的标准,低级别的业务还包括云计算和垂直整合业务。存储在云中的数据通常无法供云提供商进行详细分析,并且通常不会与其他用户共享(尽管 Dropbox 等涉及云存储的一些企业确实通过邀请其他人共享文件来扩大用户群)。

82

- 撰写评论或评价(例如 TripAdvisor)等活动属于中等程度的参与。用户活动旨在帮助其他用户选择产品/服务并建立对平台的信任。用户评价使其他最终用户能够根据同伴的经验作出决策,由于评价具有很高的可信度,因此在营销中非常具有影响力。该类行为还可以规范一个或多个最终用户群体的行为。这方面的一个典型例子是可以使用评论或评级来确保良好的交易行为和质量控

---

[270] Ibid at 2.5.3 at [144].

[271] Ibid at [148].

制(特别是在平台公司无法控制交易的多边平台上)。作为中等级别用户参与行为的示例是实体产品市场的平台企业(如 eBay 或亚马逊的某些业务)。评论和评级被用来改善供应商和购买者之间的交易行为。

- 经合组织建议,数字或无形商品和服务的市场可能具有更高的用户参与度(因为用户可以通过分享他们的播放列表或积极为在线游戏创建内容来增加客户群规模)。[272]提供在线交易服务的企业(即便离线提供服务)也有略高的用户参与度。一个典型例子是像 Booking.com 等的酒店预订平台。用户在选择交易选项时将披露他们对住宿大小、房间配置、预算和社区的偏好。他们还被邀请(有时是持续性的)撰写评论并分享产品或服务描述,其中也包括照片。同样,使用优步的司机和乘客能够相互评价,允许对双方行为进行有影响力的公众监控,也是一种可以在服务基础上产生信任的机制。

- 最高的用户参与形式是之前在社交网络部分中提到的内容。用户通过添加朋友、创建社区和网络等行为来直接扩大平台规模。在许多情况下,最终用户将花费大量时间和精力来记录他们的评分和观察结果,创建视频和其他内容来娱乐或传递信息给网络的其他用户。利用他们的时间、技能和人脉,用户对直接网络效应(通过最终用户数量的增加)和间接网络效应(平台对广告商或其他最终用户群体的吸引力)负有直接责任。例如,更多的购买者将意味着该平台对供应商更具吸引力。尽管用户为平台的成功作出了贡献,但通过对技术、无形资产和算法的投资而发展的平台本身在吸引用户方面也发挥着重要作用。

最有可能从这些功能中受益的数字商业模式(以各种形式使用数据和用户参与):多边平台以及较小规模的经销商和垂直整合公司。

---

[272] Ibid at [154].

3. 数字化给税收制度带来的挑战

3.1　关于挑战的简介

上一章讨论了数字化的诸多好处，包括效率和生产力提升、经济变好，这些通常会提高人们的生活水平。这些变化的后果正在一系列不同的领域被感受到，在最广泛的意义上产生了巨大的社会影响(包括恐怖袭击的现场直播、涉嫌干预选举过程以及选择性地暴露于自我辩解的新闻来源)、隐私法和数据保护。在税收领域，变化同样剧烈。无论是以新方式开展业务，抑或是更换更好方式开展现有业务，目前均具有挑战性，并将在未来极大地挑战现有的税收制度。

3.1.1　分配财税权

在一个司法管辖区开展业务的非居民企业缴纳的公司税(众所周知准确定义"开展业务"的难度)，可能是大多数司法管辖区总体税收的重要组成部分。许多司法管辖区采用这个立场：即在跨国公司进行所谓的"异地销售"的情况下，现今的国际税收框架并未将征税权分配给来源国。换言之，来源地征税权仅适用于跨国公司将货物销入一国，而不适用于与一国进行贸易时。这一原则在英国关于《公司税和数字经济》一文的下述中得到很好的阐释：[273]

---

[273]　HM Treasury Corporate Tax and the Digital Economy: Position Paper (HM Treasury, PU2117, November 2017) at 2.5.

85   支撑该框架的总体原则是对跨国集团在其创造价值的国家的利润征税,例如作出重大经营决策的地方以及把控着重要资产和风险的地方。

这一原则得到了政府持续支持。例如,某一产品由英国企业在英国完成设计、制造、销售,而仅异地销售给某国,根据这一原则,该国不拥有对这部分产品的销售产生的利润征税的普遍权利。

同样地,这一原则也不支持英国可以拥有针对外国企业在另一个国家设计、制造和销售,然后远程销往英国由此产生的利润来征税的普遍权利。

如前所述,[274]关于国际税收最重要和最重大的辩论之一,是经合组织和 G20 显然采纳了"在产生经济活动和创造价值的地方征税"的口号。[275]这种价值创造原则最初是 BEPS 项目的试金石,该项目的重点是防止有害的税收竞争,保护公司税,从而减少(如果不是消除)跨国公司激进的税收筹划。从 BEPS 项目转变为更普遍地指导企业征税的原则,这一变化一直受到批评,理由是"价值创造"这一原则在事实上并未得到广泛认同或被妥善地考虑。[276]正如第 1.5 节所讨论的,评论员批评"价值创造"这一原则的模糊性和不精确,[277]同时指出,如以消费者供应为导向的因素,与其他开展业务的基础设施建设(如法律、物理、技术框架等)共同构成了"价值创造",且这一因素对"价值创造"原则的影响也被考虑到,那么"价值创造"原则使得消费者市场或来源国也能主张部分税基。这就是为什么德弗罗和维拉会有争论,而且他们是对

---

[274] 参见第 1.5 节"所得利益说及其与价值创造的关系"。

[275] OECD/G20 Base Erosion and Profit Shifting Project Explanatory Statement(OECD, 2015) at 1.

[276] Michael Devereux and John Vella Value Creation as the Fundamental Principle of the International Corporate Tax System(Oxford University Centre for Business Taxation, WP 17/07, 31 July 2017).

[277] Johanna Hey "'Taxation Where Value Is Created' and the OECD/G20 Base Erosion and Profit Shifting Initiative" (2018) 4/5 Bull for Int' Tax 203, and Susan Morse "Value Creation: A Standard in Search of a Process" (2018) 4/5 Bull for Int' Tax 196 at 197.

的：这种一方面认为税收应该发生在创造价值的地方，另一方面又认为异地销售不会为来源国创造价值的论调不合逻辑。[278]

从这个角度来看，大多数国家的共识通常认为，针对外国实体向另一个司法管辖区的客户进行销售的情况，现有的国际税收规则将"异地销售"排除在基于来源地的税收框架之外。当前经合组织最新的想法表明，可能会出现一种新的共识，"当价值是通过(可能是异地)参与至该司法管辖区的商业活动而创造的，而在当前的分配框架上不认可这部分利润"，则可将更多的征税权分配给消费者或用户所在的司法管辖区。[279]这种共识可能会出现，但在撰写本书时它目前还不存在。因此有两个问题需要讨论。第一个问题是，对上面提到的，对消费市场或来源国来说，是否可能仅仅因为客户或数字用户的存在而出现新的征税权。第二个问题是现有征税规则是否足以应对因使用数字化商业模式而产生的利润新增。

3.1.2 公司税收的重要性

经合组织对企业税收统计数据的分析表明，2016年，在有可得数据的88个司法管辖区，企业税(包括居民和非居民企业)平均可占税收总收入的13.3%。与2000年相比，尽管该时期公司税率总体呈下降趋势，但这一数字比2000年的12%有所增加。公司税收在发展中国家更为重要，在非洲平均占所有税收收入的15.3%，在拉丁美洲和加勒比地区占15.4%，与经合组织统计的这一比例为9%形成了鲜明对比。[280]在传统商业模式中，除企业税外，非居民企业雇用当地员工，由员工缴纳就业税和社会保障金，而企业则负责财产税(包括中央和地方政府)、消费税和环境税。

---

[278]　Devereux and Vella, above n 276.

[279]　Programme of Work to Develop a Consensus Solution to the Tax Challenges Arising from the Digitalisation of the Economy(OECD, May 2019) at 23.

[280]　"Corporate Tax Remains a Key Revenue Source, Despite Falling Rates Worldwide"（15 January 2019）OECD 〈www. oecd. org/tax/corporate-tax-remains-a-key-revenue-source-despite-falling-rates-worldwide.htm〉.

87   ### 3.1.3　规则是否"合乎目的"?

第2章讨论的数字化商业模式的关键特征显著改变了上述统计数据所指征的景象。企业直接和间接利用网络效应,再加上平台经济的高效率和低运营成本,以及通过互联网可触及全球的市场,这对很多企业来说意味着可以有更好的方式来销售商品和服务。这是显而易见的一点,但很多这类型的商业模式不需要在某一司法管辖区有实体存在。许多涉及消费者对消费者、企业对消费者和企业对企业的交易不再需要"现场"人员来组织交易。欧盟委员会表达了如下观点:[281]

> 当前企业税收规则在数字经济中的应用导致利润征税地与价值创造地之间的错位。特别是,当目前没有实体存在的跨境在线交易得到了便利,企业在很大程度上依赖于难以估价的无形资产,用户生成的内容和数据收集已成为数学商业创造价值的核心活动。当前的规则不再适合目前的环境。

如前所述,认为国际公司税收制度的基本原则是"价值创造"的这一观点遭到了相当大的批评。[282]欧盟委员会正在阐明目前普遍持有的观点,即国际税收规则不再"合乎目的"。许多其他国家在很大程度上同意这些观点,包括英国[283]、澳大利亚[284]和新西兰[285]。

88   就多边平台而言,公司通常通过广告、订阅或最常见的佣金来赚

---

[281]　关于制定与重要数字存在相关的企业税收规则的理事会指令提案[欧盟委员会,COM(2018) 147 final 2018/0072(CNS), 2018年3月]。

[282]　Devereux and Vella, above n 276.

[283]　HM Treasury, above n 273 at 4.2, 其中指出:"应对数字化企业为税收体系带来的挑战,需要得到国际社会的广泛认可,并就实现有意义的国际税收制度框架改革过程和时间表达成一致协定。"

[284]　The Australian Government The Digital Economy and Australia's Corporate Tax System (Treasury of Australia, October 2018) at 2.2, 讨论承认外国企业几十年来一直在运营的商业模式中,大部分盈利资产和劳动力都位于海外,但指出"越来越多的数字化和日益流动的无形资产加剧了这一挑战,特别是在受数字化颠覆影响最严重的经济部门"。

[285]　新西兰税务局对数字经济征税的选择。政府讨论文件(国内税收政策和战略,2019年6月)第1.4节指出:"数字经济为新西兰人提供了许多好处,它是国家未来发展的重要来源。然而,其税收不足会影响政府收入在税收制度公平方面的可持续性。它还扭曲了对数字化跨国公司的投资,与其他行业相比,这些公司支付的全球所得税较低。"

钱。即使服务必须在地理位置进行(例如住宿或交通)，多边平台也允许两个最终用户独立于在平台上运营的公司，给他们充分允许使他们能够完成在合同谈判、提供货物或服务中的关键任务，并接收付款。这意味着多边平台可以在物理上远离平台上任何一边的最终用户以及他们的任何活动。缺乏联系(或在来源国的物理联结)这一问题是经合组织确定的由数字化引起的直接税收三大主要政策变化中的第一大类。[286]

与常设机构相关的税收规则是否跟上技术变革的步伐可能是最明显和最重要的挑战，但它既不是唯一的挑战，也与经合组织确定的其他两个挑战完全无关。收集数据并用于产生业务价值的问题是许多数字商业模式不可或缺的一部分。它还与缺乏联系这一挑战密切相关，因为用户的参与(在更多或更少的程度上)将会有争议地导致不构成常设机构。[287]

最后是如何定性数字化业务中的交易。在新的商业模式下支付的款项，特别是在云计算领域，已经对合适的税收待遇造成了不确定性。

现在分析商业数字化对税收制度构成的七个主要挑战。第一个涉及"联结"的难题，以及数字化企业在一个国家开展大量业务但未达到常设机构门槛所带来的困难。

3.2 逐渐消没的对企业利润课税的能力 89

3.2.1 企业利润和常设机构

如前所述，[288]非居民企业从其本国以外的国家获得商业利润的征税原则源自所谓的 20 世纪 20 年代妥协方案。设计于 20 世纪初，其背景是工业化、增加跨境贸易、提高税率以及从地域性税收制度向全球税收制

---

[286] Tax Challenges Arising from Digitalisation—Interim Report 2018: Inclusive Framework on BEPS(OECD Publishing, 2018) at [381].

[287] 应该指出的是，这一点有时会受到不同国家的质疑，在第 5 章和第 8 章中进行了讨论。

[288] 参见第 1.3 节"国际双重征税的历史：'20 世纪 20 年代妥协'"。

度的转变。因此，重点是消除双重征税。最初的《1923年报告》非常支持以居民为基础的税收，而对来源地征税制度的热情则稍逊一筹，1925年和1927年的技术专家报告对其进行了修订。《1925年报告》承认"我们建立的部门……出于纯粹的实践目的，因此不应从这一事实中得出有关经济理论或学说的推论"。[289]这些1925年和1927年的技术专家组引入了"常设机构"的概念，以便在只有在外国企业与当地有足够充分的联结时，企业才需要就在来源国所获的利益纳税。构成常设机构的必要联系或联结是什么？

3.2.2　构成常设机构的门槛

根据布莱恩·阿诺德(Brian Arnold)的说法，根据一个国家的国内法和税收协定对非居民企业的利润征税可分为六个基本阶段。[290]它们是：

(1) 该国对非居民企业征税的法律或宪法权利是什么？ 如第1章所述，国内法对企业收入来源的概念几乎没有实际限制。[291]普通法管辖区的旧判例法支持一种务实的方法，将收入来源定义为普通民众认知的真正收入来源。似乎"很明显，在该国可以对非居民企业征税之前，必须与该国建立某种联系，即使只是作为一个惯例操作"。[292]

(2) 什么构成在司法管辖区内开展的业务？ 这涉及根据国内法和税收协定确定什么是商业收入，而不是投资收入。

(3) 一旦一个国家确定企业在其司法管辖区内存在，它必须决定是对所有利润征税，还是仅当非居民企业在该国的业务达到或超过最低门槛时才征税。这一门槛传统上是拥有"常设机构"的门槛之一——这是1925年和1927年报告中引入的概念。

(4) 一旦达到这一最低门槛，规则(通常称为地理来源规则)必然会确

---

[289]　Technical Experts from seven jurisdictions: Belgium, Czechoslovakia, France, Great Britain, Italy, Netherlands and Switzerland Double Taxation and Tax Evasion(League of Nations, F 212, 7 February 1925) at 15.

[290]　Brian Arnold "Threshold Requirements for Taxing Business Profits under Tax Treaties" (2003) 57 Bull for Int' Tax 467 at 477.

[291]　参见第1.7节"初探国内来源地征税模式的限制"。

[292]　Arnold, above n 290 at 477.

定非居民企业获得的哪些业务利润可归属于来源国，并由来源国征税。

(5) 然后，通常根据国内规则，有必要计算应纳税的企业利润。

(6) 一个国家有确定应纳税额和征税方式的规则。有时，非居民企业的征税方式(例如各种形式的预扣税)区别于向居民企业征税的方式(这也反映了向非居民企业征税的难度)。

从这六个步骤可以看出，各个阶段之间有着密切的联系，国内法与避免双重征税协定的规则之间也存在着密切的互动关系。

上述第三阶段是本节讨论的关键阶段。如前所述，根据经合组织和联合国模式的第 7 条第 1 款，各国已同意不对非居民企业在其管辖范围内赚取的商业利润征税，除非在居住国的外国实体超过了被定义为常设机构的门槛，因此其活动不能再被描述为"小型或与该司法管辖区的经济没有密切联系"。[293]如果不存在常设机构，非居民企业在来源国取得的商业利润免税，因此仅在居住国征税。

91

埃克哈特·赖默尔(Ekkehart Reimer)描述了常设机构原则背后的三个目标。[294]第一个目标是，作为国际司法问题，有必要授予征税权以换取一个国家为国外投资创造、维持和保障良好营商环境作出努力。这可以看作是第 1 章中讨论的"利益理论"。根据赖默尔的说法，在发达国家和发展中国家之间存在双重征税协定而不是两个发达国家之间存在双重征税协定的情况下，这一点尤其重要。这是因为在与两个发达国家打交道时，假设投资流量相对相等，在两国互惠的情况下，来源税数额的问题变得有些无关紧要。然而，在发展中国家的情况下，常设机构定义的宽度(或最低门槛)对于向来源国分配征税权变得非常重要。因此，对于发展中国家来说，对服务业常设机构、建筑和施工业常设机构定义的谈判，以及《经合组织示范税收公约》第 5 条第 2 款中的具体例子具有

---

[293] Ekkehart Reimer, Stefan Schmid and Marianne Orell Permanent Establishments: A Domestic Taxation, Bilateral Tax Treaty and OECD Perspective(4th ed, Wolters Kluwer Law & Business, 2015) at 35.

[294] Ibid at 38.

重要意义。[295]

第二个目标是让常设机构与当地居民企业主处于平等地位，从而在居民和非居民企业之间保持中立。当外国投资者被来源国征税时，他们会经历资本进口的中性，这消除了对居民企业的竞争优势。

第三个目标是，使用常设机构原则作为阈值有一个重要的实际理由。小型业务，或与一个国家的不频繁和有限的贸易/参与，可能会导致外国企业不必要的合规和管理成本。正如赖默尔所说，"正是由于这个原因，与外国的松散经济联系不应影响居住国的专属税收"。[296]

经合组织[297]和《联合国税收协定范本》[298]第 5 条分别定义了常设机构的含义。它们分为三大类：

- 第一个是通常在第 5 条的第 1 款定义的、特别在第 2 款中具体列出的物理"地点"标准(包括管理地点、分支机构、办公室等)。此类别还包括持续一定期限的建筑工地、建筑或安装项目(经合组织模型为 12 个月，联合国模型为 6 个月)。

- 第二类是合同或关系"视为"标准。在第 5 条第 5 款中，从属代理规则要求，如果任何人作为从属代理人行事，或以其他方式惯常性地订立合同，或在订立合同中起主导作用，则企业视为拥有常设机构。[299]

就《联合国税收协定范本》而言，"非独立代理人"的行为可能构成常设机构，即使该人没有并习惯性地行使以企业名义签订合同的权力，而该人习惯性地持有货物或商品，并定期从库存中交货(第 5 (b)段)。[300]

- 第三类是时间或物理存在标准。在许多情况下，这一要求与第一

[295] Model Tax Convention on Income and on Capital Condensed Version (OECD, 21 November 2017) at Article 5.

[296] Reimer, Schmid and Orell, above n 293 at 40.

[297] OECD, above n 295.

[298] United Nations Model Double Taxation Convention between Developed and Developing Countries(United Nations, 2017) at Article 5.

[299] OECD, above n 295 at Article 5(5).

[300] United Nations, above n 298 at Article 5(5)(b).

个关于物理地点的要求重叠，但不是全部。例如，在建筑工地、建筑或安装项目中进行的活动仅在经过必要的时间(6 个月或 12 个月)后才属于常设机构。此外，经合组织指出，更一般而言，营业场所需要具有一定程度的永久性，而不是纯粹的临时性质。因此，它指出：⑩

虽然就时间要求而言,成员国所遵循的做法并不一致,但经验表明,在通过一个地点在一个国家开展了 6 个月以下的营业时间的情况下,通常不认为存在常设机构(相反,实践表明,在许多情况下,营业场所的营业时间超过 6 个月的情况下被认为存在常设机构)。

在某些情况下，特别是在适用《联合国税收协定范本》时，各国采 93 用了服务性常设机构。其运作的基础是当存在以下情况即认为存在常设机构：⑩

企业通过雇员或企业雇用的其他人员为此目的提供劳务,包括咨询劳务,但仅限活动在缔约国内,从相关财政年度开始或结束的任何 12 个月内,一方持续或累计的服务时间超过 183 天。

据观察，触发常设机构门槛的因素纯粹是由企业雇用的人员在来源国内提供服务所经过的时间段。换言之，不需要有固定的营业地点(例如上述第一类中的物理地点)。因此，它是一项仅涉及在一个国家一段时间内提供服务的标准。

有了这些关于常设机构门槛要求的观察，现在提出的问题是常设机构的定义将在多大程度上可适用于本书前面提到的数字化商业模式的公司所进行的活动类型。

---

⑩　OECD, above n 295 at [28].
⑩　United Nations, above n 298 at Article 5(3)(b).

3.2.3　检查当前对常设机构定义的准确性

传统观点认为，19 世纪发展起来的关于常设机构的特征不足以应对 21 世纪的商业模式。[303]

然而，阿诺德指出，常设机构概念不适合 21 世纪新经济的笼统说法，"具有误导性，因为它只关注定义的一部分，尽管是基本方面"。[304]阿诺德的意思是，有必要检查常设机构定义的每个部分，以了解它在不断变化的商业模式的背景下是否足够全面。阿诺德在 2003 年撰文指出，《经合组织税收协定范本》前身的起草者始终认为"固定的营业地点"这一标准过于有限，因此纳入了"独立代理人常设机构"这一要求，因此它绝非一条仅关注在"固定的营业场所"的标准。

尽管基本问题仍然相似，但自 2003 年以来，数字经济的属性和规模的增长导致许多人重新思考当前常设机构设置的充分性。这一立场很大程度上通过经合组织的观点得到印证，该观点认为鉴于总体上的商业模式的变迁，特别是数字经济的增长，导致非居民企业得以与过去完全不同的方式运营。经合组织说：[305]

> 例如，虽然非居民企业总是能够向没有实体存在的司法管辖区销售产品，但信息和通信技术(ICT)的进步极大地扩大了此类活动的规模……在当今典型的商业结构中，市场经济体对实体存在的要求较少这一事实——这种影响在 ICT 部门的某些类型的企业格外扩大——对国际税收提出了挑战。

任何企业仍然需要寻求和获得资金投入、创造或增加价值并向客户销售。数字化改变了其中一些活动的开展方式，例如：[306]

---

[303]　Wolfgang Schön "10 Questions about Why and How to Tax the Digitalised Economy" (2018) 72 Bull for Int' Tax 278 at 278.

[304]　Arnold, above n 290 at 479.

[305]　Addressing the Tax Challenges of the Digital Economy, Action 1—2015 Final Panel Report(OECD Publishing, 2015) at 3.1.

[306]　Ibid, chapter 7 at [253].

- 提高远程开展活动的能力；
- 提高信息处理、分析和利用的速度；
- 扩大潜在客户的数量(因为距离形成的贸易壁垒显著减少)；
- 以前由当地人员执行的流程，现在可以由一个集中的团队或更可能是自动化设备跨国界执行；和
- 员工在复杂的软件程序和算法环境中所扮演的角色不断变化。

因此，在一个国家的客户群所需要的基础设施和人员水平根本不再是 10 年或 15 年前类似企业所需要的。跨国企业可以更自由地选择它们的业务运营地点，虽然有些企业可能会将核心资源放在靠近市场的地方，但其他一些企业却越来越多地将其人员、信息技术基础设施和决策层(其中大部分可以自动化)放在远离市场的地方。

95

3.2.4　检查标准的构成

(1) 企业经营全部或部分业务的固定营业场所

第 5 条第 1 款关于"常设机构"的标准是："企业经营全部或部分业务的固定营业场所。"在这条标准下有三项要求。首先，需要有一个"营业场所"；其次，这个营业场所必须是"固定的"；最后，企业的业务必须全部或部分通过该固定营业场所运营。

在定义中使用"固定"这一词清楚地表明，在现有的框架内存在对地理位置的要求，而使用"永久"一词则明确了时间的要求。对数字化公司来说，即使在没有固定营业地点的情况下，也可轻易在另一个国家开展业务并积极参与经济活动。

显然，许多数字化企业将能够在没有固定营业地点的情况下成功运营。

(2) 通过非独立代理来运营

没有固定营业场所并不意味着外国企业没有常设机构。根据第 5 条第 5 款的现行定义，当员工在某地为企业从事以下活动，该地也可视为有常设机构：

- 惯常性地签订合同；

- 或惯常性地在签订合同过程中承担主要角色，而这些合同经常性地在没有重大修改的情况下签订；和

- 这些合同是：

以企业的名义；或者企业对自身所有的或有权使用的物品进行转让或授权使用转让；或者由该企业提供服务。

再次强调，数字化企业可以继续营业，而无需聘请非独立代理人或有合同签约能力的人员(或略逊于此的能力，例如仅谈判合同全部条款但无法最终确认可签约版本)。

(3) 根据现有相关的标准在收入来源国运营

如前所述，一些关于常设机构的标准，特别是对于服务性常设机构的标准，需要(通常来说)工作人员在当地，但有时也要求在管辖范围内的一段时间内，进行建设或安装项目或主要设备。显然，数字化企业虽然可以在没有人员或资产的情况下在某一司法管辖区内开展业务，但也会导致无法满足"常设机构"的标准。

3.2.5 数字化企业在来源地是否与经济(但非实体)存在足够的关联？

很明显，根据传统分析，⑩许多数字化企业将无法达到门槛，因此无法在其开展业务的州设立常设机构。这是因为它们既没有固定的营业地点，也不会通过非独立代理人行事(正如经合组织和《联合国税收协定范本》第 5 条所规定的那样)。实际上缺少的是企业在来源地的实体存在，因为一般来说，数字化企业不需要这种实体存在来开展它们的商业活动。这种实体存在体现在场所(如办公室、工厂)或员工的存在(他们进行的活动必须是业务的关键部分，例如由非独立代理人签订合同)。无法在企业有经济活动的源头州建立联结(或建立常设机构)是企业数字化导致的第一个重大挑战。

这一结果(将其描述为"缺陷"是负面的评价)推动形成了 2019 年和

---

⑩　应该指出的是，一些国家对于什么是常设机构，已经或正在寻求一种更为激进的观点，力求将显著经济存在纳入常设机构的概念。这将在第 5 章中进一步讨论。

2020 年最新的经合组织/G20 工作计划。特别是"支柱一"理论，审议了
采纳"价值创造原则"的议案，以有权对在没有实体存在、但从跨境活
动中获得收入的实体征税。⑩这将在第 5 章和第 6 章中进一步详细
描述。

97

3.3　数据使用、用户贡献，以及对其价值的衡量

经济数字化对税收制度提出的第二个挑战实际上是一系列三个相互
关联的问题。首先是一些利用数字商业模式的最成功的跨国公司对数据
的使用。数字化技术允许数据被收集、存储和使用，还可以实现跨越国
界并直接从用户、消费者或以通过其他方式的分析来远程收集，或间接
从第三方收集。⑩有时在用户和消费者明确了解的情况下收集数据，有
时通过他们的默示同意，尽管信息的质量和性质在很大程度上是在用户
的控制范围内，如人们在社交网络上发布的信息和通过云计算上传的
信息。

虽然数据收集不是一个新现象，但计算机处理的增加和互联网的发
展促进了充分收集和分类数据。从历史上看，数据的使用一直被低估，
而且，在贝克(Becker)和英格利什(Englisch)看来，"以前被认为只是辅助
性质的本地数据收集或仓储等活动，通常只对商业利润作出边缘化的贡
献，因此，在利润分配时通常被忽视，或只被认为贡献了极低的利
润"。⑩随着大数据分析的使用，以前被认为是简单的常规功能，即定
制服务或产品以适应有特定需求的本地客户，已成为大型跨国公司通过
数据收集和大规模定制提供增值价值的关键成功因素。⑩经合组织认

---

⑩　OECD/G20 Inclusive Framework on BEPS Programme of Work to Develop a Consensus
Solution to the Tax Challenges Arising from the Digitisation of the Economy(OECD, 2019) at [22—5].
⑩　OECD, above n 305 at 3.1 at [262].
⑩　Johannes Becker and Joachim Englisch "Taxing Where Value Is Created: What's 'User
Involvement' Got to Do with It?" (2019) 47 Intertax 161 at 162.
⑩　Ibid at 162.

为，"从各种来源收集的数据是在数字经济时代对价值创造有着主要贡献"，得以允许企业对人群进行细分，以定制产品、改进产品和服务的开发，评估绩效的可提升性，并改进决策。[312]证明数据和信息可以被货币化的能力，最明显的例子可能是那些高度数字化企业，它们已经开发出收集用户数据和立即识别用户偏好的能力，因此可以提供具有高度针对性的广告。[313]

数据收集不可或缺的是第二个关联的问题，也就是用户参与在推动某些类型的数字业务产生价值中所起的作用。经合组织采取的方法是承认"数字化重塑了用户的角色，使他们有可能越来越多地参与价值创造过程"。[314]最初在欧盟提议一项临时的"数字服务税"，欧盟委员会专注于两种主要类型的数字服务，即在数字交互界面和用以联结两端的数字交互界面或平台上投放广告，其主要目的是促进用户之间的直接互动，同时指出："此类服务的共同特征是他们严重依赖利用用户参与或获得的用户数据作为创收的一种方式。"[315]尤其是英国政府，通过审查社交媒体网络等多边商业平台，重点关注用户参与和在线市场，并得出结论——这些企业的成功"更多地依赖于与企业形成更复杂和持续关系的用户参与活动和决策"。[316]英国财政部确定用户的参与不受企业控制，因此是独立的，包括：[317]

- 有助于品牌的创建；

- 生成有价值的数据；和

- 有助于开发大量用户，这有助于占有市场，并使得企业有更低的边际成本。

---

[312] OECD, above n 305 at [262].

[313] Australian Government, above n 284 at 1.2.

[314] OECD, above n 305 at [145].

[315] European Commission Time to Establish a Modern, Pair and Efficient Taxation Standard for the Digital Economy(European Commission, COM(2018) 146 final, 21 March 2018) at 9.

[316] Corporate Tax and the Digital Economy: Position Paper(HM Treasury, PU2117, November 2017) at 3.19.

[317] Ibid at 3.20.

随后，英国财政部指出，用户某些关键方面的参与正在推动某些数字业务的价值。③⑧首先，这些在线平台运营中使用大量用户生成的内容进行。此类企业的例子是社交媒体公司，它们通过在一个由用户的帖子和照片组成的平台上销售广告来产生收入。确实，用户从平台中获得了好处(平台软件的免费使用以及与亲友交流的便利)。但对网络用户产生客户黏性的业务是其他用户生成的内容。该平台使用这些内容来吸引会员，然后将这些会员信息提供给广告商(在平台的另一端)以产生收入。

英国财政部还认为，用户参与的第二个关键方面是在平台的参与深度。这体现在用户与平台互动、积极贡献的内容以及与其他用户互动所花费的时间。这可能包括上面提到的用户生成内容等一些行为，还包括通过发布评论、消费者对其他用户对商品和服务的体验评价进行验证来建立信任。这些持续的参与使平台能够根据用户行为建立详细的图片库，还可以对用户的兴趣和消费习惯进行密集监控。

与用户创造价值有关的第三个方面是对网络效应的贡献。网络效应的直接形式体现在平台上的活跃用户数量。这个用户的网络越大，商业模式就越强，因为用户数量的增加会在平台两端吸引更多的用户。换句话说，在市场平台上，更多需求方(例如寻找短期住宿的人)吸引了更多供应方(提供短期住宿的人)。选择更多，用户体验(用户获得的价值)也会更强。

在其间接形式中，网络效应通过平台延伸到平台另一端的另一部分用户。这与社交媒体或其他由用户生成内容(如视频共享)等的平台相关，因为它使平台另一端的广告商能够更好地接触更多潜在买家。

最后，用户为品牌作出贡献。这可能与其他贡献相关，但主要用于审查和评价第三方提供的内容或服务，以及以其他方式规范平台上出现

---

③⑧ Corporate Tax and the Digital Economy: Position Paper Update (HM Treasury, March 2018) at chapter 2.

的内容，并为其他用户建立重要的信任机制。一个很好的例子是在线市场——供应商希望建立(和维护)他们的声誉，以促进未来的销售。因此，他们将确保他们提供最好的商品或服务(或为了销售商品和服务而需要的服务)，以确保他们的商誉得到维持。这会增强整个市场的信心，并使整个市场运作良好。

数据的收集以及上面提到的各种形式的用户参与引发了这一挑战的第三个也是最困难的部分：尝试对数据和用户行为产生的价值进行归因和判断。正如经合组织所承认的那样：[319]

> 虽然很明显，许多企业已经开发出收集、分析和最终货币化数据的方法，但不同于单纯的收集、分析和使用数据的流程，对原始价值进行功能、资产价值和风险的分析仍然很艰难。

数据的价值，可以在出售业务时将其货币化，但确定其价值可能在很大程度上取决于买方分析和使用它的能力。还有个关于所有权的小问题，大多数司法管辖区都通过了数据保护和隐私立法，这些立法通常承认这些信息是来源于个人的财产。经合组织只是意识到很难对数据评估价值，[320]特别是在数据跨境时，即数据可能是用某一国的技术处理的，但向另一国的消费或在另一国的设备上获取，并且为了制作吸引该国消费者的广告。数据可以使用云计算进行存储和处理，使得处理的位置更加难以确定，存在巨大的实际困难，包括试图确定在多边平台下收集的数据的价值。平台另一端的广告商可能会对此信息感兴趣，但经合组织也认识到，在实践中广告客户和用户的位置经常保持一致，因此用户数据的价值通常反映在特定国家/地区产生的广告收入中。[321]

英国财政部声称，英国政府并不认为仅仅从用户/客户那里收集数据就意味着这些人正在参与创造价值。相反，财政部声称重点在于用户

---

[319] OECD, above n 305 at [263].
[320] Ibid at [264].
[321] Ibid at [266].

参与，这才会创造价值，而仅通过与客户的被动或交易关系获取运营和个人的数据不会创造价值。㉒

贝克和英格利什㉓分析了用户参与价值创造的程度，根据经合组织的分析将用户参与分为两类：主动和被动。㉔他们分析了三种不同类型的用户贡献，从他们认为的最被动、网络效应和消费外部性开始。他们得出的结论是，网络效应确实引发了一个有争议的案例，即如果一家公司积极创建一个网络，该网络被视为产生商业利润的核心资源，那么它应该与某个国家建立联系。换句话说，用户在创造网络效应中的贡献是为企业创造真正价值。

在规模化的过程中，下一个最积极的用户贡献是数据的使用和销售，以及用户提供的反馈(评论等)。他们得出结论，鉴于数据类型的多样性，这一项很难评估。然而，数据收集本身通常只是一项例行任务，不代表分配巨额利润是合理的。㉕这一结论与上述英国政府的理念一致。相反地，他们得出的结论是，通过提供在线服务或提供智能设备而建立的持续的用户关系可能是生产过程中价值创造的潜在来源。他们认识到，将持续的用户关系作为无形资产进行估值是非常困难的，并且取决于多种因素，例如"随着时间的推移关系的质量和强度、可以收集的数据，以及是否与其作为满足某些商业模式的信息需求相关"。㉖

102

在贝克和英格利什看来，最活跃的用户参与、用户内容的贡献和众包业务在分配征税权时应该被忽略。这有点令人惊讶，因为用户活动被归类为消费，这为企业创造了积极的外部性——但争议焦点是用户是在娱乐自己或社交，而为之对多边平台的价值只是在于用户对平台的持续使用和(可能)前面提到的网络效应。总体而言，作者得出的结论是，持续的用户关系相当于一种具有生产力的(并且可能是可销售的)无形资

㉒　HM Treasury, above n 318 at 2.37—2.40.
㉓　Becker and Englisch, above n 310 at 166.
㉔　Tax Challenges Arising from Digitalisation—Interim Report 2018: Inclusive Framework on BEPS(OECD Publishing, 2018) at 55 at [147].
㉕　Becker and Englisch, above n 310 at 168.
㉖　Ibid at 169.

产,可以为基于来源的税收建立联系。正如之前讨论,这是数字化对税收系统造成的更困难的挑战之一,但似乎有一个明确的共识,即用户参与业务会为该业务创造价值。如果人们承认这种价值创造产生了征税权,那么量化创造了多少价值,以及由此产生的利润中有多少比例可归因于用户的行为和参与,将是一项非常困难的工作。

3.4 对知识产权的依赖和知识产权的可流动性

数字化企业通常利用包括知识产权在内的无形资产。[327]正如沃夫冈·舍恩强调的有关经济数字化的两个基本假设之一:[328]

> 成功的企业和数字化市场背后的商业模式建立在无形资产(模式、算法等)和规模经济(尤其是网络效应)之上。因此,跨国公司可以随意选择核心职能和价值驱动因素的所在地,包括既不是最终消费者居住国也不是母公司居住国的司法管辖区。

103
舍恩言论中的两个组成部分是数字化经济对税收制度构成的主要挑战,尽管可以公平地说,无形资产的开发是对所有企业价值创造来说都日益重要的驱动力,而不仅仅是对数字化企业。[329]

第一部分是企业使用的知识产权的显著增长。所有证据都表明知识产权作为业务增长的关键组成部分的增加和重要性提升,也有一些案例研究表明知识产权在数字化业务中的应用。经合组织提到的世界知识产权组织的统计数据显示,从 2004 年到 2016 年,知识产权申请总量每年

---

[327] OECD, above n 324 at 46 at [108], 其中,经合组织就社交网络公司对知识产权的使用和所有权进行了如下讨论:"社交网络公司通常以组合的方式保护它们的知识产权,包括商标、商业包装、域名、版权、商业秘密和专利。"
[328] Schön, above n 303 at 278.
[329] OECD, above n 324 at [138].

平均增长 7.1%(在过去 13 年期间增长了 125%)。[330]在对业务结构进行更详细的审查时，经合组织将传统出租车公司与数字化叫车公司进行了业务活动的比较，得出的结论是，在传统的实体结构中，没有使用知识产权的例子，而在数字模型中，以下三项在很大程度上依赖于知识产权：网络推广和合同管理(评级算法的开发)；服务供应(运行算法以匹配用户和设定价格)；网络基础设施运营(应用程序和平台的开发，以及匹配用户和定价的算法)。[331]

舍恩提到的第二个方面是知识产权在地理位置的流动性。这使得这类资产很容易从一个司法管辖区转移到另一个司法管辖区，同时也很难为转移定价这一目的进行估值。这种转让定价问题的出现是因为缺乏可比交易，部分原因是数字化企业固有的网络效应造成了垄断或寡头。[332]正是因为可以选择知识产权资产的所在地，导致了上文提到的对企业利润征税的"能力正在消失"——不同国家的人们可以通过在线平台轻松地联系起来，这使得企业可以灵活地将其业务活动安排在他们希望的地方，并在无实质的实体存在的情况下，经由少数的较远的位置进入不同的市场开展业务。[333]

104

3.5 交易和收入的特征化

包括经合组织在内，所有人都清楚地认识到，要对各种类型的新数字产品和服务的税收进行明晰正确的分类，还需要做大量工作。[334]从本质上讲，交易可能被归类为商业利润(如果它们被视为提供商品或服务)、技术服务(在这种情况下，某些条约可能将其视为特殊类别的特许

---

[330] Ibid at chapter 2 at [136].
[331] Ibid at annexure figure 2.A.4.
[332] Becker and Englisch, above n 310 at 162.
[333] HM Treasury above n 316 at 3.10.
[334] OECD above n 324 at 5 at [381].

权使用费，或者作为普通服务和商业利润)或特许权使用费(尤其是条约定义了特许权使用费包括商业、工业或科学设备的租金)。因此，许多新的数字产品和服务对分类都有一个问号，而这种分类通常既是国内法的问题，也是包含在相关条约中对各种类别的定义。这种不确定性在云计算方面尤其如此，正如李(Lee)和尹(Yoon)在其国际财政协会总报告中指出的那样：㉟

> 据该分局介绍，目前还没有国家税务总局就云计算所得征税制定或发布任何明确、具体的解释性指引。因此，国际服务税收的传统规则和理论仍然可以规范云计算的税收。由于云计算是最近才出现的现象，目前还没有任何司法管辖区有国内法来处理这种新型交易，因此仍应用现行有效的"旧"法可能会在确定有关收入的性质和来源时出现问题。特别是在条约适用方面，它在很大程度上归结为熟悉的服务税问题，而预扣税很少被认为是相关的。

不过，某些交易的分类似乎相对简单。大多数国家通常将购买"拆封许可"软件或下载"点击生效"软件视为商业利润性质的收入。因此，除非销售此类软件的企业在其销售地所在司法管辖区设有常设机构，否则不太可能被征收基于来源国的税收。根据经合组织的传统观点，除非买方/用户获得修改或复制软件以供自己使用或转售给第三方的合法权利，否则仍将交易视为产生了商业利润。如果存在这样的修改或复制软件的权利，那么大多数国家都将其视为版税。㊱

如前所述，更复杂的特征化出现在云计算领域。由于客户可以持续访问，云计算不涉及软件或数字内容的一次购买或下载。在"X 即服务"(XaaS)或"平台即服务"(PaaS)的分类下，云运营商允许其客户访

105

㉟　Chang Hee Lee and Ji-Hyon Yoon "Withholding Tax in the Era of BEPS, CIVs and the Digital Economy" (2018) 103b IFA Cahiers de Droit Fiscal International 219 at 253.

㊱　Ibid at 252.

问服务器，以便客户可以使用计算机软件或应用程序或计算平台或编程工具。在世界上大多数国家，这些交易在很大程度上被理解为提供服务，因此除非有特定的条约或国内法定义(如技术服务费)，否则它们将默认计入业务收入。一些国家认为第三类软件服务——"基础设施即服务"(IaaS)，更多地属于财产租赁的范畴，因此属于特许权使用费的定义，特别是条约中对特许权使用费的定义包括商业、工业或科学设备的租金。

正如经合组织在 2015 年《关于解决数字经济税收挑战的最终报告》中所讨论的那样，[337]有必要仔细审查现有规则背后的基本原理，以确保交易不会出现对那些本质上相似的业务任意税收的结果。对某些类别的收入征收预扣税(可能扩大特许权使用费的定义以包括某些数字业务类型的交易)可能是应对数字化带来的挑战的另一种解决方案。[338]

3.6　特定跨国企业及其交易中转移定价的失效　　　

全球转让定价制度的适用性是 BEPS 项目的关键部分。BEPS 行动第 8—10 章[339]的最终报告包含近 200 页经合组织对转让定价指南的修订。[340]尽管有这些重大修订，但最重要的是，BEPS 项目后转让定价规则的变化仍有很多不足。保罗·奥斯特休斯(Paul Oosterhuis)和阿曼达·帕森斯(Amanda Parsons)将"公平交易标准"的应用描述为"充满

---

[337]　OECD, above n 305 at 3.1 at [272].

[338]　取代或补充扩大常设机构的定义，这是对第 3.1 节确定的缺乏联结度问题的明显回应。

[339]　Aligning Transfer Pricing Outcomes with Value Creation, Actions 8-10-2015 Final Reports(OECD Publishing, 2015).

[340]　OECD Transfer Pricing Guidelines for Multinational Enterprises and Tax Administrations (OECD Publishing, 2017).

困难和弱点"。[341]这些变化的复杂性和可持续性受到质疑，[342]以及对争议的敏感性，[343]均为独立会计实体的基本特征(公平交易标准所固有的)，无法"归因于整合和协同效应的影响"。[344]

最后一个问题，正如乔安娜简单指出的那样："将跨国公司的成员视为独立的，这是一种虚构，它本质上忽略了跨国公司作为一个企业整体的经济事实和产出及至基本属性。"[345]跨国公司成立的基础，是不同生产要素的组合，可以分布在世界各地，涉及综合业务各个部分的共同投入。由迈克尔·德弗罗担任主席的牛津国际税务小组总结如下：[346]

107 　　　更准确地说，全球价值链上的各等级的组织产生的利润超过了各个集团实体在公开市场所获得的利润总和。这些协同效应(以及由此产生的经济收益)不仅难以确定，而且在实践中它们甚至不能分配到理论上的某一特定公司单位组织或具体的地理位置。

当然，这些问题并非孤立存在于数字化企业，而是延伸到整个商业活动范围。除了评论员提出的关注，即需要关注有关融资和资本回报的明确定义，如果对如何处理分散收益和风险的常规案例有更清晰的描述，则可以确定哪些实体承担着实际回报的风险。但还有与数字经济相关的其他问题，[347]这些问题包括：

---

[341]　Paul Oosterhuis and Amanda Parsons "Destination-Based Income Taxation: Neither Principled Nor Practical？" (2018) 71 Tax L Rev 515 at 529. 他们指出："例如，准确定价无形资产的挑战，事实上独立交易标准不考虑在公司间而非第三方基础上进行交易时所实现的效率(如科茨所述)，以及应用独立交易标准的整体复杂性(存在于应用该标准的每一周中)。"

[342]　Richard Collier and Joseph L Andrus Transfer Pricing and the Arm's Length Principle after BEPS(Oxford University Press, 2017). See Chapters 7 and 8 for greater detail.

[343]　Joe Andrus and Paul Oosterhuis Transfer Pricing after BEPS: Where Are We and Where Should We Be Going(TAXES The Tax Magazine, March 2017) at 104.

[344]　Hey, above n 277 at 206.

[345]　Ibid at 206.

[346]　Michael Devereux and others Residual Profit Allocation by Income. A Paper of the Oxford International Tax Group chaired by Michael Devereux(Oxford International Tax Group, WP 19/01, March 2019).

[347]　Andrus and Oosterhuis, above n 343 at 104.

- 如何解决与量化因直接和间接网络效应而产生的价值相关的转让定价的方法论这一问题?
- 是否存在可归因于因规模经济和流动性而提升的效率的价值?
- 如何评估数据的价值?
- 用户持续参与、内容创建及其先前讨论的两者的联系?
- 多边市场呢? 特别是存在非中性价格的机会时(一方面价格低于边际成本,而另一方面补贴平台)。

这些问题,加上解决这些问题的成本和复杂性,导致一些从业者评论员认为公平交易原则即将消亡。[348] 杰斐逊·范德沃尔克(Jefferson VanderWolk)等其他评论员持有不同的观点:[349]

> 随着公平交易标准进入第二个百年,只要我们生活在一个不同   108
> 主权司法管辖区对企业征收所得税的世界,该标准似乎(至少在本文
> 作者看来)很可能与我们长期同在。该标准可能会像过去 30 年一样
> 演变为处理新的事实,毫无疑问,法官将应用当地法律版本以新的方
> 式对其进行解释。

总体而言,可以公平地说,全球已不再普遍认为,转移定价是适用所有场景的正确答案。经合组织秘书处提案关于支柱一提出了以下意见:[350]

> 尽管包容性框架的成员似乎都遵循常规交易通常可以按公平交
> 易定价的原则,但越来越多的人怀疑是否可以在所有情况下依赖这

---

[348] Grant Thornton "Say Goodbye to the Arm's Length Principle" (24 July 2019) ⟨www.grant-thornton.ch/globalassets/1.-member-firms/switzerland/insights/pdf/2019/201907/say-goodbye-to-the-arms-length-principle.pdf⟩.

[349] Jefferson VanderWolk "The Arm's Length Standard Enters Its Second Century" (2019) Tax Notes Int' 961.

[350] Public Consultation Document Secretariat Proposal for a "Unified Approach" Under Pillar One(OECD, October—November 2019) at 6 at [17].

一原则(例如,涉及从无形资产中获得非常规利润的案例)。此外,似乎一致认为公平交易原则正在增加复杂性,并且为了控制适用这一原则而增加的管理和合规成本,需要简化这一原则。因此,"可处理"的解决方案至关重要,尤其是对于新兴国家和发展中国家而言。一个简单的制度将降低纠纷发生的风险,否则将危及国际税收体系的凝聚力。

3.7 基于住所地征税的不足之处

这个问题之前已经在本书的章节中讨论过,该章节检查了跨境业务背景下各种形式税收的合理性,例如来源地税收和住所地税收。[350]来源地税收的原则无法处理当没有建立联系却产生应税的情况下,数字化业务在管辖范围内如何开展/退出,[352]而住所地税收制度更会加剧这一困境。住所地税收制度带来的挑战包括以下。

3.7.1 设立企业住所的流动性和便捷性

国际税务筹划取决于在有利的税收管辖区创建子公司的能力。毫无疑问,只要仔细关注细节,就可以在满足国内和税收协定目的的基础上设立此类税收居民。如设立企业、中央管理和董事控制等标准混合了形式和事实上的要素,这些要素通常有些武断,当然也可以操纵。奇怪的是,这种对于住所地的要求在实践中会难以管理,尤其是当公司的税务主管与其他管理层的沟通中断时,会导致意想不到的结果甚至税务风险。通常采用的双重居住地决胜标准,即有效的管理地点,也因其模棱两可和缺乏精确性而受到批评。[353]再加上由于缺乏联结而在来源国对数字化企业征税的挑战,很容易看出为什么经合组织的章节一如此具有争

③⑩ 参见第 1.6 节"关于跨境商业背景下的来源地和住所地征税的意见"。
③⑫ 参见第 3.2 节"逐渐消没的对企业利润课税的能力"。
③⑬ John Avery Jones "2008 OECD Model: Place of Effective Management What One Can Learn from the History" (2008) 63 Bull for Int' Tax 183.

议性，而成为政治上的试金石。经营数字业务的跨国公司可以自行组织起来，以便它们能够通过位于低税收的司法管辖区的子公司而在该区纳税。

3.7.2 将股东税与公司税分开的能力

几乎所有司法管辖区都把对公司征税与对股东的征税分开。这样做的原因是，如果不在公司层面征税，那么缴纳的税款将非常有限。尽管大多数司法管辖区都规定了某种形式的整合或减免，但公司税仍然对商业领域的总税收作出了非常重要的贡献。[354]这种税收分离带来的挑战与上述第一个要点有关。如果不对股东在公司的利润征税，则可以确定有大量递延美国在最近国际税收变化之前，总部位于美国的跨国公司可以在不向美国征税的情况下，将其在税收相对较低的司法管辖区的外国子公司的收益汇总起来。在许多方面，BEPS 项目的大部分都是针对从事此类活动的跨国公司。解决这一挑战的一个重要机制是使用受控外国公司(或 CFC)制度，该制度可以将公司的利润归于股东。[355]

110

3.8 国家之间的竞争

回想起来，这也许应该是当前国际税收框架和商业数字化面临的第一个也是最困难的挑战。然而，我们很容易忽视现有的国际税收框架的一个重要问题。各国可以而且确实可以相互竞争以吸引经济活动，有时还会有利于国内企业。BEPS 项目试图解决的问题，部分是由于各国在吸引或保留投资方面的积极竞争，以及在某些情况下对合法的(哪怕是激进的)税收规划的容忍。例如，应欧洲议会税收规则特别委员会的要求，内部政策总局的分析，列出了在直接税收领域的主要 BEPS 风险类

---

[354] Richard Vann "Taxing International Business Income: Hard Boiled Wonderland and the End of the World" (2010) 2 WTJ 291 at 295 and Part I of the Appendix.

[355] Designing Effective Controlled Foreign Company Rules, Action 3—2015 Final Report (OECD Publishing, 2015).

别中，有哪些优惠税收制度，包括专利优惠税帛和税收裁定。[356]研究表明：[357]

> 政府在其财政政策中创造激励措施和错配机会，被一些跨国公司视为"健康"和税收竞争，它们认为只有税收协调才能结束这种竞争。由于投资者期望跨国公司最大化他们的税后收益(而不是税前收益)，他们发现跨国公司对政府的激励措施做出响应是很自然的。

BEPS 项目得到了来自包容性框架成员的更大合作，但与上述观察和对欧洲议会的建议一致的是德弗罗和维拉的 2014 年评论：[358]

111

> 如果为自己利益行事的国家认为他们有破坏国际共识的动机，那么国际共识就无法提供一个稳定的长期体系。有充分的证据表明，各国一直在这样做。此外，除了目前围绕经合组织的 BEPS 倡议结果的不确定性之外，即使 BEPS 倡议本身是成功的，也不会消除这些竞争力量。

显然，在当前针对关联规则和利润分配机制进行可能的变革的项目中，这些竞争问题和破坏国际共识的可能性仍然相关。经合组织/G20 正在领导该项目，并试图管理包容性框架的成员，来对"利润分配和关联规则也需要考虑数字化对经济的影响，同时要考虑与底层的经济活动和价值创造相关的利润分配原则"的观点进行全面有机的考量。[359]

---

[356] 数字经济的内部政策税收挑战总局(欧洲议会，IP/A/TAXE2/2016-04 PE 579.002, June 2016) at 3.4.1。

[357] Ibid at 3.4.5.

[358] Michael P Devereux and John Vella "Are We Heading towards a Corporate Tax System Fit for the 21st Century?" (20 November 2014) SSRN 〈https://papers.ssrn.com/sol3/papers.cfm?abstract_id=2532933〉.

[359] Tax Challenges Arising from Digitalisation—Interim Report 2018 (OECD Publishing, 2018) at 5 at [397].

　　似乎确实有一些证据表明包容性框架的大约 130 个成员之间进行了更大的合作,但挑战很多。除了经合组织开展的重要技术工作外,还有一定程度的政治参与和背书,这已超出了技术问题的层面,"将对收入和税收权利的整体平衡产生影响"。[360]任何建议均由经合组织"不带偏见"地做出,[361]这意味着经合组织/G20 和包容性框架的成员仍在"观望"。

---

[360]　OECD, above n 279 at 23.
[361]　Addressing the Tax Challenges of the Digitalisation of the Economy—Policy Note(OECD, 23 January 2019).

4. 应对挑战：改变现有框架所要
面对的法律上的约束

4.1 引　言

本书的第一部分拟展现出国际税收机制的全景及架构，并特别着力于描述高速发展的数字经济所带来的种种挑战。我们首先考察了源于 20 世纪 20 年代历史性共识的现行国际税务环境。接下来，我们检视了来源地征税和住所地征税的依据，以便于理解源头国家向非居民企业或纳税人征税的理论基础。基于征税存在理论基础的结论，即源头国家为数字经济在其境内业务的开展所作的贡献，可以发现在很多司法管辖区的国内法对来源地征税并未设置任何障碍。[362]

在上一章，我们讨论了高度数字化业务[363]的发展为国际税收体系带来的诸多挑战。其中关键的一个是是否会有足够的国际共识能够推动一次关于第 3.2 节所述利益分配和联结度规则的成功重温，或者国家会如预设般的竞争及利己。由于美国联邦公司收入税的降低很可能刺激其他地方的降税，关于税收竞争的担心依然存在。[364]

本章继续对国际税收全景进行检视，并为国际税收框架改革提供两

[362]　参见第 1 章，特别是第 1.7 节"初探国内来源地征税模式的限制"。
[363]　本书第 2 章已阐述过。
[364]　参见第 3.8 节"国家之间的竞争"。And the conclusions reached by International Monetary Fund IMF Policy Paper: Corporate Taxation in the Global Economy(IMF Publications, Policy Paper No.19/007, March 2019), [13]-[14] at 11-12.

种可行的广义选择。上述选择将尤为关注存在于国际税收及贸易责任中的法律限制。

在应对数字化经济带来的诸多挑战的过程中，世界面临两种可能：以共识为导向的双边解决方案，或者作为替代，越来越多的国家引入单边国内征税。国际税收以及群体或个体的国家正处在一个十字路口。一个广泛的共识是在包容的框架下，数字化经济带来的挑战是必须要加以应对的。通过检视上述选择，其中一条路径只有在数量可观的国家达成共识的情况下才能走通。而另外一条路径，即使用单边国内税收，则可以独立于上述共识之外被国家所采纳。

在审视上述单边税收设计的过程中，分析现行国际法律安排(例如国际税收及贸易条约)可能限制或影响关键因素是很重要的。在勾列出上述两个可行的广义选项之后，本章的余下部分会专注于单边税收的法律问题。

4.2　十字路口的国际税收

4.2.1　数字化经济和 BEPS

从一开始，数字化经济所带来的税收挑战被当作了经合组织/G20 BEPS 项目的主要组成部分。2015 年行动计划 1 的报告㊳发现了以下主要问题：第一，经济的日益数字化意味着对于高科技数字经济和更加传统的商业模式适用不同的规则会变得不太现实。第二，尽管在间接税方面已有进展，很明显在直接税领域并无直接的解决方案。有鉴于此，公平地讲 2015 年最终报告绝非"最终"，经合组织/G20 也认识到该项工作是连续性的且可能会延续很长一段时间。

业务的数字化会滋生税基侵蚀及利润转移问题。如在第 3 章所讨论　　114

㊳　OECD/G20 Base Erosion and Profit Shifting Project: Addressing the Tax Challenges of the Digital Economy, Action 1-2015 Final Report(OECD Publishing, October 2015).

的，很多数字化业务在其有大量经济活动的管辖区并没有常设机构。进一步讲，它们将知识产权及其他无形资产安置于低税收管辖区，并使用价格及条约方式转移利润。有证据显示，转移利润的机会仍是个大问题，该问题在发展中国家尤为突出，并且在后 BEPS 环境下继续存在。⑯

4.2.2 BEPS 以外

尽管不像其他十四份报告是结论性的，行动计划 1 报告尝试解决的是比税基侵蚀规范以及条约或国内税收规则更为严重的问题。BEPS 之外是一个系统性问题——高度信息化的业务所使用的商业模式(例如多边平台)，可以使这些业务以前所未见的速度创造收入，给其传统竞争者带来前所未见的干扰，并不必支付大量(如有)税金。日益显现的问题并非 BEPS 项目所关注的税基侵蚀规范，而是个更加根本性的问题——在现阶段业务开展方式发生变化的情况下，现行规则下的征税权利划分是否适当？ 如经合组织在其公开征求意见的文件中所描述的：⑯

> 行动计划 1 报告观察到⋯⋯数字化引发了一系列更为广泛的直接税挑战，包括数据、关联、表征。这些挑战主要与一个问题有关，即数字时代跨境行为所创造的收入的税权应如何在国家间分配。

115　　一反常态的，紧随行动计划 1(最终)报告之后的是一篇数字经济专班(TFDE)的中期报告，⑯TFDE 是由 G20 授权的且由包容性框架成员组成的组织。该中期报告讨论了很多本书第 3 章提及的挑战，例如，有规模而无实质(scale without mass)，依赖于无形资产和数据的重要性，用户

---

⑯　International Monetary Fund IMF Policy Paper: Corporate Taxation in the Global Economy(IMF Publications, Policy Paper No.19/007, March 2019), [11]-[12] at 10.
⑯　OECD/G20 Base Erosion and Profit Shifting Project: Addressing the Tax Challenges of the Digitalisation of the Economy(OECD Publishing, February 2019) at [5].
⑯　OECD/G20 Base Erosion and Profit Shifting Project, Tax Challenges Arising from Digitalisation: Tax Challenges Arising from Digitalisation—Interim Report 2018(OECD Publishing, March 2018).

参与以及他们与无形资产的增效作用。该中期报告还指出，其他 14 项行动计划所提出的各种各样的 BEPS 办法正在产生影响。⑳经合组织就此详述如下：⑳

- 行动计划 8—10，跨国公司集团已经通过调剂其转移定价头寸以及将无形资产转移回住所国的方式，将税收安排和实际经济行为重新联结起来；

- 行动计划 7，几个高度数字化的跨国公司集团已经对一些分配模型进行了调整。这些分配模型曾经是基于远程营销的，而现在则使用了本地"买卖"分配模型；以及

- 行动计划 13，提出一种更具有全局性的方法来审视跨境交易。

即便经历了上述第二点的重组(从远程销售到"买卖"分配模型)后，经合组织指出一些国家表达了对以下风险的担忧——那些高度数字化的跨国公司集团将会使用有限风险分销商来为支付给市场管辖区最小化的税金提供依据。它们仍可以将不成比例的高额利润转移至一小部分境外分支机构。⑳这是基于一定程度的实体行为，这些行为包含在该境外地点发生的，与无形资产的开发、价值提升、维护、保护、应用相关的商业活动(DEMPE)。

高度数字化商业模式中的三大特征对现行利润分配及连接性规则具有以下影响：⑳

- 有规模而无实质导致可行使对商业利润征税权的管辖区数量减少。缺乏在市场国的从源课税被认为是对公司税基的长期严重侵蚀。 116

- 依赖于无形资产，使得收入被分配到跨国公司集团的不同部分，特别是创造了将收入分配至低税收或无税收司法管辖区的机会。

---

⑳ OECD Base Erosion and Profit Shifting Project, Public Consultation Document: Addressing the Tax Challenges of the Digitalisation of the Economy(OECD Publishing, February 2019) at [5].

⑳ Ibid at 5-6.

⑳ Ibid at 6.

⑳ Ibid at 6.

- 数据及用户参与带来了与有规模而无实质相同的问题,现行联结度即利润分配规则很可能并不意味着用户所在且积极参与各种形式的商事活动的管辖区可以获得任何税收。

中期报告表明国家对这些挑战持有不同看法,大体可以分为三组。其中的两组认为现在有必要修改现行利润分配和联结度规则(两组之一特别关注数据和用户参与,因此对现行税收规则的靶向变更更为感兴趣),而第三组国家认为并无进展发生,以及除解决 BEPS 问题[373]外不必有所作为。从大约 2017 年年中起,经合组织联结成一个通过演进利润分配及联结度规则探索由数字化经济发展带来的群体。

4.2.3 勇敢新世界

因此,包容性框架的成员已经以中期报告的成果作为起点,尝试一起努力在他们的 2020 年最终报告中提供一个基于共识的长期解决方案。包容性框架于 2019 年 1 月 23 日批准了一项政策提示,该提示提出了两项基于"无偏见"的动议(以"支柱"为术语):[374]

- 支柱一针对数字化经济所带来的更广阔的挑战,并聚焦于分配征税权。为此,有必要重新审视利润分配和联结度规则,同时就在一个企业可以在无明显实体存在的管辖区深度参与其经济生活的世界中,在哪里交税(以及交多少税)提出问题。
- 支柱二着眼于剩余的 BEPS 问题,并寻求能为管辖区提供当收入被分配(或者转移)到低税率地区时的征税能力的制度演进。

支柱一的若干动议是近百年来影响最为深远的国际税收改革,它们将在第 5—8 章进行讨论。为什么它们被认为如此激进? 主要原因(至少)如下:

- 它们修订了征税权的分配。一些动议将更多的征税权分配给了市场或者用户管辖区。包容性框架建议上述征税权的重新分配反映

---

[373] OECD, above n 368 at 171-172.

[374] OECD/G20 Base Erosion and Profit Shifting Project: Addressing the Tax Challenges of the Digitalisation of the Economy—Policy Note(OECD Publishing, January 2019).

了以下情况——参与用户或者市场管辖区的商事活动创造了价值，但上述管辖区并不被现行规则所认可。[375]这是存在争议的，因为传统上市场并不被认为是一个亦可以创造联结度税收的充分关联。[376]历史上，供给而非需求(显然与市场关联)相关收入创造中所蕴含的要素，往往是确定收入地点的要素。

- 它们推翻了征税权由实体存在(一个人或机构)决定的限制，与可以追溯至 20 世纪 20 年代妥协的永久居所概念一起，这被普遍认为是现行规则的基石。有鉴于在一些情况下商业上逐渐增强的脱离关联或有意义物理存在而参与到管辖区实际生活的能力，越来越多的国家就现行利润分配和联结度规则的失败表达了不满。[377]

- 它们挑战了独立交易原则。根据一份执行委员会向国际货币基金组织提交的报告(the IMF Report)，[378]国际公司税收体系的脆弱性部分归因于独立交易原则的限制。一部分动议要求重新考虑现行转移定价规则，因为它们与非日常回报有关。另一些动议则要求超越非日常回报以外的修订。这些建议，"在任何情况下……将会导致超越独立交易原则的解决方案"。[379]

没有人会低估这项任务的难度。这是因为，第一，如前所述，包容性框架试图重新审视国际税收体系中一些长期存在和基本的原则。现有的体系尽管存在种种缺陷，但其使用期限非常长。新的解决方案必须达到精确性和实用性之间的平衡(记住最大和最发达的国家与最小和发展中的国家之间的巨大能力差距)，并具有良好的概念和逻辑性经济基础。这些规则既不会导致没有经济利润时的征税，也不会导致双重征税。[380]简而言之，应对数字化和新商业模式对企业税收的影响，可能是

118

---

[375] Ibid at 2.
[376] OECD, above n 369 at [8].
[377] OECD/G20 Inclusive Framework on BEPS: Programme of Work to Develop a Consensus Solution to the Tax Challenges Arising from the Digitalisation of the Economy(OECD Publishing, May 2019) [11] at 7.
[378] IMF, above n 366.
[379] OECD/G20, above n 374 at 2.
[380] Ibid at 3.

税收体系的一项根本性变革，以至于它被描述为"在政治上和智力上都高度存在争议"。[381]

第二，缺乏一个共同的起点，以及发达国家和发展中国家等不同国家之间的竞争压力。IMF 的报告指出，经合组织/G20 关于数字化和税收的最初报告[382]中唯一的共识是"鉴于这些技术如此普遍，且其未来发展如此不可预测，试图将'数字经济'（或'数字活动'）隔离开来进行特殊处理是错误的"。[383]各国对长期解决方案的看法大相径庭：鉴于各国对税收不足的看法，一些人认为有针对性的单边行动是一项政治要求，而另一些人则认为任何单边措施都只是为了从美国所拥有的少数知名企业那里攫取收入。[384]

第三，不仅任务有点艰巨，时间也很紧迫。该计划将于 2020 年提供一项基于共识的长期解决方案。经合组织/G20 包容性框架将这一目标描述为"非常雄心勃勃"。[385]20 世纪 20 年代的第一个妥协方案用了大约 5 年时间来酝酿。

4.3 临 时 措 施

如果包容性框架不能在 G20 商定的时间内提供达成共识的解决方案，那么采取广泛单边行动的风险就很高。经合组织认为[386]：

> 越来越多的管辖区对现行国际税收体系产生的税收结果不满意，并且已经或正在寻求对现行规则实施各种措施或解释，这可能会大大增加合规负担、双重征税和不确定性的风险。

---

[381] IMF, above n 366 [20] at 14.
[382] OECD/G20, above n 365.
[383] IMF, above n 366 [20] at 14.
[384] Ibid at [21] at 14.
[385] OECD/G20, above n 377 [12] at 7.
[386] Ibid at [11] at 7.

无论如何，许多国家都担心，在不久的将来高度数字化企业的税收会发生什么变化。这些国家在过去和现在都面临着采取行动的国内政治压力。这些国家认识到，达成和实施一项全球性解决方案需要一段时间，因此考虑了在包容性框架落实这一进程之前，在此期间应该做些什么。

早在 2018 年，人们关于临时税的优点或必要性便缺乏共识。这种观点的分歧可以简化为两类：一类是反对单边征税，因为这样做会带来风险和不良后果；但总的来说，那些认同这类观点的人，他们认为确保对某些交易征税的必要性超过了这些风险。另一类认为，制定关于设计考虑的指导方针是有益的，部分是为了减少一些不利后果，部分是为了标准化任何国家提出的临时措施。[387]

那些考虑征收临时税的国家将目光投向了数字化企业，这些企业在其管辖范围内拥有巨大的市场，但几乎没有实体存在。它们采用了严重依赖无形资产、数据、用户参与和网络效应的商业模式。[388]这些是本书第 2 章和第 3 章中讨论的企业类型。

4.3.1 对中期税的担忧

所有国家，包括赞成引入中期税的国家，[389]都对"此类税收可能产生的风险和不利后果"[390]感到担忧。这些担忧可分为三个类别。[391]

(1) 对投资、创新、逆向增长和经济归宿的经济担忧

对服务供应征税的问题在于其增加了资本成本，降低了回报和投资动机，从而可能对增长产生负面影响。最具创新性和增长导向的部门是数字化商业部门，税收很可能会扼杀这类创新并减少现有主导企业间的竞争。如果不抑制增长，更多资源将被使用，达到同样的生产水平，从而对经济的整体福利产生负面影响。

税收(真正的支付成本)可能由本地客户承担，而非由作为非居民的

---

[387]　OECD/G20, above n 368 [403-4] at 178.

[388]　Ibird, [406] at 178.

[389]　Ibid, [408] at 179.

[390]　Ibid, [407] at 178.

[391]　Ibid, at 178.

120

企业承担。在竞争不大、客户别无选择、只能采购的情况下，不管价格如何，企业很可能会收取税费，从而使负担落在当地客户身上。

(2) 征税的担忧

正如我们将在第 4.4.2 节中讨论的那样，国际条约和义务会产生某些限制，这意味着税收必须采用特定的形式。一般而言，这意味着该税必须作为消费税征收(针对总收入而非净收入)，同时适用于居民和非居民企业，并且不能抵免其他直接所得税。这可能导致"丑陋"的税收现象，因为在没有实际收入的情况下(例如，亏损的实体)也可能多征税款，并且有可能导致双重征税的结果。

(3) 执行、合规和管理成本的担忧

在短期内施行新税(至少希望在短期内)涉及税务管理部门和纳税人(及其顾问)对新的规则和义务进行准备。与所收取的财政收入相比，这方面的成本可能会使该税收与其所占财政收入的百分比来说，更加昂贵。由于进行跨境征税，审计和核实纳税申报表及任何相关信息的成本将会更高，并且其过程中可能存在大量违规行为。

这些重大的缺陷必须根据许多国家在其管辖范围内的应税利润和价值创造之间的不匹配来衡量。对这些国家来说，忽视这种不匹配可能会造成系统的公平性、可持续性和公众可接受性受到质疑。[39]一个国家对任何新的中期税征收的主要限制包括遵守其国际税收协定、贸易协定，包括世界贸易组织(WTO)的成员资格以及因区域政治和经济开放而产生的任何义务，例如欧盟(EU)和欧洲经济区(EEA)的开放。

4.4 双边税收协定范围的限制

4.4.1 双边税收协定是否阻碍了中期税征收？

存在的问题：双边税收协定通常规定除非企业在来源国拥有常设机

---

[39] Ibid, [408] at 180.

构，否则企业利润仅在居住国征税。因此，假设非居民企业在来源国没有常设机构，税收协定将使得该国无法对非居民企业以营业利润形式取得的收入征税。

从头开始：国家可以自由决定其征税方式和方法。主权国家使用国 122
内法来制定其税法。双边双重征税条约作为国际公法文件，通常是在两个主权国家之间谈判达成的。当双重征税协定成为一国国内税法的组成部分时，作为特别法，一般来说，被认定为优先级高于该国一般国内税法。在一些国家，双重征税条约的优先级性质是基于特别法的解释原则，以非明示形式体现，而在另一些国家这些性质则是明示的。⑱订立双重征税条约的目的之一是减轻双重征税负担。为实现这一目的，双重征税条约限制了国内征税的权利或提供了抵免方式。避免双重征税通常是通过签订条约减少，有时甚至通过取消对各类收入的国内征税来实现。这是经合组织和联合国关于商业利润范本条约第7条的内容要点。

经合组织和联合国的范本条约均规定，一个国家的居民企业赚取的商业利润应在该国征税，除非该企业通过常设机构在另一国开展业务。⑲因此，除非存在以下两种情况之一，否则中期税将受到双边税收协定的限制：

(1) 因为双边税收协定的规定不涵盖中期税(将在第4.4.2—4.4.4节中讨论)，所以双边税收协定不适用；或者

(2) 双边税收协定虽然适用，但其不限制中期税的征收(将在第4.4.5—4.4.6节中讨论)。这种情况可能以两种形式发生：首先，中期税在双边税收协定的适用范围内，但营业利润条款并不限制中期税生效。其次，双边税收协定中是否采用了非歧视待遇条款。

4.4.2 双边税收协定不适用

这是关于中期税的辩论中较有争议的问题之一。正如接下来将要进

---

⑱ For a description of this process see C Elliffe "The Lesser of Two Evils: Double Tax Treaty Override or Treaty Abuse?" (2016) 1 BTR at 62-88.

⑲ OECD Model Tax Convention on Income and on Capital: Condensed Version 2017(OECD Publishing, November 2017). 《经合组织税收协定范本》第7条第1句规定："缔约国企业的利润应仅在该缔约国征税，除非该企业通过设在另一缔约国的常设机构在另一缔约国开展业务。"

123 行的讨论，经合组织提出了附条件的观点，即某些类型的中期税将超出大多数双边税收协定的适用范围。[395]这意味着上述问题，即双边税收协定阻碍临时税的征收的情况不会发生。这里陈述了一个明显的事实，即如果中期税在双边税收协定的适用范围内，那么将不能被征收。因为一般来说双边税收协定的法律效力高于国内法。

(1) 双边税收协定适用范围内的税种有哪些？

本部分探寻的起点是确认了本问题主要针对特定税收类型和特定双边税收协定。因此，作为一般分析的一部分，从概念上很难回答本问题——详细分析将取决于双边税收协定的特定条款和特定税收(以及颁布它的背景：例如目的、税率以及抵免其他形式的税收的能力)。

大多数国家似乎普遍认为，税收是：强制征收；由政府机关征收；出于公共目的，以及不考虑纳税人所获得的特定利益。[396]这是一个非常宽泛的定义，有必要通过对《经合组织税收协定范本》第2条的仔细解释和分析来缩小范围。

还有一种普遍的观点认为，并非所有税收都在第2条范围内。经合组织的评注避开了"直接税"一词，称其"太不精确"[397]无助于定义属于双边税收协定第2条范围内的税收。然而，税务界的每个人似乎都认同菲利普·贝克(Philip Baker)的看法："很明显，第2条不适用于间接税。"[398]

《经合组织税收协定范本》第2条涉及双边税收协定涵盖的税种。其有四个段落，分为以下两组。[399]

124 (2) 第2条第1款和第2款

前两款在其对"收入税和资本税"一词的定义中概括地描述了《经

---

[395]   OECD/G20, above n 368, [413]-[424] at 181-183.

[396]   HM Helminen-Kossila "The Notion of Tax and the Elimination of Double Taxation or Double Non-Taxation: General Report" (2016) 101a and 101b Cahiers de Droit Fiscal International at 161.

[397]   OECD, above n 394, Commentary on Article 2(1) at [2].

[398]   Philip Baker Double Taxation Conventions(3rd ed, Sweet and Maxwell, 2019) at 2B.10.

[399]   M Lang " 'Taxes Covered'—What Is a 'Tax' According to Article 2 of the OECD Model?" (2005) 59 Bull For Int' Tax at [216].

合组织税收协定范本》的范围。前两款包括以下 6 点关键内容：

第一，税收可由缔约国一方、其行政区或地方当局征收；

第二，税的征收方式不重要；

第三，包括"对总收入、总资本或收入资本要素"的所有税收；

第四，其中包括对财产转让收益征税；

第五，其中包括对企业雇主支付工资或薪金总额征税；

第六，其中包括资本增值税。

经合组织评注指出，第 2 条第 2 款讨论了三种税收。首先是收入税(全部或部分)和资本税(全部或部分)；其次是对财产转让和资本增值产生的资本收益征税；最后是对企业支付的工资或薪金总额征税(工资税)。[400]

因此，在一般层面上，上述三类中的第一类是本调查的重点。中期税不太可能采取对财产转让的资本收益征税的形式，也不类似于工资总支出、薪金或工资税。

(3) 第 2 条第 3 款和第 4 款

如果说前两段是笼统的和宽泛的，那么接下来的两段有不同的侧重点，即这两条专注于特定的、国内的税收。第 3 款明确了适用双边税收协定的现有国内税清单，该清单是基于两个缔约国之间的协议而定的。第 4 款规定，双边税收协定还将适用于"在公约签署之日后征收的任何相同或实质相似的税收，作为现有税收的补充或替代"。[401]

(4) 税收是一个未定义的术语：我们应该适用什么解释规则？   125

经合组织和联合国税收协定范本均未定义"税收"一词。第 2 条定义了范本所涵盖的税种，但并未定义"税"一词本身。这意味着我们应该适用第 3 条第 2 款要求的解释规则。[402]从本质上讲，第 3 条第 2 款规定，除非范本中另有要求(自主的国际含义)，任何未经定义的术语应具

---

[400] OECD, above n 397, Commentary on Article 2(2) at 3.

[401] Ibid at Article 2(4).

[402] Ibid at Article 3(2).

有为征税目的而适用公约的国家法律所规定的含义(国内含义)。

上述两组段落之间的差异使得朗(Lang)断言,本条应该以完全不同于解释的角度来考虑。他建议第 1 款和第 2 款不应考虑国内法,而应被视为仅具有"自治"或国际含义,而第 3 款和第 4 款必须根据条约签署时的国内实体法(和现行税收)进行解释。[403]赫尔米纳姆(Helminen)认为,此为语境类的条约,因此需要结合上下文研究。[404]她得出结论,对于是否应使用国内法含义或自治条约含义,并无定论。[405]

正如朗和赫尔米纳姆建议的那样,[406]以下得出的几个关键点,可以支持被广泛认同的上下文解释法:

- 在这种情况下,用第 3 条第 2 款来解释"税"的含义是一个循环定义(循环定义是一个术语,指的是使用定义中的术语来定义该术语)。如果税收一词的含义未知,则该条约涵盖了哪些国内税法?

- 应该对第 2 条的通用段落(第 1 款和第 2 款)采用自主解释方法,该段落根本不涉及国内法,由于没有国内法就不会存在税收,因此解释必须在具备国内法的背景下进行。如前所述,第 2 款侧重于各种税种或类型。

126

- 在解释第 2 条第 3 款方面需要更加关注国内法,因为其包含一个特定的国内法税收清单。但是,这显然并不是一个排他性的清单。第 3 款中"特别"一词的使用强调了还可能包含其他税种,并且第 4 款描述了关于在公约签署后所增加征收的"相同或基本相似的税种"相关内容。

(5) 结论

这样做的实际结果是,首先,在某些时候,在解释税收是否包含在双边税收协定范围内的过程之中,国内法会发挥更大的作用。如果第 3

---

[403] Lang, above n 399 at 216.

[404] Helminen-Kossila, above n 396 at 168.

[405] Ibid at 168.

[406] Lang above n 399 at 216; see also Helminen-Kossila, above n 396 at 168.

款中列出了某特定税种，但其不属于第 1 款和第 2 款中的一般定义，那么将会产生一个问题，即对于第 3 款是否起到扩展了"税"的自主一般定义。问题的答案似乎是肯定的。在 1969 年，30 号工作组建议：[407]

> 本条第 3 款显然具有扩大公约范围的权力(尽管这主要是对第 1 款和第 2 款的说明)，因此即使税收和费用不被视为在第 1 款和第 2 款"收入(资本)税"的含义内，其仍然被包含在公约内。

其次，正如朗所强调，[408]从第 3 款中排除某一特定税并不一定意味着其被排除在了公约范围之外。这种情况下的情形，是自主国际意义超越国内法意义，或附加于国内法意义的一个例子。即使第 3 款中没有具体列出某种税收，其也可以包含在第 1 款和第 2 款的一般规定之中。为了排除第 1 款和第 2 款所指的属于或可能属于"收入(资本)税"的税收，工作组认为，"从第 3 款清单中单独排除此类税收或费用是不充分的，但有必要在该条中明确提及这些税收和费用被排除在公约范围之外"。[409]

或许由于这种上下文解释所产生的上述第二点影响，一种很常见的 127
做法是缔约国将第 1 款和第 2 款排除在双边条约之外，而简单地列出与第 3 款相关的税收。经合组织评注第 6.1 段将第 3 款作为新的第 1 款的内容，并省略了"特别是"等词。[410]

4.4.3 什么是"收入和资本税"？

(1) 被给予广泛性解释的文本

从以上对解释方法的分析来看，合乎逻辑的方法是主要从自主国际意义的角度来分析中期税是否属于第 2 款内的术语，即"对总收入、总

---

[407] Working Party Number 30 of the OECD Fiscal Committee(Austria-Switzerland), received on 12 June 1969, FC/WP 30(69), marginal number 40; see also Lang, above n 399 at 221.

[408] Lang, above n 399 at 220.

[409] Working Party Number 30, above n 407, marginal number 41; see also Lang, above n 399 at 220.

[410] OECD, above n 397, Commentary on Article 2 at [6.1].

资本或者收入或资本要素征收的所有税种"。如前所述(第 4.4.2 节)，由于该定义的循环性(即，经合组织范本或评注中没有"税收"的国际明确含义)，人们必须求助于国内法所示例的所得税和资本税，以确定中期税的实质是否与此类国内税具有相似的特性或特征。在着手在国内法中寻找这些税收的特征之前，重要的是要了解第 1 款和第 2 款所列出的决定因素。这仅有几个方面的指引。首先需要注意的是，这些条款起草的适用范围很广。该公约适用于"不论以何种方式征收"的税。评注重复了这一指令，称征税方法无论是"通过直接评估或扣除来源，还是以附加税或附加费的形式，或作为附加税"都是不重要的。[411]

不仅征收方式无关紧要，而且经合组织也不鼓励使用术语。评注称："直接税"一词"太不精确"而无法使用。[412]因为很难区分间接税和预提税，这种方法被认为是"明智的"。[413]评论员指出对被动收入总额(股息、利息和特许权使用费)征收预提税以及双边税收协定对其适用这一事实，明确了在某些情况下预提税总额在双边税收协定的适用范围内。[414]

显然，第 1 款和第 2 款旨在粗略地描述收入税和资本税的概念，特别是当人们认为经合组织评注对于第 2 条第 1 款描述如下：[415]

> 为了尽可能扩大公约的适用范围，尽可能地与缔约国国内法的规定、其政治部门或地方当局征收的税收相融合，以避免每当缔约国的国内法被修改时，需要缔结新的公约，并确保向每个缔约国通报其他缔约国税法的重大变化。

第 2 条是范本公约中"自 1963 年经合组织第一次通过以来未作实

---

[411]   Ibid, Commentary on Article 2 at [1].
[412]   Ibid at [2].
[413]   Lang, above n 399 at 217.
[414]   Helminen-Kossila, above n 396 at 177.
[415]   OECD, above n 394, Commentary on Article 2 at [1].

质性修改"的极少数条款之一。[416]此外,1963 年经合组织范本公约第 2 条的措辞与 1959 年欧洲经济合作组织(OEEC)推荐的草案非常相似,因此许多历史材料仍然具有相关性。[417]经合组织评注的第 1 段起源于 1957 年工作组的原始说明,因此六十多年来立场一直保持不变。[418]

从对经合组织范本和评注文本的回顾中可以确认,任何对"总收入、总资本或者收入或资本要素"的税收都应作广义解释。

(2)"实质"所得税或资本税的税收:判例法　　　　　　　129

如上一节所述,试图解释"对总收入、总资本或者收入或资本要素征收的所有税"这一术语的含义可能首先是试图确定一种国际自主的含义,但迟早需要评估所讨论的特定税(例如中期税)是否具有使其实质上成为所得税或资本税的特征。为了做到这一点,有必要与国内法律对收入和资本税进行一些比较。在这方面有一些案件可作参考,但其主要关注在国内税收抵免条款下,外国税收的扣除是否可作为抵免。因此,这些案例仅仅说明了方法或推理,而不具备直接的先例价值。

第一个案例是 1991 年在英国大法官法院审理的案件,耶茨诉 GCA 国际律师事务所(Yates v GCA International)案。[419]纳税人公司要求抵免其在英国公司税中的委内瑞拉税款,该税款涉及一份服务合同,该合同在英国和委内瑞拉分别履行了一部分。委内瑞拉的税款按固定税率从合同的总报酬金额中扣除 90%。应征总收入税的百分比因不同行业和专业而异(在本案中该比例为 90%),但税收背后的意图是其旨在对净利润征税。根据英国法规定,外国税必须与英国的所得税或公司税"对应"。英国税务局声称情况并非如此;对总收入的 90% 征税属于流转税。斯科

---

[416]　T Dubut "Article 2 from an Historical Perspective: How Old Materials Can Cast New Light on Taxes Covered by Double Tax Conventions" in T Ecker and G Ressler(eds) History of Tax Treaties—The Relevance of the OECD Documents for the Interpretation of Tax Treaties(Linde, 2011) 115 at 117.

[417]　Ibid at 117.

[418]　Working Party No.3 of the Fiscal Committee(1957), "F.C./W.P.3(57)", referred to in OECD/G20, above n 368, [417] at 181.

[419]　Yates(HMIT) v GCA International Ltd(formerly Gaffney Cline & Associates Ltd)[1991] BTC 107(Ch).

特(Scott)法官认为，该税确实对应于相关规定中的所得税或公司税。委内瑞拉税法解决了向外国个人或公司征税的困难，其允许自动扣除总收入的10%以产生应税收入或净利润。尽管这严重低估了纳税人开展业务的成本，但其目的是对净利润征税，因此委内瑞拉的税收相当于英国的所得税或公司税。

第二个案例是1932年在澳大利亚高等法院的德罗梅罗诉雷德(de Romero v Read)案。⑳一对夫妻在分居后，丈夫签订了分居协议，并承诺向妻子支付"免缴国家所得税"的10 000英镑。埃瓦特(Evatt)法官的异议判决是唯一考虑"所有州所得税"一词含义的判决，而多数判决未考虑这一点。埃瓦特认为，考虑到收费的主题和其本质，失业救济税是一种所得税，而不是一个标签。因此他得出结论：㉑

> 诚然，该税不叫"所得税"，而是"失业救济税"。但本质上，这是根据《所得税(管理)法》本身征收的附加所得税。就本案而言，税收的标的物是"应纳税所得额"，即扣除所有免税收入并完成所有法律允许扣除后的总收入。

第三个案例是来自加拿大税务法院的肯佩诉女王(Kempe v The Queen)案，㉒该案涉及德国教会税是否有资格作税收抵免。该税根据德国联邦法律按所得税或工资税的8%征收，由教会所有成员缴纳。法院认为，教会税是一种可依法强制执行的税种，由立法机关授权征收，并且因为基于所得税或工资税征收，所以其性质与所得税类似。

当然，还有许多其他判决关注在国内法下获得外国税收抵免的合法性。这些标准都是针对相关司法管辖区的，但其在方法上存在一定的共性。其中部分原因是，由于外国税收抵免的特殊性质，命名方式甚至征收过程可能完全不同，国内立法需要寻找与其实质上相似的内容。从这

---

⑳　De Romero v Read (1932) 48 CLR 649(HCA).
㉑　Ibid at 675.
㉒　Kempe v The Queen[2001] 1 CTC 2060(TCC).

些判决中可以看出，需要全面评估税收的性质，并适当考虑税收的目的和结构(包括其法律权限)。

从这些关于如何解释第 2 条的一般性意见出发，我们的焦点转至哪 131 种类型的中期税将超出"收入税或资本税"的定义。

(3) 经合组织指引

如前所述，[423]经合组织在 2018 年的指引采用保守模式，指出某些中期税不属于双边税收协定的通常适用范围。[424]经合组织提出如下要点：

- 从概念层面上看，"收入税"侧重于特定商品或服务的接受者，而非消费者。[425]

- 这是一个非常重要的根本区别。所得税通常是收入税。为了确定一家公司或个人的收入，通常需要查看该人的收入、经济状况、为获得该收入而产生的支出，以及在累进税制中的总体收入水平。经合组织指出，如果对供应行为本身而非供应商征收中期税，并且只关注支付的支出方面(供应的性质和价值)，那么其成为收入税的可能性更小，因此不能落入第 2 条的范畴内。[426]

看待这一概念基础的另一种方法是考虑中期税是否会固有地导致双重征税的结果。霍亨瓦特(Hohenwarter)、科夫勒(Kofler)、迈尔(Mayr)和辛尼格(Sinnig)认为情况并非如此，并且中期税，如增值税或其他流转销售税，是以"目的地为基础"征收(在此情况下，他们不认同欧盟委员会提议的数字服务税)。[427]他们提出，在此基础上，在一个连贯的中期税收制度内(即每个国家只使用中期税作为基础)，由于总是在消费发生地征收，双重征税在理论上来说是不可能的。[428]

---

[423] Chapter 4.2, and 4.3.

[424] OECD/G20, above n 368, [413-24] at 181-183.

[425] Ibid, [417] at 181.

[426] Ibid, [420] at 182.

[427] D Hohenwarter and others "Qualification of the Digital Services Tax Under Tax Treaties" (2019) 47(2) Intertax at 143.

[428] 这是本文提出基于目的地的税制改革的理论基础：MP Devereux and J Vella "Are We Heading towards a Corporate Tax System Fit for the 21st Century?" (2014) 88/2014 Fiscal Studies。

132 当中期税与企业所得税一起征收时，发生的实际情况是中期税和普通所得税相结合而产生的双重征税。这也可能发生在仅考虑国内征税的情况下，即居民同时缴纳中期税和其所有公司的所得税。该情形是基于中期税不可抵扣的假设之上。

- 基于供应行为而非供应商的税收特点。㊾

经合组织提供了三个要素作为有力论点，以证明该税不是“收入税”：

第一，对某一类服务的供应征收，并在不考虑供应商的特定经济或税收状况的情况下对供应行为征收；

第二，按固定费率征收，不参考供应商的净收入(或供应行为的收入)；

第三，对同一笔付款征收的所得税，以任何形式进行减免均不应认可也不具备合法性。

- 税款无论是通过源头预扣的方式征收，还是以净额或总额计税，均没有区别。(430)

最困难的一点是，有些对总收入征收的所得税，看起来像是对供应行为征收的。因此，很容易将流转税与此类所得税混淆。只需回想上面提到的耶茨案，因为对应于所得税和公司税，对于委内瑞拉是否可征收90%的总收入税存在争议。正如评论员所指出的那样，“即使对(几乎全部)总收入征收的税款可能被视为‘所得税’，为了确定在这种情况下某项税款是否为所得税，评估必须将税收本质一起进行考虑”。(431)委内瑞拉所征的税实质上是一种所得税，尽管其是对(几乎全部)总收入而征收的。

另一个例子是对特许权使用费的总支出征收预提税。经合组织作出

133 提醒，虽然通常对纳税人的净收入征收所得税，但有时为了来源国行政管理方便，征收机制会对总付款发生作用(通常是较低税率)。在这种情

---

(429) OECD/G20, above n 368, [421] at 182.

(430) Ibid at [419].

(431) Hohenwarter et al, above n 427 at 143.

况下，预提税可以抵扣收款人在其本国的全部所得税义务。⑫霍亨瓦特、科夫勒、迈尔和辛尼格将这种总税收基础描述为"一种历史性的妥协，而不是从明确定义的'收入'概念得出的必然结论，通常被理解为扣除当前费用后的净(流量)金额"。⑬因此，将预提税纳入"收入"概念可以被视为"平衡来源国和居住国征税权的历史性的妥协"。⑭他们还指出，《经合组织税收协定范本》第10条第2款和第11条第2款并未阻止来源国以不同的方式(或不同的税率)计算股息和利息税，但只提出了许可的最大来源税额。采用这种方法的主要原因是出于行政管理角度的考虑——易于征收、执行和防止避税和逃税。

问题的关键在于可以对营业额征收预提税，无论基础税是所得税还是非所得税(甚至是消费税或流转税)。与耶茨案一样，有必要分析税收的基本形式，以确定实质上是哪种税收。

● 对特定双边条约的内容进行审视非常必要。⑮

出于一些原因这一点非常重要，且不容忽视。许多双边条约偏离了《经合组织税收协定范本》，因此有必要解释该特定的文本。这样可能会导致更多的中期税落入第2条的范围内，但可能实际上结果是相反的，即双边条约的实际文本会更明确地表明，中期税被排除在双边税收协定第2条的范围之外。如前所述(第4.4.2节)，经合组织范本最常见的修订是省略第1款和第2款。这一省略的含义是，正如第4款所扩展，第2条的范围仅由第3款所列税种定义，即与第2款"相同或基本相似"的新税种。这将增加对在加入公约时有效的国内税的重要性，并消减(或至少显著减少)对可能比所列税种更广泛的所得税的通用自主定义的关注。⑯

(4) 考虑(或实施)中期税的司法管辖区方法

经合组织的上述指导有助于确定临时税的性质是否属于《经合组织

134

---

⑫ OECD/G20, above n 368, [418]-[419] at 182.

⑬ Hohenwarter et al, above n 427 at 144.

⑭ Ibid at 144.

⑮ OECD/G20, above n 368, [422] at 182.

⑯ 参见第4.4.2节第(4)点的讨论"税收是一个未定义的术语: 我们应该适用什么解释规则？"。

税收协定范本》第 2 条的范围。在快速变化和动态决策的时期，值得反思的是，在很大程度上正在考虑(或实际上已经实施)中期税的司法管辖区显然确信其自身没有违反其双边税收协定项下的国际义务。甚至私营的公司似乎也得出了相同的结论。㊳显然，这些司法管辖区将寻求并获得对其提议的中期税是否有效的法律问题的相关保证。考虑到遭遇挑战的可能性，由于这些文件并未公开，因此这些法律意见中所强调的风险水平尚不明确。

然而，有可能从一些公开发表的评论中，可以对上述法律建议作出一些推论，并假设该建议与上述分析(包括经合组织的明确框架)相差不大，该推论结果即考虑征收中期税的国家不认为其自身违反了其国际间双边税收协定。

直至 2019 年 3 月被取消之前，欧盟在制定数字服务税方面进展顺利。欧盟委员会一揽子措施背后的逻辑是采取协调一致的方式和临时解决方案来解决"利润征税地和价值创造地之间的错位，尤其是在严重依赖用户参与的商业模式的情况之下"。㊳

向欧盟理事会提供的法律建议似乎刻意回避了就拟议的欧盟数字服务税是否违反双重征税协定义务的问题作出明确的决定，并得出结论："因此，这一决定并不能为数字服务税是否属于成员国缔结的双重征税协定范围内而提供答案。"㊴

法律意见明确指出，拟议的数字服务税是否"属于成员国缔结的现有国际双重征税条约的范围"，"考虑到每个双重征税条约和适用的国际法规则"是一个"应根据具体情况逐案解决的问题"。㊵

㊲ CFE Fiscal Committee Opinion Statement FC 1/2018 on the European Commission proposal of 21 March 2018 for a Council Directive on the Common System of a Digital Services Tax on Revenues Resulting from the Provision of Certain Digital Services(CFE Tax Advisors Europe, Opinion statement FC 1/2018, May 2018) at 6.1.

㊳ 关于对提供某些数字服务产生的收入征收数字服务税的共同制度的理事会指令提案[欧盟委员会，COM(2018) 148 终稿 2018/0073(CNS)，2018 年 3 月]。

㊴ Ibid at [46]. 值得注意的是，在审查 DST 是否属于《欧盟运作条约》第 113 条所指的税种时，通过法律部门的意见得出的结论是，提议的 DST 既不是消费税也不是流转税。他们还认为，它不容易落入"其他形式的间接税"的范围。

㊵ 欧盟委员会法律服务意见(欧洲议会，SJ-0601/18，2018 年 11 月)。

尽管"必须单独考虑每个条约"是绝对正确的说法，但压倒性的意见似乎是数字服务税不属于《经合组织税收协定范本》第 2 条。例如，霍亨瓦特、科夫勒、迈尔和辛尼格在审查了官方和学术评论后建议"关于数字服务税……几乎所有评论者都明确或暗示得出结论，其不(属于《经合组织税收协定范本》第 2 条)"。[441]

从广义上讲，欧盟提出的数字服务税在很大程度上被那些已经或计划制定本国中期税的欧洲国家采用，这些国家包括法国、西班牙、奥地利、捷克共和国、波兰和意大利。这些国家毫无疑问在法律意见中证实了这种做法没有违反双边税收协定(并强调了风险)的情况下，继续推进其计划。

一些司法管辖区，例如英国已经更详细地说明了其中期税不违反双边税收协定的原因。[442]分析如下：[443]

● 《经合组织税收协定范本》第 2 条中的定义涵盖了缔约国列出的所得税、与所列税种相同或实质相似的税，以及更普遍的所得税或资本税。

● 英国数字服务税不是一个列出的税种，也不与任何列出的税种相同或基本相似，因此问题在于数字服务税是否符合收入税的一般定义。

● 经合组织评注不包括"所得税"的定义或"收入"一词的定义。收入通常被理解为衡量两个时间点之间纳税人经济财富的净增长。这通常是通过衡量纳税人的总收入，然后扣除为产生该收入而发生的相关成本和费用来计算的。

● 数字服务税是不同的，作为对某些数字业务活动的总收入征税，只需考虑在英国安全港条款的应用(仅适用于特殊情况下税收会产生不成比例的影响)中产生这些收入所需的成本。[444]

136

---

[441] Hohenwarter et al., above n 427 at 141.
[442] 英国财政部数字服务税务咨询(2018 年 11 月)。
[443] Ibid, [10.12]-[10.25] at 32-33.
[444] Ibid, chapter 7 at 24. 正如文件中所描述的，这一安全港参考是英国提议的 DST 的一个特点。这是一种机制，允许企业在利润率极低或亏损的情况下选择根据 DST 对其纳税义务进行替代计算。根据这一论点，DST 仍然具有对总收入征税的主要特征，但安全港的存在是为了确保它不会对那些在交易中获得低利润或没有利润的纳税人造成不成比例的负担。

● 英国政府将数字服务税与对总收入征收的所得税区分开来(正如经合组织在上文关于特许权使用费预提税的讨论)。

第一，数字服务税与预提税不同，因为后者旨在"近似并替代收入税，即对总收入征税是一种代替收入税的税种"。[445]这种税仍是所得税的一种，国家出于行政原因"允许某些纳税人对简化后的收入衡量标准支付较低的税率，在这种衡量标准下，只有有限的成本可以扣除"。[446]

第二，另一个例子是对技术服务的特许权使用费和费用预提税，"显然是一个国家对收入征税方法的一部分，事实证明：这不适用于直接向当地居民支付的上述来源的收入征税：其通常可抵免根据净收入计算的收款人的纳税义务"。

在此基础上，英国政府认为数字服务税不能被归类为替代公司税的税种，因为该税单独应用于公司税，而不是代替公司税。

这一结论与澳大利亚的观点一致，尽管后者尚未制定数字服务税版本，但正在等待经合组织共识驱动计划。[447]虽然承认"澳大利亚的每项税收协定的范围都需要单独考虑，但作为一种消费税，澳大利亚的税收协定不会涵盖中期税措施"。[448]

新西兰并未承诺引入数字服务税，但支持经合组织寻求国际解决方案。如果经合组织无法取得足够进展，新西兰将"认真考虑采用数字服务税"，并在政府的讨论文件中提供了草案。[449]新西兰政府在分析了经合组织指导下的数字服务税提案之后，得出与英国和澳大利亚类似的如下结论：[450]

我们认为我们所提议的数字服务税不是所得税。本税仅对(对范

137

---

[445] Ibid [10.22] at 32.
[446] Ibid [10.23] at 32.
[447] Australian Treasury The Digital Economy and Australia's Corporate Tax System(The Australian Government, Treasury Discussion Paper, October 2018).
[448] Ibid at 28-29.
[449] 对数字经济征税的国内税收政策和战略选择——政府讨论文件(2019年6月)。
[450] Ibid [3.61] at 21.

围内的业务活动所列出的)狭义的服务提供活动征收，按固定费率参照支付的对价(即范围内商业活动总营业额)而非收款人的净利润征税，并且不能抵扣新西兰所得税。特别是数字服务税在所得税之外缴纳，因此本税无论如何都不能代替所得税。

虽然大多数意见似乎支持有针对性的数字服务税能够超越双边税收协定义务，但其他学术批评者如阿道夫·马丁·希门尼斯(Adolfo Martín Jiménez)，不同意这一看法。他对欧盟的数字服务税采用更全面的评估方法，做出如下总结：[451]

> 其次，中期税(数字销售税)——无论委员会如何认定，以及在定义其目标范围方面有何种缺陷(其武断的、没有针对性的设计初衷)——都具有所得税或对收入要素征税的实质(以收入为目标，旨在寻求某类主体，即美国高科技公司，而不仅仅是寻求某项特定服务，与 SEDP PE 指令直接相关)，因此，如果适用，因为其被视为属于所得税条约的范围将导致不确定性和诉讼(《经合组织税收协定范本》第 2 条，即使在不包括《经合组织税收协定范本》第 2 条第 1 款和第 2 款的情况下，与《经合组织税收协定范本》第 2 条第 4 款相当的"实质上类似的税"条款可能涵盖这一新税种)。

138

除了欧盟提案和随后个别欧盟国家采用大致相同的方法之外，并非所有学术评论都支持经合组织所得出的结论。例如，印度早在 2016 年引入的均等税因与其双边税收协定相冲突而被批评。[452]尽管存在这些担忧，但似乎没有诉讼的诉求提出在印度双边税收协定国际义务下印度均

---

[451] Adolfo Martín Jiménez BEPS, the Digital(ized) Economy and the Taxation of Services and Royalties(UCA Tax Working Papers 2018/1, August 2018) at 43.

[452] S Wagh "India—The Taxation of Digital Transactions in India: The New Equalisation Levy" (2016) 70(9) Bulletin for International Taxation at 538; and more recently, Dhruv Sanghavi "Ruminating over Equalisation Levies" (23 May 2019) Kluwer International Tax Blog ⟨www.kluwertaxblog.com⟩.

等税无效。

如多边共识消失，数字服务税开始在欧洲、英国和其他地方推广并提高税收，那么希门尼斯关于其实施将导致不确定性和诉讼的预测极有可能实现。

4.4.4 关于税收协定约束临时税收能力的结论

上述分析考虑以下几点：

- 第 2 条的解释依据；
- 关于国内规定的判例法；
- 经合组织的指导；
- 政府提出或实施其政策的陈述理由；
- 中期税；和
- 学术评论。

基于这一推理可以得出结论，计划中的部分(或实际上大多数，如果不是全部)数字服务税的特征不属于第 2 条中收入税的定义。当然，需要根据个别双边税收协定对个别数字服务税进行分析。

4.4.5 双边税收协定内限制：中期税在双边税收协定的范围内，但营业利润条款不妨碍中期税的生效

(1) 什么是商业利润？

如果适用双边税收协定，那么关键的问题就变成了缴纳中期税的收入是否由企业在其他国家赚取的营业利润构成。如前所述，如果获取该营业利润的非居民企业在来源国没有常设机构，则双边税收协定将阻止该税的征收。当然，这种说法引出了一个问题："什么是商业利润？"经合组织评注明确指出这是一个广义的术语。㊾

> 71. 虽然公约没有必要对"利润"一词下定义，但应当理解的是，该词在本条和本公约其他地方使用时具有广泛的含义，含义包括一

㊾ OECD, above n 394, Commentary on Article 7 at [71]; see also, OECD, Annex: Previous Version of Article 7 and its Commentary at [59].

个企业在经营活动中产生的所有收入。如此广泛的含义对应了大多数经合组织成员国税法中对该术语的使用。

一般而言，法院遵循这一指导方针并将商业利润作为一个包罗万象的定义。例如，各种案例扩大了关于独立或一次性投资活动的利润是否包含在《经合组织税收协定范本》第 7 条中的事项范围。[454]加拿大最高法院[455]和澳大利亚高等法院[456]得出的结论都确认交易一次性利润的性质属于商业利润条款范围，并支持经合组织评注中采取的广泛和自由的解释方法。

在实践中，对营业利润条款适用的最有效限制是第 7 条第 4 款，[457]这明确了利润包括在其他条款中单独对应的收入项目(如利息或特许权使用费条款)，这些特定的收入条款将适用，并且第 7 条不会凌驾于其所描述的特定优先级之上。第 7 条第 4 款的作用在评注中被作出如下讨论：[458]

140

> 74. 然而,这个问题可能会出现在其他类型的收入上,因此其包括一项解释规则,以确保适用于特定收入类别的条款优先于第 7 条。本规则规定,第 7 条将适用于不属于这些其他条款所涵盖的收入类别的营业利润,除此之外,第 10 条和第 11 条第 4 款、第 12 条第 3 款和第 21 条第 2 款所列的收入,适用第 7 条。

第 4 款的含义是，如果提供服务(第 2 章和第 3 章中描述的各种服务)属于例如特许权使用费的定义和范围，那么将适用第 12 条而非第 7 条。根据有关国家的条约政策，如果第 12 条规定了来源税，这可能会

---

[454] For an explanation of these authorities see C Elliffe International and Cross-Border Taxation in New Zealand(2nd ed, Thomson Reuters Ltd, 2018) 17.4.2 at 376-382.

[455] Minister of National Revenue v Tara Exploration & Development Co [1972] CTC 328 (SCC).

[456] Thiel v Commissioner of Taxation(1990) 171 CLR 338.

[457] 对于那些依赖旧版第 7 条的国家，相关款项为第(7)款。

[458] OECD, above n 394, Commentary on Article 7 at [74]; see also OECD, Annex: Previous Version of Article 7 and its Commentary at [62].

赋予来源国更大的征税权。经合组织评注继续讨论了国内法与解释规则之间的关系，即特定条款优先于第 7 条第 4 款规定的商业利润条款。评注明确指出，在确定收入如何定性时应参照国内法：[459]

> 但是，该规则并未规定为国内法目的对收入进行分类的方式；因此，如果缔约国可以根据本公约其他条款对某项收入征税，并且如果该收入项目的税收处理符合公约的规定，该国可以为其国内税收目的，将该项收入可以依照其期望定性(即作为营业利润或作为特定类别的收入)。

正如之前在第 3.5 节"交易和收入的特征化"中所讨论的，许多新的数字产品和服务在对其分类的时候都要打上问号。虽然如果购买者获得修改或复制软件以供自己使用或转售给第三方的合法权利，则某些软件被明确视为商业利润，但大多数国家/地区会将此类购买的付款视为特许权使用费。尽管国际财税协会 2018 年总报告的作者建议云计算收入主要被描述为服务收入，因此属于商业利润条款，[460]但似乎云计算的收入特征在这方面存在很大的问题。

但在另一个背景下，在该领域可能出现的争议类型，巴西最高法院在 2012 年不得不解决在巴西—加拿大双边税收协定和巴西—德国双边税收协定的第 7 条中，向外国承包商的服务收入征收预提税是否属于"商业利润"范围的问题。[461]在国家财政部诉南方石化公司，(COPESUL)案中，[462]巴西公司从加拿大和德国的承包商处获得了服务供

---

[459] OECD, above n 394, Commentary on Article 7 at [7]; see also OECD, Annex: Previous Version of Article 7 and its Commentary at [62].

[460] CH Lee and JH Yoon Withholding Tax in the Era of BEPS, CIVs and the Digital Economy (Volume 103(B), IFA Cahiers de Droit Fiscal International, Seoul, 2018) at 253.

[461] 加拿大政府和巴西联邦共和国政府关于在收入征税方面避免双重征税的公约，加拿大—巴西 CTS 1985 11(1984 年 6 月 4 日开放供签署)；巴西联邦共和国和德意志联邦共和国关于在收入和资本征税方面避免双重征税的协定，巴西—德国(该协定自 2006 年 12 月 1 日起失效)。

[462] National Treasury v COPESUL—Companhia Petroquímica do Sul, 15 ITLR 18.

应。这两家服务提供商都没有在巴西设立常设机构。COPESUL 向承包商支付了合同总额，但未扣除通常根据国内法征收的 25% 的预提税，这样做的依据是双边税收协定规定外国企业的商业利润根据第 7 条无需缴纳巴西税。巴西税务当局对这一处理提出质疑，声称这些款项不是商业利润，而是属于两个条约中第 21 条范围内的"其他收入"。两个双边税收协定中的第 21 条均赋予了来源国巴西征税权。

最高法院认为，这些款项属于"商业利润"条款的范围。营业利润不仅限于外国企业的净利润(如前所述)，还包括所有支付总额，这些支出在完成扣除后，构成计算营业利润的一个要素。最高法院认为，这些款项不属于第 21 条规定的"其他收入"，国内法不能认定其为"其他收入"。

该决定与普遍接受的国际惯例一致，即使此类支付给外国承包商的支出构成总支付，仅在考虑费用和其他扣除后才会成为净利润税目，但仍应属于"商业利润"双重征税公约条款的范围内。

这给了我们一个可以普遍适用的角度，即高度数字化业务产生的大部分收入很可能构成该术语的普通解释下的业务利润。显然，一个国家可以通过双边协议将收入囊括在特许权使用费或某些其他收入类别的定义中，这确实具有可能性。此外，根据经合组织评注，一个国家可能会根据国内法，单方面为本国税收目的重新定义收入。正如巴西最高法院所说明的那样，这种单方面的国内措施不一定会成功。

4.4.6 双边税收协定的限制：双边税收协定非歧视待遇条款的适用

如前所述，引入的任何中期税不应违反司法管辖区所提议的数字服务税应承担的国际义务。司法管辖区需要考虑的事项之一是中期税是否违反了经合组织范本的非歧视待遇条款(第 24 条)。有一点已可以明确，实施或考虑中期税的国家已经假定其同样适用于居民和非居民企业纳税人。[463]这一特征为根据世界贸易组织和其他贸易协定以及相关的双边税

142

---

[463] 例如，所有目前从欧盟借款的欧洲国家都提出了 DST，还包括英国和新西兰。

收协定第 24 条规定的义务进行分析起到了辅助作用。

(1) 第 24 条的范围

由于多种原因，第 24 条在《经合组织税收协定范本》中是特殊的。原因之一即是适用范围(适用的税种)，这一点主要是基于历史缘故产生。在另一个司法管辖区开展业务的非歧视待遇性政策大大早于 19 世纪末双边税收协定的出现。为了扩大和加强对其国民的外交保护，缔约国通过约定，给予另一国国民与本国国民同等待遇。这类约定有多种形式，例如领事公约或规则设立公约，以及友好商业条约。虽然禁止其他国家税收歧视的规定由来已久，但《经合组织税收协定范本》第 24 条是一个新的发展阶段，本条最初出现在《经合组织税收协定范本》草案(1963 年)中，该条款后来基本保持不变。由于保留了《经合组织税收协定范本》中非歧视待遇条款的原始目的，其通常也会保留更广泛的适用范围，适用于"任何税收或与之相关的任何要求"，⑭而不是通常对第 2 条定义的税种即"收入税"(或收入要素税)进行限制。⑮因此，即使双边税收协定中影响所得税权分配的实质性条款不适用于中期税，鉴于该条适用于任何"税收或与之相关的任何要求"，因此在理论上仍有适用非歧视待遇条款的空间。这使得第 24 条广泛适用于双边税收协定实体条款未涉及的其他形式的税。⑯

第 24 条的另一个特点是对规则的选择上兼收并蓄。由于其历史渊源，纳入非歧视待遇条款的许多概念似乎有些随意且不明确。第 24 条包含五个实质性段落，每个段落都有显著不同的侧重点。财政事务委员会可能会考虑合理化并赋予该条一个共同主题的可能性，他们显然不希望各种非歧视待遇性段落被理解得太宽泛或过于整体化。与之相反，他们建议："第 24 条的各种规定防止税收待遇差异，仅基于某些特定理由

---

⑭ OECD, above n 394, Article 24(1).

⑮ 详见第 4.4.2 节第(1)点"双边税收协定适用范围内的税种有哪些？"中的讨论，建议可以构建 DST，使其不构成"收入税"。

⑯ OECD, above n 394, Article 24(6) reads as follows: "The provisions of this Article shall, notwithstanding the provisions of Article 2, apply to taxes of every kind and description."

(例如第 1 款中的国籍)。因此, 要适用这些规定, 其他相关方面条件必须相同。"[467]换言之, 第 24 条不同段落中包含的各种"标题"应独立考虑。第 24 条通常禁止国家在对等基础上基于国籍(第 1 款)或基于常设机构(第 3 款)、可扣除性(第 4 款)和外国控制(第 5 款)的歧视。

令人担忧的是, 在处理中期税的情况下, 第 24 条第 1 款所禁止基于国籍的歧视(例如, 公民身份或公司注册地)可能会被适用。第 24 条的其他段落似乎与此不相关(即中期税不侧重于利息或特许权使用费的扣除, 也不特别适用于常设机构或外国控制的实体)。

(2) 第 24 条第 1 款

《经合组织税收协定范本》第 24 条第 1 款确立了禁止基于国籍的税收歧视原则。在相同情况下, 一国国民在另一国的待遇不得低于其本国国民, 反之亦然。该款内容如下: [468]

> 在相同情况下, 缔约国一方的国民在另一方缔约国内不应受到任何税收或与此有关的比其本国国民负担更重的要求, 特别是正在或可能适用以居住地作为征税依据的情况下。尽管有第 1 条的规定, 本规定也适用于不是一方或双方缔约国的居民。

在比较国民待遇时, 必须比较"在相同情况下"的纳税人。正如经合组织评注所记录的: "对'特别是关于居住地'的表述清楚地表明, 纳税人的居住地是确定纳税人是否处于类似情况的相关因素之一。"[469]上述 1992 年《经合组织税收协定范本》中的条款旨在强化国民和居民之间的区别, 但按理说这仅澄清了大多数司法管辖区已经被广泛理解的内容。这方面的一个例子, 即评注只是澄清了现有的法律立场, 也即是新西兰上诉法院在 20 世纪 70 年代初作出的判决。税务局局长诉联合自治领信托有限公司案(Commissioner of Inland Revenue v United Dominions Trust Ltd)[470]的判决认为, 基于居住地的歧视并未违反新西兰一

---

[467] Ibid, Commentary on Article 24 at [3].
[468] Ibid, Article 24(1)(Emphasis added).
[469] Ibid, Commentary on Article 24 at [7].
[470] Commissioner of Inland Revenue v United Dominions Trust Ltd[1973] 2 NZLR 555(CA).

英国双边税收协定(1966年)中的非歧视待遇条款。

美国领土信托公司是一家在英格兰开展业务的英国银行金融公司，其新西兰子公司在利息收入上，必须按比其新西兰居民所支付的税率更高的比例缴纳所得税。法院被要求考虑居住地差异是不是适用不同税率的有效依据，以及该差别是不是根据国籍进行区分。新西兰上诉法院院长麦卡锡(McCarthy P)认为："在我看来，更合理的观点是，对被上诉人的歧视是基于居住地不同，而不是基于国籍不同，且这种歧视并不违反协议。"[471]这一分析支持经合组织中期报告中形成的立场，并表明"该条款和评注承认居民和非居民企业之间的区别是所得税制度的正常和共同特征，应该得到尊重"，[472]该结论是不存在争议的。

(3) 对非居民企业的间接歧视

经合组织评注建议第24条不应过度扩展以涵盖所描述的"间接"或隐蔽歧视的情况。在这些情况下，税收规则会影响一类实质上非居民企业但并非基于其住所地进行判断的纳税人群体。例如，在利息不纳入全部国内税收的情况下，资本弱化制度可能适用，使得双方当事人无法进行利息扣除。这可能主要会影响非居民贷方，但该制度也适用于慈善机构和免税的国内实体。

很多人声称，举例来说，征收中期税的司法管辖区设定的门槛水平是考虑到参与数字经济的主要跨国企业的适用性，这些企业大多位于美国，而不是在征收新税的美国司法管辖区。其论点是，虽然从单边税的角度看，该税同样适用于居民企业和非居民企业，但实质上其只适用于大型跨国类的非居民企业。

财政事务委员会在其2008年的报告[473]中明确考虑了直接歧视而不是隐蔽或间接歧视是否与第24条相关的问题，因此引入了经合组织评

---

[471] Ibid at 562.

[472] OECD/G20, above n 368, [426] at 183.

[473] OECD Committee on Fiscal Affairs Application and Interpretation of Article 24(Non-Discrimination): Public Discussion Draft(OECD Publications, June 2008).

注关于第24条的第1款内容如下：[474]

　　该条的非歧视待遇条款力求在防止不正当歧视的需要与考虑这些合法区别的需要之间取得平衡。出于该原因，不应将本条不适当地扩大到涵盖所谓的"间接"歧视。

(4) 关于第24条第1款的结论

《经合组织税收协定范本》中的非歧视待遇条款没有为质疑引入本章前面讨论的单边中期税提供依据。即使这种单方面的中期税旨在仅适用于非居民企业纳税人，那么其仍然不会违反第24条，因为这种基于住所地征税的差别待遇是被明确允许的。鉴于直接歧视是允许的，那么间接歧视也不再是问题。

　　在世界贸易组织和自由贸易协定下产生国际义务的背景下，或者对欧盟成员国和欧洲经济区协定(EEA 协定)的缔约方而言，对非居民企业的税收歧视可能会存在更多问题。现在焦点转向了世界贸易组织成员及世界贸易组织组成部分的法律协议所规定的国际义务。

4.5　世界贸易组织成员施加的限制

　　世界贸易组织由 160 多个国家和地区组成，约占全球贸易的 98%。[475] 此外，截至 2019 年，又有 20 个国家和地区申请加入，因此可以说，该组织的宗旨是促进和鼓励世界贸易，世界贸易组织的主要目标是为所有人的利益开放贸易。根据其网站内容展示，该组织运行着一个全球贸易规则体系，其作用是充当谈判贸易协定、解决其成员之间的贸易争端并

147

---

[474]　OECD, above n 394, Commentary on Article 24 at [1].
[475]　World Trade Organization "The WTO" ⟨www.wto.org⟩.

支持发展中国家的需求的沟通平台。

任何考虑引入单边中期税的国家都需要仔细考虑世界贸易组织的影响，因为这些义务似乎比上述双边税收协定中的非歧视待遇条款适用范围更广(第 4.4.6 节)。经合组织建议，"对远程销售商品和服务的外国供应商征收单独的以总额为基础的最终预提税可能会引发与贸易义务的重大冲突"。⑭

在这一领域有许多悬而未决的基本问题，例如哪些世界贸易组织规则可以适用？ 应该审查处理商品或服务的人群吗？ 其他问题是更为具体的法律方面的问题。诸如是否适用各种豁免等。如果经合组织的多边解决方案失效并且中期税激增，那么很有可能需要面对世界贸易组织的挑战，称此类中期税违反了世界贸易组织义务，但还需要很多年的诉讼才会进入制裁阶段。此外，必须对法律义务进行逐个国家的详细分析，因而此处的任何讨论都仅限于更为一般化的观察。

对此，一个适当的起点是审视世界贸易组织规则的目的。

4.5.1 对比世界贸易组织规则与国际税收协定的经济目的

《建立世界贸易组织的马拉喀什协定》宣称建立贸易和经济关系时应牢记以下目标：⑰

> 认识到双方在贸易和经济领域的合作应着眼于提高生活水平，确保充分就业和大量稳定增长的实际收入和有效需求，扩大货物和服务生产与贸易，同时根据可持续发展的目标优化利用世界资源，寻求保护和保全环境的手段，并以符合各自不同经济发展水平的需求和方式强化该途径。

148

与世界贸易组织规则一样，经合组织评注确认："双重征税公约的

---

⑭　OECD/G20, above n 365, [299] at 115.
⑰　WTO "Marrakesh Agreement Establishing the World Trade Organization" (15 April 1994) 〈www.wto.org〉.

主要目的是通过消除国际双重征税来促进商品和服务的交换以及资本和人员的流动。"[478]该段的第二部分继续以完全不同的思路和目的补充："正如公约序言所确认的，防止避税和逃税也是税收公约目的的一部分。"[479]因此，可以从简短的目的陈述中反映出世界贸易组织和经合组织税收工具的异同。显然，二者都旨在从某一层面上鼓励贸易和经济发展。然而，正如迈克尔·戴利(Michael Daly)所讨论的，[480]世界贸易组织和其他贸易协定背后的经济原理源于所谓的贸易协定的传统经济方法。正如戴利所解释，认为单边自由贸易是政府最佳政策的标准经济理论实际上并没有在现实世界中被证实。假设一个大国的政府设定其进口关税"是为了最大限度地提高国家福利，同时意识到关税的负担转移到了产品以较低的国际市场价格出售的外国出口商身上"。[481]这种行为是一种"贸易外部性条件"，导致各国政府根据其自身的国家福利设定单边关税，从全球角度来看会高于有效关税。世界贸易组织协议所做的是通过为政府提供摆脱"囚徒困境"的途径来减少这类贸易外部条件。囚徒困境是这样一种情况，即两个参与者互相不合作而各自获得收益(表面上最大化他们自己的国家福利)，[482]但实际上，两者都比互相合作时(并通过单边自由贸易增加贸易量)更糟糕。解释这些贸易驱动限制条件的另一种方法是将其表述为主导世界贸易谈判的"市场准入"事宜。当一个国家提高关税时，母国出口商所经历的市场准入损失仅仅是母国贸易条件恶化的"价格效应"。[483]

149

[478] OECD, above n 394, Commentary on Article 1 at [54].

[479] Ibid, Commentary on Article 1 at [54]. 经合组织财政事务委员会对本节中与第1条相关的经合组织评注进行了实质性改革。有关这些变化的历史讨论，详见 C. Elliffe "The Lesser of Two Evils: Double Tax Treaty Override or Treaty Abuse?" (2016) 1 BTR at 62—88。

[480] Michael Daly The WTO and Direct Taxation (WTO Publications, Discussion Paper Number 9, June 2005) at 16.

[481] Ibid at 16.

[482] 囚徒困境是现代博弈论中最著名的概念之一，即两个个体按照自己的利益行事，不会产生最优结果。典型的囚徒困境是这样设定的：双方都选择以牺牲另一方为代价来保护自己。结果，与他们在决策过程中相互合作的情况相比，两个参与者都发现自己处于更糟糕的状态。

[483] K Bagwell and R Staiger The Economics of the World Trading System(The MIT Press, 2002).

根据戴利的看法，"多边贸易协定的基本原理已成为国际贸易理论家的传统观念"。[484]

我们可以对双边税收协定采用与之相似的分析。如前所述，[485]20世纪20年代妥协是必要的税收权利分配，因为各国只是拒绝放弃对来源于其管辖范围内的收入征税的权利。该理论认为，减少对来源课税将通过降低源泉税的外部性，从而引起投资增加。该理论认为，未减免的来源课税会产生一种关税，将形成投资壁垒来抑制跨境投资。因此，减少来源课税将会促进外国直接投资增加。此外，跨国公司可能会对合规和管理成本的增加存在担忧。

双边税收协定消除双重征税和鼓励跨境投资的说法受到质疑，因为国际双重征税的减免通常是基于单边贸易的。本国可以提供外国税收抵免或外国收入税免除等方式减免。许多司法管辖区都提供这样的单边税务抵免体系，并且戴利认为，"通过协商降低双边资本收入流动的税率可能对外国投资者的经济行为几乎没有影响"。[486]蒂莉·达甘(Tsilly Dagan)将双边税收协定促进跨境投资的论点形容为天方夜谭。[487]经验证据表明，通过谈判降低双边收入流动的税率可能对外国投资者的经济行为几乎没有影响。[488]尽管减少来源课税和所声称的外国直接投资增加的论点可能言过其实，但不可否认双边税收协定可能带来的行政利益，例如增加纳税人的确定性、税务机关之间的信息传递以及争议解决方面的潜力。

戴利断言，"基本税收协定的基本原理可能更多地在于防止'激进的'税收筹划，如果不是逃税(通常通过延期、转让定价或协定购买)，且对此不加以解决，可能会导致在'来源国'或'居住国'国家缴纳的

150

---

[484]　Daly, above n 480 at 17.

[485]　参见第1.3节"国际双重征税的历史：'20世纪20年代妥协'"。

[486]　Daly, above n 480 at 17.

[487]　Tsilly Dagan "The Tax Treaties Myth" (2000) 32(939) Journal of Int' Law and Politics.

[488]　BA Blonigen and RB Davies Do Bilateral Tax Treaties Promote Foreign Direct Investment?(NBER, Working Paper 8834, March 2002).

税款(如果有的话)很少"。[489]所有这些都表明，税收协定的第二个目的是防止避税和逃避，这也是双边税收协定存在的主要理由之一。历史表明，通过经合组织评注对第 1 条的演变和修改，税收协定的这一目的已经变得越来越高，并且确实可能在后 BEPS 时代成为最重要的目的。

税法和贸易法的重叠可能比最初的时候少，而且可能少于经合组织在谈到实质性冲突的可能性时所暗示的数量。根据鲁文·阿维·约纳的意见，贸易法和税法这两个领域并没有"实质上重叠，更不用说存在目标冲突"。[490]从根本上说，这两者目标是不同的，贸易法的目标是促进贸易，而税法的目的是增加财政收入。因此，阿维·约纳提道："例如，在贸易法下的理想关税设定为零，但税法下的理想税收设定为某个正税率。因此，贸易法和税法之间很大程度上不存在重叠也就不足为奇了。"[491]保罗·麦克丹尼尔(Paul McDaniel)通过三个重要观察结论阐明了贸易法和税法之间的关系：[492]

- 规范的所得税结构和自由贸易原则并不冲突。此处的规范的所得 [151] 税结构是指构成税收制度的正常或基准结构的那些规定。即，(1)定义税基；(2)确定税率；(3)确定课税单位；(4)建立会计制度和方法；(5)确定跨境贸易和投资流动的税收处理；(6)提供管理税收所需的规则。

- 一国税收制度的规定，包括其规范或基准结构，应在贸易协定和程序的范围之外。这些规定是真正的"税收"规定，不能替代直接补贴，因此应完全由双边税收协定管辖。

- 正如对贸易自由流动可能产生不利影响的直接补贴一样，通过税收制度提供的补贴(税收支出)应受到关于贸易协定的审查。不能

---

[489]   Daly, above n 480 at 17.

[490]   RS Avi-Yonah "Treating Tax Issues through Trade Regimes" (2001) 26(4) Brooklyn Journal of Int' Law 1683 at 1683.

[491]   Ibid at 1683.

[492]   P McDaniel "The David R. Tillinghast Lecture: Trade Agreements and Income Taxation: Interactions, Conflicts, and Resolutions" (2004) 57(2) TLR 275 at 276 and 276.

仅仅因为补贴是通过税收制度产生的，就将其从贸易协定的审查中排除。

当前环境中，世界贸易组织规则与新税收措施不兼容的幽灵随处可见。2017年底通过的美国《减税和就业法案》(the United States Tax Cuts and Jobs Act)中的各种措施被批评为违反世界贸易组织协议，当然也有人批评欧盟提出的数字服务税提议。评论员提醒我们，世界贸易组织成员当然应该考虑在世界贸易组织法律下所面临的挑战风险，但世界贸易组织法律不应被用作"某种'税收稻草人'，以阻止世界贸易组织成员使用新的税收措施或从根本上改革其税收制度"。㊽艾丽丝·皮洛(Alice Pirlot)作出提醒，"一般而言，世界贸易组织法律不会妨碍世界贸易组织成员采取新的税收措施，包括与既定规范大相径庭的一些措施"。㊾

从上述分析中可以得出结论，税法和贸易法背后的总体目的和目标并不像表面考察所暗示的那样一致。在国际贸易法之下，旨在征收税款而非扭曲国际贸易的税收规则不应存在兼容方面的问题。在确立了贸易法和税法的"大局"目的和目标之后，现在应关注世界贸易组织规则可能影响中期税收的特别领域。

4.5.2 影响直接税的世界贸易组织贸易服务协议条款: 商品还是服务?

经合组织在行动计划1的最终报告中简要讨论了世界贸易组织的义务。㊿它指出，在处理商品的贸易法方面有重大区别；本组织将其描述为"产品"而不是服务。对于产品，适用关税及贸易总协定(GATT)，而对于服务，适用世界贸易组织服务贸易总协定(GATS)。 GATT 和世界贸易组织贸易服务协议规则下的义务存在相当大的差异。这些条款将在下文(第 4.6.3—4.6.7 节)详细说明，但总的来说，世界贸易组织贸易服务协

㊽ A Pirlot "The WTO as Tax Scarecrow?" (2019) 1427 Tax Journal.
㊾ Ibid.
㊿ OECD/G20, above n 365 [299] at 115.

议规则在税收领域有更广泛的例外情况。⑯

正如本书第2章所详述的，绝大多数的数字化企业都涉及以服务为特征的收入流。这些收入包括数字节目的订阅、广告收入，尤其是通过多边平台相互介绍而产生的佣金。因此，适用于临时税的相关世界贸易组织规则似乎有可能包含在世界贸易组织贸易服务协议的条款中，以用于临时数字(服务)税的绝大多数情况。

世界贸易组织贸易服务协议中有三条与税收特别相关的：第2条中的最惠国(MFN)义务、第17条中的国民待遇(NT)义务，以及第22条中的协商和争议解决条款。如上所述，这些义务中有许多与税收有关的重要部分。

4.5.3　影响直接税的世界贸易组织贸易服务协议条款：最惠国义务 153

第2条第1款的规定如下：⑰

> 就本协议所涵盖的任何措施而言，每一成员应立即无条件地给予任何其他成员的服务和服务供应商不低于其给予任何其他国家和地区的同类服务和服务供应商的待遇。

最惠国待遇实质上是将给予一个贸易伙伴的任何优惠或有利条件扩大到每一个其他贸易伙伴上。可以立即注意到，最惠国义务适用于服务和供应商。"措施"一词的定义是很广泛的，⑱是指"成员采取的任何措施，无论是法律、法规、规则、程序决定、行政行动或任何其他形式的措施"。从第1款的角度来看，任何征税措施(例如临时税)都是用于所提供的服务(更有可能在这种情况下，与经合组织在讨论临时税是不是对

---

⑯　经合组织指出，服务贸易总协定规则为税收协定条约的适用和旨在确保公平或有效地征收直接税的规定提供了广泛的例外情况。相比之下，关税与贸易总协定的规则更为严格，并且在最惠国义务方面没有任何例外，这意味着每国对进口产品征收的进口税不得超过其对国内生产的类似产品征收的进口税。

⑰　服务贸易总协定，载于1986—1994年乌拉圭回合谈判期间谈判的法律文本附件113，并于1994年4月在马拉喀什部长级会议上签署；WTO"服务贸易总协定"〈www.wto.org〉，第Ⅲ条。

⑱　Ibid at Article XXVIII(a).

"收入"[499]征税时的观点一致)或跨国企业供应商本身的。

然而,这一义务的全部结果被诸多例外情况淡化了。其中最相关的如下:

(1) 特定成员国豁免

第 2 条第 2 款规定:"成员可以保留不符合第 1 款的措施,前提是该措施已列入并且符合该规定第 2 条中豁免条款的附件。"[500]如果成员列出了它们希望保留与最惠国义务不一致的现有法规或协议,或者它们希望保留使用单方面措施的潜在权利,第 2 条中豁免条款的附件允许它们背离第 1 款中的标准立场。大多数国家和地区要求在民用和海洋航空、电信和金融服务领域享有最惠国待遇,但有些国家和地区要求享有特定的税收豁免。例如,美国对某些"联邦一级直接税收措施下的差别待遇"提供了豁免。美国在其计划表中列出了《国内税收法》下的一些特定豁免清单,并且进一步列出了地方联邦的豁免清单。同样以美国为例,与美国毗邻的国家可能会获得某些更加优惠的税收优惠政策,作为回报,美国公司在与这些毗邻国家的交易中可能会获得更优惠的税收措施。而这种行为将不受最惠国义务的约束。

第 2 条中豁免条款的附件理论上需要经过审查,原则上不应超过世界贸易组织协定生效之日起 10 年的期限。但是,最惠国义务不可以取消豁免条款。[501]

这意味着,在审查任何最惠国要求之前,必须审查任何成员提出的特定豁免条款。有关这些豁免条款的详细信息载于世界贸易组织的网站上。[502]

(2) 普通豁免

第 14 条中包含了一系列的豁免条款。该条的内容如下:

---

[499]　参见第 4.4 节"双边税收协定范围的限制"。
[500]　GATS, above n 497 at Article II: 2.
[501]　Ibid at Article XXIX(6).
[502]　每个成员的详细豁免清单载于 WTO "具体承诺一览表和第二章豁免清单"〈www.wto.org〉。

在适用此类措施不会构成适用类似条约的国家之间的任意或不合理歧视行为，或构成对服务贸易的变相限制的前提下，本协议中的任何内容均不应被解释为阻止任何成员采取或执行以下措施：

为维护公共道德、维护公共秩序等所必需的措施。

世界贸易组织成员可采取和执行可能违反最惠国待遇原则的措施，前提是这些措施是为了保护公共道德，维护公共秩序，保护人类、动物或植物的生命或健康，并包括确保遵守与世界贸易组织贸易服务协议一致的其他法律所需的任何措施。

从税收的角度来看，最重要的普通豁免条款包含在第14条第5款中，该款作为成员可适用的法律依据，内容为：

155

(5) 与第2条不同的是，规定了待遇差异是避免双重征税的协议，或对该成员有约束力的其他国际协议或安排中有关避免双重征税的规定而造成的结果。

4.5.4 关于最惠国条款适用性的意见

最惠国规则旨在规避贸易惯例，即允许成员偏好与一个国家和地区而不与另一个国家和地区进行贸易。因此，有义务确保没有一个国家和地区的待遇低于任何其他国家和地区。基于数字化环境中提供的服务而引入的新税款，似乎不会导致任何国家和地区获得优惠待遇。当然，这取决于具体情况。例如，对居民和非居民企业同样适用、且同时征收的税款，似乎并没有违反最惠国原则。因此，似乎不太可能在世界贸易组织争端解决机制中就此事展开有意义的辩论。

在审查将最惠国条款适用于临时税的可能性时，重要的是要研究贸易法规则背后的一般性原则。在美国的例子中，其提出的特定豁免条款有助于阐明最惠国条款的真正原因。它旨在防止引入(或已经存在的)特定税收制度，该税收制度将为一个国家提供特定的激励政策，而其他国家无法享受相同的特权。美国对那些享受优惠税收待遇的邻国或毗邻国家的"特殊排除",突出了在这种税收背景下最惠国义务之外的实施方式,也表明了规则的正常实施方式。

由此得出的结论是,适用于所有国家的单边临时税自然不属于第2条的范围。这样的结果将与保罗·麦克丹尼尔的观点一致,即贸易法不应干涉规范性税收规定,除非税收规则有旨在协助或破坏贸易的特殊功能。尽管如此,除了国民待遇义务(下文第4.6.5节讨论)之外,最惠国义务也很可能在世界贸易组织争端解决机制中引起争议。

在贸易法和税法的交界处存在许多难题。其中之一是第14条第5款中的一般性排除是否适用于如最惠国规则这样的情况。这里有几个不同的观点需要考虑。

156　　首先,第5款中的排除原则根本不适用。由于临时税不属于收入税,因此它不属于双边税收协定第2条的范围,故双边税收协定中有关征税权实质性分配的规定并不适用。[503]既然双边税收协定在分配征税权方面的规定不适用于临时税,那么第14条第5款中的一般性排除也不能适用于临时税。

然而,这并不是全部情况,因为双边税收协定确实更普遍地适用于其他形式的税收,特别是,有可能适用双边税收协定第24条(非歧视待遇条款)。[504]因此,也可以认为双边税收协定在非歧视待遇这一非常重要的领域具有潜在的适用范围。正如所讨论的,非歧视待遇领域的税收规则比贸易法规更加自由,税法允许基于住所地的歧视,这也在很大程度上忽略了间接歧视。因此,在理论上,第24条有可能适用于临时税的范围(即临时税是第24条中可能适用的"税"),但是它不"咬人",因为第24条实际上不涉及基于住所地的歧视,因此不会因其的使用产生任何实际后果。

第14条第5款中的一般性排除规定,待遇差异是实施双边税收协

⑤⑬　参见第4.4节"双边税收协定范围的限制"。
⑤⑭　参见第4.4.6节"双边税收协定的限制:双边税收协定非歧视待遇条款的适用"。

定的结果。这似乎需要使用它来分配或减少征税权,而不是不使用非歧视待遇条款。换言之,双边税收协定不会导致制定出违反最惠国贸易义务的行动方案。因此,一般性排除条款似乎并不适用。

最后,尽管这一问题并非毫无疑问,但可以说最惠国条款并不适用,而且第5款中的一般性排除也并不适用。

4.5.5 影响直接税的世界贸易组织贸易服务协议条款:国民待遇

国民待遇(NT)义务被包含于世界贸易组织贸易服务协议中的第17条。其要求:"在影响服务供应的所有措施方面,每一成员应给予任何其他成员的服务和服务供应商不低于其给予自己的同类服务和服务供应商的待遇。"[505]畸形或存在歧视的贸易的目的是,使外国服务(和服务供应商)与国内服务及其供应商相比处于不利地位。

(1) 特定豁免

与最惠国承诺的情况一样,世界贸易组织成员可以就不同的服务要求国民待遇资格。世界贸易组织指南中解释为:[506]

> 世界贸易组织贸易服务协议第17条规定的国民待遇义务是给予任何其他成员的服务和服务供应商不低于给予国内服务和服务供应商的待遇。希望对国民待遇保留任何限制——即任何导致外国服务或服务供应商受到不利待遇的措施——的成员必须在其附表第三栏中注明这些限制。

指南中提到的附表是一份复杂的文件,每个国家和地区在其中确定了它将适用世界贸易组织贸易服务协议的市场准入和国民待遇义务的服务部门,以及它希望保留的这些义务之外的任何例外情况。在任何情况下,对构成世界贸易组织贸易服务协议第1条中服务贸易定义的四种供

<hr />

[505] GATS, above n 497, Article XVII: National Treatment at [1].
[506] WTO "WTO Guide to Reading the GATS Schedules of Specific Commitments and the List of Article II(MFN) Exemptions"〈www.wto.org〉.

157

应模式中的每一种都作出了承诺和限制：跨境供应；国外消费；商业存在；自然人存在。

在税收背景下如何实施的一个例子是，加拿大就前两种供应模式(即跨境供应⑤⁰⁷和国外消费⑤⁰⁸)作出了具体承诺。

作为其政策的结果，并且作为许多税收豁免措施之一，加拿大建议："对科学研究和实验开发服务的支出造成不同待遇的税收措施被排除在其遵守国民待遇的义务之外。"⑤⁰⁹除了这些特定的豁免之外，世界贸易组织贸易服务协议的普通豁免也允许背离国民待遇义务。

(2) 普遍免除

第 14 条适用于最惠国待遇的一般豁免，也适用于国民待遇义务。这包括保护公共道德、维护公共秩序等方面的一般豁免。

第 14 条要求："实施这些措施，不得构成对相同条件国家任意或不合理的歧视，或对服务贸易的变相限制。"⑤¹⁰

此外，还有一项针对直接税的具体豁免。这载于第 14 条第 4 款：

> (4) 与第 17 条规定不一致，但这种差别待遇的目的，是确保对其他成员或服务提供者公平或有效地征收直接税。

在《服务贸易总协定》中，"公平或有效"这些术语都有脚注，并对其含义做了进一步解释。具体如下：

> 旨在确保公平或有效征收直接税的措施包括一成员在其税收制度下采取的以下措施：(i)适用于非居民企业的服务提供者，因为认识

---

⑤⁰⁷　跨境供应被确定为非住所地服务提供商向成员国领土提供服务的可能性。

⑤⁰⁸　境外消费是指该成员国的居民在另一成员国领土内购买服务的自由。

⑤⁰⁹　加拿大在其特定承诺清单中还采取了许多其他的加拿大免税措施；Canada—Trade in Services S/DCS/W/CAN, 24 January 2003(Draft Consolidated Schedule of Specific Commitments) at GATS/SC/16; PC/SCS/SP/1; S/L/34; GATS/SC/16/Suppl.2/Rev.1; GATS/SC/16/Suppl.3; GATS/SC/16/Suppl.4/Rev.1。

⑤¹⁰　GATS, above n 497 at Article XIV.

到非居民企业的纳税义务是针对源自或位于该成员境内的应税项目而确定的；或(ii)适用于非居民企业，以确保在该成员境内征税或收税；或(iii)适用于非居民或居民企业，以防止避税或逃税，包括合规措施；或(iv)适用于消费者，以确保对这些消费者征收来自该成员境内的税款——这些消费者使用了来自另一成员境内或从该成员境内提供的服务；或(v)考虑到它们之间税基性质的不同，将应在世界范围内纳税的服务提供者与其他服务提供者区分开来；或(vi)确定、分配或分摊居民个人或分支机构的收入、利润、收益、损失、扣减或抵免，或在相关人员或分支机构之间分配，以保障成员的税基。第 14 条第 4 款和本脚注中的税收术语或概念由采取该措施的成员国内法中的税收定义和概念、或同等类似的定义和概念确定。

159

从第 4 款的字面意思看，直接税的这一例外情况是广泛的。它既适用于征税，也适用于征收过程。脚注中的描述详细说明了典型的预提税征收。预提税通常以毛额为基础向非居民企业纳税人征收，这与向居民企业征收的净税形成了对比。脚注中的各个部分"说明"了在税收领域对非居民企业而言一个常见的差异，即基于总收入的低税率预提税。

将第 4 款囊括在内是什么意思？ 它的本意是否像实际的字面意思那样宽泛？ 根据迈克尔·伦纳德(Michael Lennard)的说法："遗憾的是，《服务贸易总协定》条款的谈判过程并不容易获得。"[511]尽管如此，他还是尝试通过世界贸易组织网站上的历史文件来拼凑还原。根据伦纳德的说法，在乌拉圭回合期间，对《服务贸易总协定》新条款在税收方面的关注非常重要：[512]

税务专家并不是《服务贸易总协定》的主要谈判者。但他们对这

[511]　M Lennard "The GATT 1994 and Direct Taxes: Some National Treatment and Related Issues" (2005) 73 WTO and Direct Taxation at 81.

[512]　Ibid at 81.

一问题的感受如此强烈,以至于他们能够迫使对文本进行后期修改以满足他们的需要,尽管一些《服务贸易总协定》的谈判者担心这一要求会使整个《服务贸易总协定》瓦解。

另外两位备受尊敬的评论家也证实了这一点。罗伯特·格林(Robert Green)认为,赋予世界贸易组织在税收方面的权力不可能是一件容易的事情,因为各国根本不会放弃它们在税收方面的主权。[513]鲁文·阿维·约纳提到了格林的观点,[514]认为是美国站在了主张主权这一点的最前沿:"由于美国在最后一刻坚持将直接税排除在《服务贸易总协定》之外,这种担忧在美国尤为突出,并几乎导致了整个乌拉圭回合的失败。"[515]由于《服务贸易总协定》的目的是广泛覆盖服务和服务提供者:"除非是与实质性覆盖和争端解决有关的'例外条款',否则它们无疑将适用于广泛的税收相关措施。"[516]

因此,在《服务贸易总协定》的谈判中,其意图很可能是在很大程度上将税收问题"从谈判桌上拿开"。因此,正如伦纳德所说:"《服务贸易总协定》中税收措施的'例外'是为了承认在某些方面,这些问题最好由成熟的国际税收政策和路径来处理。"[517]

4.5.6 《服务贸易总协定》和税收相关的案例

世界贸易组织数据库[518]表明,税收并不是常见的争端原因。[519]其中许多争端涉及《补贴与反补贴措施协议》(Agreement on Subsidies and Countervailing Measures),该协议的各种条款禁止提供以出口业绩为条

---

[513] RA Green "Antilegalistic Approaches to Resolving Disputes Between Governments: A Comparison of the International Tax and Trade Regimes" (1995) 23(1) Yale Journal of Int' Law at 81.

[514] RA Green "Antilegalistic Approaches to Resolving Disputes Between Governments: A Comparison of the International Tax and Trade Regimes" (1995) 23(1) Yale Journal of Int' Law at 81.

[515] Avi-Yonah, above n 490 at 1691.

[516] Green, above n 513 at 81.

[517] Lennard, above n 511 at 81.

[518] World Trade Organization "Follow disputes and create alerts" 〈www.wto.org〉.

[519] 截至 2019 年 10 月初,共有 590 起争议在世界贸易组织提出。

件、或以使用国内货物而非进口货物为条件的补贴。因此，它们与服务没有什么关系，大多数似乎集中在提供国内补贴的特定制度上。

到 2019 年为止，只有一个涉及间接税的案件被提出。这是与《服务贸易总协定》第 17 条(国民待遇)和《关税及贸易总协定》其他条款有关的争端。[520]

在这一争端中，美国声称：尽管中国规定对集成电路(IC, Integrated Circuits)征收 17% 的增值税，但中国企业有权获得其生产集成电路的部分增值税退税，从而使其产品的增值税率降低。在美国看来，中国似乎对进口集成电路征收比国产集成电路更高的税，并对进口集成电路给予较少的优惠待遇。

此外，美国声称中国允许对国内设计的集成电路进行部分增值税退税，但由于技术限制，这些集成电路实际在中国境外生产。在美国看来，中国似乎对来自一个成员的进口产品提供了比其他成员更有利的待遇，同时也对其他成员的服务和服务提供者进行了歧视。

2004 年 7 月 14 日，中国和美国通知世界贸易组织争端解决机构(DSB, Dispute Settlement Body)，它们已经就美国在其磋商请求中提出的问题达成了协议。根据该通知，中国同意修改或撤销有关措施，取消对在中国生产和销售的集成电路以及在中国设计但在国外制造的集成电路的增值税退税。

从相关世界贸易组织法律的角度来看，本案既没有特别的相关性，也没有深刻的见解。如果从争端频率和性质的角度考察，可以得出的结论更广泛。因为这表明根据《服务贸易总协定》的规则，很难提出这样的税收争端。考虑到世界贸易组织的历史，以及在引入《服务贸易总协定》条款时试图尽量减少对主权和税收的影响，这可能并不令人惊讶。

4.5.7 对国民待遇条款适用性的观察

第一个，也是最明显的观察是：这些临时税被设计为同样适用于居民

---

[520] China—Value-Added Tax on Integrated Circuits WT/DS309/8, 5 October 2005(Notification of Mutually Agreed Solution).

企业和非居民企业。因此，至少从表面上看，它并不歧视外国公司和服务提供者。虽然法律上的立场是明显的非歧视待遇，但有人断言，这种单边税代表了事实上的歧视。位于华盛顿特区的彼得森国际经济研究所(Peterson Institute for International Economics)认为，欧盟提议的数字服务税(目前绝大多数的临时税都是基于此)是一种事实上的关税，违反了第 17 条的规定。[520]

162　　彼得森国际经济研究所主张歧视体现在以下三个方面：[522]

- 欧盟设定数字服务税门槛(全球总收入 7.5 亿欧元，欧盟总收入至少 5 000 万欧元)，以"捕获"成功的美国数字公司(如谷歌、脸书、亚马逊、eBay、优步和 Airbnb)，而将欧盟公司排除在网外；和

- 基于"应税收入"的设计具有相同的效果，包括数字广告、销售商品和服务的数字平台和市场，以及向其他用户传输用户数据等，都是针对美国公司的，但不包括订阅费(这是总部位于瑞典的 Spotify 的主要收入)——即歧视美国数字公司而不是欧盟服务商；以及

- 该建议允许从"应税收入"中减去增值税和其他间接税；鉴于美国几乎完全没有在联邦一级适用的间接税，美国公司的税基高于同类的欧盟数字供应商。

彼得森国际经济研究所继续强调，欧盟没有提供任何具体承诺，以维护其在"计算机相关服务"和"广告"国民待遇义务下的地位，无论是在跨境销售还是海外消费模式下。

因此，该研究所得出结论：这是一个事实上的歧视案例，美国应该向世界贸易组织争端上诉机构提出申诉。

随着欧盟放弃其关于数字服务税的提案，以及随后部分欧洲国家独立于欧盟采取上述做法，如法国和意大利(在撰写本书时，其他欧洲国家和其他司法管辖区也有提案)，美国可能在没有多边协议的情况下，采取这种争端索赔的途径。

---

　　[520]　GC Hufbauer and Z Lu The European Union's Proposed Digital Services Tax: A De Facto Tariff(online ed, Peterson Institute for International Economics) at 18—15.
　　[522]　Ibid at 8—9.

争端的另一方将提出的论据包括：

- 设置门槛并不是以住所地为由进行歧视，而只是以公司的规模和市场支配地位为由进行区别对待。其逻辑是，这种占主导地位的组织是有利可图的，对营业额的总额征税应该只适用于有利可图的实体，而不是那些正在建立市场份额、并在研究和开发方面花费大量资金的小公司。这并不是说大型组织总是赢利的，只是说赢利的可能性随着规模的扩大而急剧增加。

- 税收的设计是针对数字服务的主要供应商，无论它们在哪里。在设计任何税种时，通常都会仔细考虑税基，并在门槛设置上决定囊括什么和不囊括什么。

- 将增值税纳入应税收入的计算中是没有任何意义的。其他建议表明人们对这种间接税的性质有误解。当然，公司绝不会"保留"它从消费者那里收取的间接税。它是消费者在消费数字服务时支付的税。将其排除在计算之外是绝对正确的；否则，如果它构成计算的一部分，它就会构成税上加税。

这些论点能否在世界贸易组织的争端解决机构中发挥作用，取决于这些临时税是否能够实施、其成功的可能性以及包括政治关切在内的许多其他事项。争议可能是漫长的——仲裁(在欧盟和美国关于欧盟成员补贴空客是否违反世界贸易组织规则的问题上)导致了 2019 年 10 月的决定，而最初的咨询请求发生在 2004 年 10 月。

法律立场远未明确，对于世界贸易组织规则对不同类型税收的适用性，人们意见不一。[523]一位博学的评论家得出的结论是，该问题远不如彼得森国际经济研究所等宣称的那样确定：[524]

---

[523] 对世界贸易组织规则的仔细审查表明，它们并不适用于基于目的地的税收，see A Pirlot Don't Blame It on WTO Law: An Analysis of the Alleged WTO Law Incompatibility of Destination-Based Taxes. University of Oxford Centre for Business Taxation, WP 19/16, November 2019, 〈https://ssrn.com/abstract=3551877〉 or 〈http://dx.doi.org/10.2139/ssrn.3551877〉。

[524] W Haslehner "EU and WTO Law Limits on Digital Business Taxation" in W Haslehner and others(eds.) Tax and the Digital Economy: Challenges and Proposals for Reform(Kluwer Law International, 2019) at 3.05.

归根结底,目前讨论的和各种拟议的措施[无论是额外的预提税(WHTs, Withholding Taxes)、扩展的(VPEs, Virtual Permanent Establishments 虚拟固定经营场所)门槛还是特殊的数字服务税]都没有被明确禁止,或被认为在所有情况下完全合法。不可避免的是,关于数字经济税收的每一项具体建议的细节,都必须对照欧盟和国际层面对歧视和不正当补贴的禁令,进行仔细和充分的考虑。

由于这些原因,如果问题主要涉及《服务贸易总协定》下的国民待遇义务,那么就存在一个重大问题,即:引入新的规范性直接税规则是否被明确排除在第14条第4款规定的世界贸易组织规则范围之外。总的来说,有理由相信,世界贸易组织的规则很可能无法适用于这些临时的单边税。可以基于广泛的政策理由得出这样的结论,即世界贸易组织规则不应适用于规范性税收,以及上文(第4.6.5节)所讨论的第14条第4款规定的具体例外情况。

此外,如果一成员的措施属于第22条第3款的范围,则另一成员不得援引国民待遇义务。该条款具体规定如下:

(3) 一成员不得根据本条或第23条,就另一成员根据它们之间有关避免双重征税国际协定所采取的措施援引第17条。如果成员之间对某项措施是否属于它们之间的这种协定有分歧,任何成员都可将此问题提交服务贸易理事会。

因此,如果成员之间有税收条约,且该措施属于双边税收协定的范围内,就不能认为该措施违反了《服务贸易总协定》下的国民待遇义务。如上所述(第4.4.6节),该措施很可能属于第24条的范围(是第24条适用的税种),即使它在该条下不具有歧视性。

第二部分

5. 经合组织秘书处和包容性框架的
多边改革提案

5.1 引　　言

　　本书的第一部分探讨了在商业数字化的新兴挑战背景下,国际税收体系的格局和框架。在第2章中,讨论了这种新兴挑战的出现原因——技术能够推动某些类型的商业模式。在第3章中,详细介绍了现行国际税收体系的一些具体问题。

　　本书的第二部分着眼于应对这些新兴挑战的举措。在第4章中,介绍了国际税收体系正处于改革的分叉路口。改革的方向有两个:其一是多边解决方案,这是对20世纪20年代妥协后的修订——亦可称为"21世纪20年代妥协";其二是各国以非一致性征收过多的单边数字税。

　　第4章中,还介绍了目前经合组织的两项重要工作。经合组织将这两项工作称为"支柱",也体现出这两项工作对于税收制度是相当重要且必不可少的。在这一章中,讨论了这两项工作中的核心要素。目的在于识别这些根本性变化,并在跨境税收理论、国际税收规则的现有框架以及商业数字化所确定的挑战的背景下对其进行评估。

5.2　支柱一:征税权利和联结度的分配

5.2.1　实现21世纪20年代妥协的"统一方法":简史

2019年10月,经合组织秘书处发布了一份公众咨询文件——关于

168　在支柱一下采取"统一方法"的秘书处提案。㉕公众咨询文件通过收集一系列建议，再汇总成为一个统一的方案。㉖其目的是为了协助包容性框架的成员编写他们在 2020 年提交给 G20 的报告。根据计划，若要在 2020 年制定出解决方案，需要在 2020 年 1 月之前对"统一方法"的基本框架达成一致意见。㉗这样，在 2020 年底之前便可以制定出完整的解决方案。

经合组织正在执行的工作计划，㉘是 2019 年 5 月 28—29 日在 BEPS 包容性框架的会议上被采纳，并于 2019 年 6 月在日本举行的 G20 财政部长和领导人会议上正式通过的。这份工作计划，也在经合组织秘书长提交给 G20 财政部长和央行行长的报告中被称之为"向前迈进的重要一步"。㉙

同时，该工作计划也是一项重大的进步，它表明了各国为了实现全球性的、基于共识的解决方案，能够采取全新但意义重大的一致行动。在此之前，直到 2018 年 6 月，关于 BEPS 的经合组织/G20 包容性框架中有三组不同的国家：㉚

- 第一组国家认为，对数据和用户参与度的依赖，将会造成企业纳税地和经营活动所在地的偏差。这一组国家，希望有针对数字经济的全新税收制度。

- 第二组国家认为，经济向数字化转型更加系统化，不仅针对高度数字化的商业模式，同时也向基于商业利润的国际税收框架的有效性提出更多挑战。

㉕　OECD Public Consultation Document: Secretariat Proposal for a "Unified Approach" under Pillar One(OECD Publishing, October 2019). OECD Public Consultation Document("OECD Unified Approach").

㉖　本次公开咨询于 2019 年 11 月 21 日至 22 日在巴黎经合组织会议中心举行。

㉗　OECD Unified Approach, above n 525 at [2].

㉘　OECD/G20 Inclusive Framework on BEPS: Programme of Work to Develop a Consensus Solution to the Tax Challenges Arising from the Digitalisation of the Economy(OECD Publishing, May 2019)("OECD Programme of Work").

㉙　OECD Secretary-General Report to G20 Finance Ministers and Central Bank Governors (OECD Publishing, June 2019) at [12].

㉚　OECD/G20 Inclusive Framework on BEPS: Progress Report July 2017—June 2018(OECD Publishing, July 2018) at [13].

- 第三组国家则完全满足于 BEPS 行动计划。这一组国家认为，没 169
  有必要进行任何大的改革(除了 BEPS，这是为了解决双重免税问
  题)，因而它们也反对任何改变。

基于上述情况也可以看出，直到 2018 年年中的时候，各国对于税
收制度的改变还没有达成任何实质上的共识，在未来发展上也没有一个
明确的方向。

然而到了 2019 年，情况发生了一些改变。随着 2019 年 G20 峰会的
开展，包容性框架确定了修改利润分配和联结度的三项提案，最为重要
的是承诺将继续努力达成基于共识的解决方案，并在 2020 年发布最终
的报告。㉛这三项提案在包容性框架的公众咨询文件——《应对数字经
济的税收挑战》中，有着详细的描述，分别为：㉜

- "用户参与"提案；
- "营销性无形资产"提案；
- "显著经济存在"提案。

5.2.2 "用户参与"提案

(1) 政策合理性

"用户参与"提案㉝建立的基本理念是，用户的积极与持续参与，
能够为高度数字化的企业创造重要价值。本质上讲，用户的互动创造了
至少部分的企业品牌价值，并且产生了有价值的数据(通常这些数据也
可以被用来交易)。此外，用户数量突破了临界值后，可以帮助数字化
业务实现规模化的网络效应。这里的数字化业务包括社交媒体平台、搜
索引擎和线上商城等。用户在这些多方平台中扮演着关键角色，能够使
得这些平台获益，而这种获益往往是单方面的。

对于社交媒体而言，用户能够提供内容创作，从而在构建平台用户

㉛ OECD/G20 Base Erosion and Profit Shifting Project: Public Consultation Document:
Addressing the Tax Challenges of the Digitalisation of the Economy(OECD Publishing, February
2019) at 7("OECD Public Consultation Document").

㉜ Ibid at 9—17.

㉝ Ibid at [17]—[21] on 9—10.

170 网络的过程中发挥关键作用。平台运营商能够通过在平台方卖出广告或订阅功能，产生一定的收入。

对于搜索引擎而言，用户的搜索行为将被采集并分析，使得平台运营商能够卖出具有针对性的广告而获得收入。

对于线上商城而言，用户的行为也很重要。除了线上商城中交易双方用户(买/卖，出租/承租等)的数量增加能够构建网络效应外，用户提供的公共评论和反馈也是很有价值的质量控制与提升建议。

在当前的国际税收框架下，上述用户的活动及其产生的任何价值，在计算平台运营商的利润时都被忽视了。通常，在计算平台的收入时，仅仅囊括了这些多方平台运营商的物理活动。这也导致，企业能够在一些重要且高度参与的用户群所在地区(用户管辖区)中获取大量的价值，但是却无需在当地为这其中产生的利润缴纳税金。[534]

为了使利润分配结果与用户产生的价值保持一致，该项提案旨在将多方平台运营商的利润归属于用户管辖区。该提案中的另一个重要要求是改变了联结度规则，以便在平台运营商没有实际注册成立或设立常设机构的情况下，用户管辖区有权利对产生于当地的额外利润征税。

(2) 利润分配规则

在新的利润分配规则下，企业(往往是平台运营商)通过活跃及参与用户产生的利润，将被分配给用户管辖区。企业无论是否在用户所在的管辖区实际注册成立或设立常设机构，都不会影响这种重新分配利润方式的发生。

在分配利润时，该项提案建议，应使用非常规或剩余利润分割法而不是传统的转让定价模式。同时，提案中也指出，将用户群体作为独立的企业考虑时，如何计算其在独立交易中能够获得的回报是十分困难的。

171 因此，利润分配的常规方法分为以下几步：

---

[534] Ibid at [20] on 10.

第一，计算企业的剩余利润。也就是在常规的经营活动中，按照合理的方式分配完企业应得的回报后，所剩余的利润。

第二，将这些剩余利润中的一部分，定义为用户活动所产生的价值。包容性框架建议，可以通过一些定性/定量的信息或事前约定的百分比来确认这些价值。

第三，根据约定后的方案(例如收入)，在企业用户所在的管辖区之间进行利润分配。

第四，管辖区依法对这些企业的利润进行征税，无论企业是否在该地实际注册成立或设立常设机构。

这种利润分配方法的某些特点是显而易见的。其中的一些特点在一部分管辖区中被视为优势，而在另一部分管辖区中则被视为劣势。例如，该"用户参与"提案只会影响到那些数字化程度较高的企业。因此，该提案聚焦于一些特定的商业活动(如社交媒体、搜索引擎、线上商城)，并且设定了一些门槛，以便于只有一些大型的企业才会受到该提案的影响。这些限制性的举措目前只影响到那些数字化程度较高的企业，而其中的大部分企业总部都设立在美国。

常规利润的计算使用的是现有转让定价规则，而非常规利润的分配(剩余利润分配)则使在具有多个业务线的实体企业中分配利润变得更加复杂。此外，由于将利润确定为由活跃用户所创造的价值是一个非常复杂的过程(上述利润分配过程的第二步)，提案建议可以使用一些公式或百分数，而这有可能是一个实际且自由度高的解决方案。包容性框架设想将重大的争议解决需求作为提案的一部分。

5.2.3 "营销性无形资产"提案

(1) 政策合理性

"营销性无形资产"提案[55]认为，市场地管辖区和营销性无形资产之间存在一定的关联，这使得一些成功的跨国公司即使在市场地管辖区172

---

[55] Ibid at [29]—[49] on 11—16.

仅有有限的当地机构(例如有限风险分销商)或完全没有设立实体机构，也能够构建和开发营销性无形资产。造成这一现象的原因有两个：其一，凭借市场地管辖区的消费者和客户这一有利条件，能够形成诸如品牌价值、商标等知识产权；其二，其他营销性无形资产，比如客户数据、客户关系、客户名单等，均来源于市场地管辖区的客户交互行为。

包容性框架的提案中建议，修改现行的转让定价规则，要求将营销性无形资产(以及与这些无形资产相关的风险)分配给市场地管辖区。与"用户参与"提案相仿的是，"营销性无形资产"提案也允许市场地管辖区对与营销性无形资产相关的非常规收入征收全部或部分的税，与营销性无形资产无关的其他收入则按照现行的转让定价原则分配给集团的成员。归属于营销性无形资产的全部或部分利润，可以根据约定进行分配。

该提案的目的，不是为了让市场地管辖区从非本地跨国公司的独立经营活动中获益，而是为了让市场地管辖区能够从因自身特征而产生的效益中获益。这样做的原因是，企业能够从品牌影响力而不是活跃用户处获取价值，也能够通过市场行为获得客户信息和数据。

营销性无形资产是可以被区分出来的。因此，会出现这样一种情况：通过一件专利制造出来的高效汽车发动机，能够在不同的国家产生相同的效果，并且，无论是谁去制造了它或者购买了它，都能够达到相同的效果。[59]而此类可交易的无形资产，其价值往往被保留在技术来源地。

"营销性无形资产"提案克服了经济数字化对国际税收框架造成的重大风险之一。当今社会下的企业，可以远程接触并与客户交流，或者仅仅在市场地管辖区设立有限的实体机构便能达到上述目的。随着越来越多的客户使用线上功能，企业可以远程处理销售和市场方面的业务，而不再需要在客户市场当地设立实体机构。仅仅一些运输和执行工作需

173

---

[59] Ibid at [34] on 12.

要在客户所在地完成，而这些都可以通过第三方或者有限风险分销商来实施。通过这一系列措施，可以大幅降低分配给市场地管辖区的利润。

包容性框架文件中提到了三个"核心事实模式"，来进一步解释营销性无形资产的概念。

首先，高度数字化的企业，其收入来自特定市场地管辖区的销售和市场活动，但是在该管辖区却没有应税业务。营销性无形资产可以包括免费搜索服务、免费电子邮件、免费数据存储和其他与消费者类似交互所产生的无形资产。包容性框架文件指出：尽管"营销性无形资产"提案与"用户参与"提案的出发点不一样，但其造成的结果却是相同的。[537]

其次，高度数字化的企业会在客户所在地设立实体机构，不过是一些有限风险分销商。根据现行的规则，这种情况会导致市场地管辖区分配得到的利润非常少且不合理。[538]相比之下，"营销性无形资产"提案将规定，分配给市场地管辖区与营销性无形资产相关的全部或部分利润，将由市场地管辖区对其征税。

最后，关于非高度数字化的企业。为了保持一致性和公平性，提案考虑改变在市场地管辖区内向消费者销售商品和服务的传统消费者企业的利润分配和关系规则，归属于营销性无形资产的利润将会在市场地管辖区内进行评估。而这一点也是"营销性无形资产"提案与"用户参与"提案的不同点——前者适用于所有的企业，而后者仅适用于高度数字化的企业。

(2) 利润分配规则

本提案与现行国际税收规则的本质区别在于，跨国集团归属于营销性无形资产的非常规或剩余收入将会被分配给市场地管辖区。而所有其他收入，例如归属于与技术相关的无形资产、常规市场营销和分销的收入，将根据现有的利润分配原则进行分配。

无论哪个实体拥有营销性无形资产的合法所有权，或者无论集团中

174

[537] Ibid at [40] on 14.
[538] Ibid at [41] on 14.

的哪些实体实际上执行或控制着与这些无形资产相关的 DEMPE 功能，⁵³⁹这种将全部或部分来自营销性无形资产的非常规收入进行分配的新方式都将会发生。

可以使用不同的方法去计算非常规性收入或剩余收入。第一种方法是将分配给市场地管辖区归属于营销性无形资产的利润调整分离出来。然后将根据现有规则，通过"常规"计算对利润进行调整。接着，需要两组假设来确定营销性无形资产以及它们对利润的贡献：假设营销性无形资产及其风险是按照现行的规则来进行分配的；假设营销性无形资产将会被分配给所在地的市场地管辖区。

第二种方法是通过利润分割分析法来进行计算。这需要确定相关的利润，扣除常规的利润并计算剩余利润，再将其中的一部分分配给营销性无形资产(可以使用基于成本的方法，或更加公式化、反映实际贡献情况的方法，例如使用固定的百分比)。

无论使用何种方法，在确定了归属于营销性无形资产的收入后，都会按照约定的方案(例如销售额或收入)将其分配给每一个市场地管辖区。对于从广告中获得大量收入的平台，需要考虑广告所针对的客户所在地，而不需要考虑广告费用支付方的所在地。

5.2.4 "显著经济存在"提案

"显著经济存在"提案⁵⁴⁰是 2019 年的公众咨询文件中的一部分，已经在行动计划 1 的最终报告——《应对数字经济的税收挑战》⁵⁴¹中进行了讨论。

(1) 政策合理性

"显著经济存在"提案中的一个关键理念是：技术进步使得企业能

175

---

⁵³⁹ DEMPE 代表无形资产的开发、增加、维护、保护和运用，旨在确保通过对跨国公司集团实体在开发、增加、维护、保护和运用过程中履行的职能、使用的资产和承担的风险进行补偿，来分配无形资产的开发收益，以及与无形资产相关的成本。

⁵⁴⁰ OECD Public Consultation Document, above n 531 at [50]—[55] on 16—17.

⁵⁴¹ OECD/G20 Base Erosion and Profit Shifting Project: Addressing the Tax Challenges of the Digital Economy, Action 1—2015 Final Report(OECD Publishing, October 2015) ch 7 at 7.6.1 at 107("OECD Final Report").

够在一个管辖区不设立任何实体机构的情况下，参与其中的经济活动。因此，这种新的业务发展方式会使得常规的规则无法实施。该提案的重点在于"扩展"在管辖区构成应税条件的概念，从而脱离传统常设机构的局限。取而代之的是，"已经证明通过在数字化技术或其他自动化手段在管辖区内进行有目的性并且持续的活动这一因素"与持续性收入相结合时，可能构成"显著经济存在"。⑭

具备什么样的条件可以在一个国家构建出"显著经济存在"呢？包容性框架公众咨询文件中提到了以下几点内容：

- 存在用户群并且使用这些用户群的数据；
- 来自管辖区的数字内容的数量；
- 以当地的货币，或者当地的付款方式，去计费和收款；
- 通过当地的语言去维护网站；
- 由企业负责最终向客户交付货物，或提供售后服务或维修保养等其他支持服务；
- 持续的营销和促销活动。

这些因素有必要存在，以便"必须在非本土企业的创收活动和其在该国存在的显著经济之间建立联系"。⑭

(2) 利润分配规则

在 2015 年的最终报告中，讨论了几种可行的利润分配方法。⑭然而，在 2019 年，涉及比例分摊法相较于其他包容性框架探索的提案内容，得到了更多的重视。⑭具体的分配程序如下：

176

- 定义需要划分的税基。一种可行的方法是，将跨国公司的全球利润率应用于其在特定管辖区所产生的销售收入上。
- 确定划分税基的关键分配因素。例如销售额、资产、员工、用户

---

⑭ OECD Public Consultation Document, above n 531 at [51] at 16.
⑭ OECD Final Report, n 541, ch 7, 7.6.1.4 at [282] on 111.
⑭ 同上，对现有规则的修正(原文第 285 页)，修正的视为利润方法(原文第 289 页)，以及基于比例分摊的方法(原文第 287 页)。还考虑了预提税的使用(原文第 292 页)。
⑭ OECD Public Consultation Document, above n 531 at [52], at 16.

参与的积极影响，这些都将成为分配的一部分。

- 赋予每一个关键分配因素一定的权重。这是因为某些分配因素可能会比其他的更加重要。

"统一方法"的设立将来源于上述的三个提案，其不是一个最终的解决方案，而是作为一个提案将继续用于公众咨询。[546]"统一方法"旨在用到上述三个提案中的元素，因为：[547]

解决了管辖区之间税收权利的分配问题，并描述了基于"显著经济存在"的概念以及在管辖区内利用"用户参与"和"营销性无形资产"的新的利润分配规则和联结度规则的建议。

5.3 支柱一："统一方法"提案中提出了什么？
收入的三个组成部分：金额 A

公众咨询文件中的三个提案无法达成一致，而"统一方法"提案的出现，提出了一个可能的"21 世纪 20 年代妥协"。[548]这是因为"统一方法"提案中包括新的联结度规则，取消了必须在管辖区设立实体机构才能征税的要求。也包括一个全新的利润分配规则，其由三级金额(A、B、C)构成。

5.3.1 金额 A：A、B、C 三级金额之间概念的关系

需要注意的是，A、B、C 三级金额之间没有太多的关系，这是因为它们除了是同一个计划中的组成部分外，没有太多的战略意义。一个

---

[546] 正如本节导言中所讨论的，2019 年 11 月 21 日至 22 日在巴黎举行了为期两天的公共论坛。

[547] OECD Public Consultation Document: Global Anti-Base Erosion Proposal("GloBE")—Pillar Two(OECD Publishing, November 2019) at [1] ("OECD GloBE").

[548] Richard Collier "Public Consultation Meeting on the Secretariat Proposal for a 'UnifiedApproach' under Pillar One" (presented at OECD Public Conference, Paris, November 2019).

较为准确的描述可能是：它们的相关性仅在于它们是同一国际税收共识协议的一部分，并且它们旨在作为一个新框架共同运作。正如后续章节将要解释的，[549]支柱一的三个组成部分和支柱二的规则针对的是国际税收体系的不同特点。

金额 A 是最具有争议的，它主要是为"20 世纪 20 年代妥协"中存在的问题提供解决方案，在诸如多方平台这些高度数字化的企业中也突出了这一点。因此，金额 A 在提出新的征税权利方面有了全新的突破(无需在来源地或管辖区设立实体机构)。金额 B 和金额 C 则继续要求在管辖区设立实体机构，这长期存在于现有的国际税收框架下。[550]即便如此，金额 B 下的收入计算，也可视为对金额 A 下征税权的一种加强。这是因为：金额 A 既涉及联结度的问题(无需实体机构也可以有征税权利)，也涉及通过一些方法将一部分非常规利润归属于新征税权中的利润分配问题，而金额 B 也涉及利润分配问题，可以作为对金额 A 的支持与补充。

设立金额 B 的原因是解决将适度(有人认为是过度)回报分配给有限风险分销商的问题。换言之，如果不使用金额 B 来解决利润分配的问题，跨国公司可以在现行的制度规则下通过成立 LRD，由 LRD 赚取跨国集团中的一小部分利润，从而回避金额 A 中涉及的联结度规则。[551]金额 C 与金额 B 有着相似的关系。金额 C 能够为经销和分销实体带来的风险和作用进行公平评估，通过"充满"的方式来调整标准化的金额 B，以反映实体中发现的其他风险和作用。

178

这些利润分配规则在以下几个方面从根本上脱离了现有的国际税收框架(第 5.3.8 节)：使用公式计算修正后的剩余利润分割法和公式化分摊的要素，将利润分配给市场所在的管辖区，忽略单一实体的概念，背离独立交易的原则。

---

[549]　见第 6 章"审查多边改革的提案"。

[550]　OECD Unified Approach, above n 525 at [50] on 13.

[551]　OECD Public Consultation Document, above n 531 at [13] on 8.

5.3.2 金额 A 制定的政策合理性

虽然经合组织秘书处的提案中没有明确指出政策合理性，㉜但是之后的包容性框架声明解决了这个问题。征税权和应税利润的分配不再受到是否有实体机构存在的限制。全球化和经济数字化的结合使企业能够发展成"在不必投资于当地基础设施的情况下，也能够在市场地管辖区积极和持续地进行包括销售在内的经营活动"。㉝

早在 2019 年年初，在"营销性无形资产"提案中就提到了一些能够为部分金额 A 政策合理性提供帮助的背景内容。㉞在前面概述营销性无形资产政策原理的讨论中，在市场地管辖区内的营销性无形资产和市场地管辖区内商业活动所产生的价值之间存在一种关联，㉟可以被称之为"内在作用关联"。㊱这种关联是客户心中的一种积极态度，反映了企业在提供产品、品牌服务、商品名称方面对市场的积极干预。除了这些知识产权资产外，还有其他营销性无形资产，包括客户信息、客户关系和客户名单。这些来自针对市场地管辖区内客户和用户的活动，表明知识产权和其他营销性无形资产是产生于市场地管辖区的。㊲在"用户参与"提案中也包含了一些很有启发性的政策依据，这表明征税可能是合理的，因为数字业务从"用户的参与、互动、贡献，包括内容、数据和显著的网络效应"中获得了价值。㊳

(1) 关注：有哪些价值的产生是与营销性无形资产相关的？

为了让市场地管辖区行使征税权，调整由于建立了新征税权而受到

㉜　OECD Unified Approach, above n 525. 秘书处关于支柱一下的"统一方法"的建议中没有明确详细说明这一点，因此只能由人们来推断这一含义。丹农（Danon）和钱德（Chand）(代表瑞士洛桑大学税收政策中心)致布拉德伯里(经合组织税收政策和管理中心，税收政策和统计司)关于公众咨询文件评论的信中也得出了这一结论：秘书处关于在支柱一下采取"统一方法"的提案(2019 年 11 月 12 日)，第 5 页，"虽然没有明确说明，但在今年早些时候提出的三项提案中，从概念上看，统一方法似乎建立在与市场有关的无形资产理念之上的"。

㉝　OECD Public Consultation Document, above n 531 at [15] on 9.

㉞　Ibid at [30]—[39] on 12—13.

㉟　参见第 5.2.3 节"'营销性无形资产'提案"。

㊱　Ibid at [30], on 12.

㊲　OECD Public Consultation Document, above n 531 at [31]—[33] on 12.

㊳　Ibid at [59] on 17.

影响的企业的领域和范围，使其与明确的政策依据相一致，这是非常有意义的。经合组织秘书处的提案中建议，重点应该放在那些"能够将自己投射到消费者(包括用户)的日常生活中，在市场所在地没有传统实体机构存在也能够与消费者群体互动并创造有意义的价值"的企业上。[559]经合组织秘书处将通过补充说明的方式，继续讨论"消费者"相对于"客户"的含义是什么：[560]

> "消费者"一词通常是指为个人目的(即在专业或商业活动范围之外)获取或使用商品或服务的个人，而"客户"一词通常包括商品或服务的所有接受者(包括非最终用户的商业客户)。

这也导致丹农和钱德得出了结论，一种可行的方法是去识别为个人消费者创造产品和服务的企业，他们使用了以下标准和某些国际基准来建立潜在的企业名单：[561]

> 如果企业生产的产品和服务主要是为了个人的消费，那么它应该被收录到这份名单中。例如，一家从事名牌巧克力生产业务的跨国公司应该被收录。无论这家跨国公司是将名牌巧克力直接(通过自己的门店)出售给个人，或是出售给另一家企业以供其员工消费，都不影响这家跨国公司被收录。相比之下，那些产品和服务对象不是消费者的企业则不应该被收录进企业名单中。

180

(2) 金额 A 范围内包括哪些类型的企业？

在经合组织秘书处提案[562]和包容性框架声明[563]提到的三个组成部分

---

[559] OECD Unified Approach, above n 525 at [19] on 7.
[560] Ibid at [19] (see note 7).
[561] Danon and Chand, above n 552 at [10] on 7.
[562] OECD Unified Approach, above n 525 at [15] and [30] on 6 and 9.
[563] OECD/G20 Inclusive Framework on BEPS: Statement by the OECD/G20 Inclusive Framework on BEPS on the Two-Pillar Approach to Address the Tax ChallengesArising from the Digitalisation of the Economy(OECD Publishing, January 2020)("OECD IF 2020").

中，金额 A 是第一个。

金额 A 的提议是对商业数字化带来的税收挑战的主要回应。毫无疑问的是，这也是秘书处和包容性框架所提出的最根本的改变。被视为产生在金额 A 下的收入，可以应对"新的数字化企业不用在客户所在的管辖区成立任何形式的实体机构(脱媒)，也能够成功与其客户(消费者)和用户交互"所带来的挑战。

这种脱媒(去除实体机构或贸易实体)使数字化企业开展其经营活动时，不会因双边税收协定和第 5 条、第 7 条(可能还会根据国内法)下的业务利润而触发常设机构概念下的税收门槛。

最初，金额 A 被认为是来自(或分配到)市场地管辖区的收入的组成部分，在管辖区内，跨国公司没有设立实体机构，而是以远程方式开展"面向消费者的业务"。面向消费者企业是包括高度数字化企业的(例如多方平台)，因此，高度数字化企业是绝对属于"包罗万象"地面对消费者企业范畴。[564]在此之后，细化了金额 A 申报对象的企业范围，将其拆分为"两大类企业"。[565]

5.3.3　金额 A 的范围:高度数字化企业

第一组或第一类的企业是那些"给大型或全球客户、用户提供自动化和标准化数字服务"的企业。[566]诸如此类的高度数字化企业能够在没有或仅有少量本地设施或实体机构的情况下，也可以远程向客户提供他们的服务。如第 2 章所述，这些企业经常使用客户或用户的网络，从与客户或用户的交互中获取巨大价值，同时也受益于用户贡献的数据和内容，以及用户与供应商之间的交互。

作为高度数字化企业，它们提供的服务在标准化的基础上，向多个管辖区的大量客户或用户提供自动化数字服务来产生收入。[567]包容性框

---

[564]　OECD Unified Approach, above n 525 at [15] on 5, 其中说道:"该方法涵盖了高度数字化的商业模式，但范围更广——广泛关注面向消费者的业务，并在业务范围和分拆方面开展进一步的工作。假设采掘业不在范围之内。"

[565]　OECD IF 2020, above n 563 at [17] on 9.

[566]　Ibid at [18].

[567]　Ibid at [21] on 10.

架预计金额 A 将会适用于包括以下非详尽的业务模型列表：

- 线上搜索引擎；

- 社交媒体平台；

- 线上中介平台，包括线上市场的运作，不论其使用者是企业还是消费者；

- 数字内容流；

- 线上游戏；

- 云计算服务；

- 线上广告服务。

包容性框架声明中表示，若要定义自动化数字服务，还需要进一步的工作，特别是在主要与其他企业(B2B 交易)打交道的业务领域以及那些在线交付但涉及高度人工干预和判断的服务领域(如法律、会计、建筑、工程和咨询方面的专业服务)。这些专业服务类的业务不包括在包容性框架的声明构成范围内。

5.3.4 金额 A 的范围：面向消费者企业

第二类范围内的企业，是那些直接或间接向消费者销售产品或服务而产生收入的企业。根据包容性框架 2020 年 1 月的声明，这些"面向消费者企业"已经与上述的高度数字化企业分开了。[68] 面向消费者企业是更加传统的企业，受到数字化的影响和干扰更小。如同几十年以来的那样，这些企业通过物流渠道去生产和销售产品。为了提高它们的业务提供范围，这些企业越来越多地使用到"数字技术来更多地与它们的客户群互动和接触"。[69] 因此，这些面向消费者企业专注于建立和维持与个人客户的关系，通过收集和利用个人客户数据来针对这些客户进行营销和品牌推广。包容性框架声明中强调，此类面向消费者企业中的良好示例，会与它们的客户有着更多的交互，而不是销售互联产品或使用在线

182

---

[68] Ibid at [18]-[19], on 10.
[69] Ibid at [19].

平台作为其销售和营销主要机制。⑤⑩

面向消费者企业的关键方面之一，是销售的商品和服务通常出售给个人消费者供个人使用，而不是出于商业或专业目的。⑤⑪正如之后需要讨论的，当讨论 B2B 交易时，⑤⑫可能包括通过那些提供日常服务的(例如小件组装或包装)第三方经销商或中间商向最终消费者销售消费品的企业。相较之下，那些销售成品中的组件或中间产品给消费者的企业，将不被包括在面向消费者企业的范围内。

面向消费者企业的定义预计将纳入以下非详尽的业务列表：

- 个人计算产品(包括软件、家用电器、移动手机等)；
- 衣服、洗漱用品、化妆品、奢侈品；
- 品牌食品和点心；
- 特许经营模式，例如涉及餐厅和酒店业的许可安排；
- 汽车。

可以看出，以下产生收入的业务将纳入上述业务列表的范围：来自商标消费品的许可权；来自消费品牌的许可，例如在特许经营模式下。⑤⑬

5.3.5 进一步考虑哪些企业会受到影响?

在撰写本书时，尚未最终确定将哪些企业包括在金额 A 的范围内。不过，从许多讨论的文件中可以看出一些迹象。

(1) 可能包括 B2B 交易

如前所述，包容性框架的声明中表示，需要仔细考虑在定义那些与其他企业交易而不是直接面向消费者的商业模式时，是否将其包括在自动化数据服务和面向消费者企业的定义中。⑤⑭

---

⑤⑩ Ibid at [19].
⑤⑪ Ibid at [24]-[29] on 11.
⑤⑫ 参见第 5.3.5 节第(1)点"可能包括 B2B 交易"。
⑤⑬ OECD IF 2020, above n 563 at [27] on 11.
⑤⑭ Ibid at [23] and [25] on 11.

在包容性框架声明之前，秘书处的提案中建议：⑤⑦⑤

> 这些特征可能与任何企业相关，但是它们与以数字化为中心的企业最为相关，这些企业是与用户(这些用户可能是也可能不是它们的主要客户)进行远程交互的，并且可以更加容易地从远程位置进行那些对于其他面向消费者企业也很重要的活动(如客户参与和互动、数据收集和利用、营销和品牌推广)。这将包括那些与用户(这些用户可能是也可能不是它们的主要客户)进行远程交互的高度数字化企业，可能通过数字技术来开拓消费者群体从而像其他企业那样来推销它们的产品。

184

这条建议意图说明，除了"范围内"的 B2C 业务/交易之外，某些 B2B 业务/交易也可能被囊括在内。

这一结论得到了审查金额 A 合理性的评论员的支持。丹农和钱德代表洛桑大学(瑞士)税收政策中心，在其提交的意见中建议(作为对秘书处"统一方法"提案的公众意见的一部分)，人们应该在营销性无形资产提案中隐含的政策合理性基础的背景下考虑一下范围：⑤⑦⑥

> 此外，从企业的角度看，企业的目的应该是为个人消费者创造最终的产品或提供服务。从这个意义上说，不应该区分产品/服务是在企业对消费者(B2C)还是企业对企业(B2B)的背景下销售。需要制定的标准是——企业是在为谁开发产品/服务？

(2) 采掘业及原材料与大宗商品的生产商和销售商

包容性框架的声明中明确指出，采掘业以及原材料和大宗商品的生产商和销售商将不在面向消费者企业的定义范围内。⑤⑦⑦这样做的原因在

---

⑤⑦⑤ OECD Unified Approach, above n 525 at [19] on 7(emphasis added).
⑤⑦⑥ Danon and Chand, above n 552 at [10] on 7.
⑤⑦⑦ OECD IF 2020, above n 563 at [30] on 11.

于：开采一个国家的自然资源所产生的利润所缴纳的税可以被认为是开采公司为获得这些国家资产所支付的价格的一部分，这个价格应该支付给资源所有者。⑤⑱一般而言，采掘品和大宗商品通常是一般商品，其价格由产品的内在属性决定。因此，它们不具备某些具有大量营销性无形资产的面向消费者企业的特征。正因如此，此类采掘和大宗商品的企业可以辩驳说，为其产品支付的部分价格可以归因于市场地管辖区或消费者的需求。一个重要的观察结果证明了这一主张：包容性框架声明的评论中包括，"例如，咖啡生豆的袋子的销售不应该被包括在新征税权的范围内，但是品牌咖啡罐的销售应该被包括在内"。⑤⑲

(3) 范围之外的其他行业和领域

金融服务部门主要是与商业客户打交道的，因此，不在金额 A 计算的范围内，但即使是那些与个人消费者打交道的机构也会受到严格监管(例如，银行和保险公司的许可要求，以及对市场地管辖区内存款和保单持有人的保护)。根据包容性框架的声明，这将确保通常剩余利润主要在当地客户市场实现，因此，没有必要将新规则应用于这些行业。

同样的，国际船舶和飞机的经营长期以来一直受制于向其居住国的(飞机或船舶)经营者征税的做法。包容性框架的观点是，没有必要在这一领域做出改变，因此国际运输将不在金额 A 的范围之内。⑤⑳

(4) 排除在外的有利需求条件

仅仅是因为面向消费者的原因，另一个关键且合乎逻辑的除外事项与范围内的那些企业有关。换言之，这种除外事项不适用于自动化的数字化商业模式。对于面向消费者企业，包容性框架建议：在适当考虑到是否因使用营销性无形资产或是否存在其他因素而在市场上为企业创造价值的情况下，要求范围内的企业进行金额 A 的计算是可取的。

为什么这是可取的呢？对于金额 A 政策的引用是有用的，这是因

---

⑤⑱ Ibid at [30].
⑤⑲ Ibid at [30].
⑤⑳ Ibid at [32] on 12.

为它可以排除市场地管辖区的某些特征或属性，这些特征或属性可能与营销性无形资产无关，因此不在范围内。经合组织秘书处的提案中提供了一个例子，其中明确指出，市场地管辖区的有利需求条件(独立于公司行为的存在——例如，存在受益于成功经济的稳定人口，有足够的经济实力去购买相关产品)不应该被包括在金额 A 计算的企业范围之内。⑱

186

5.3.6 相关门槛

考虑到小型企业不必要的合规成本，也为了将税收规则有针对性地用于经营跨境业务、有盈利的数字化跨国公司，通过计算金额 A 创建的新征税权仅仅适用于满足一定总收入门槛的跨国集团。这可以设定为与BEPS 项目第 13 号行动中逐国(CbC)报告要求相同的水准。这意味着，只有总收入超过 7.5 亿欧元的跨国集团才会受到影响。

也有迹象表明，即使总收入超过 7.5 亿欧元，跨国公司也不一定在规则范围内，除非它正在开展一定(当前尚未指定)级别的范围内活动(例如，一定数量的自动化数字服务和面向消费者的商业活动)。最后，新的征税权下当分配的利润总额没有达到某个最低数额的情况下，可以考虑进行分拆。这有可能将有少量范围内国外收入的大型本土企业排除在外。

5.3.7 联结度规则

金额 A 实际上有两个主要的门槛。如第 5.3.6 节所述，跨国公司的规模有限定门槛，重点是只包括具有显著的范围内(可能有利可图)数字化或面向消费者活动的大型企业。为了清晰起见，可以将此描述为第一个门槛——公司门槛。

第二个门槛则与联结度有关，因为它在市场地管辖区建立了一种新的征税权。正如之前政策部分和企业类型部分(第 5.3.1 节和第 5.3.2 节)所讨论的那样，新征税权的关键是将税收分配给那些发展为"积极和持续地参与市场地管辖区，并不仅仅是为了完成销售，非必要为当地基础设

187

---

⑱　OECD Public Consultation Document, above n 531 at [33] on 12.

施和运营进行投资"的跨国公司。㉜为了做到这一点,包容性框架建议"基于在市场地管辖区进行重大和持续参与的指标"创建一个新的联结度规则。㉝范围内收入的产生是此类重大和持续参与的主要依据,因此,这种联结度将基于市场地管辖区的收入门槛——管辖区门槛。最终的门槛数字还有待协商,但是会根据市场地管辖区的大小而有所不同。

对于自动化数字企业,收入门槛是唯一需要考虑的。这反映了自动化数字企业的本质,即虽然存在很多种因素,但是核心为"商业模式中,与客户或用户积极和持续参与的方式能够产生结果,从而直接为数字业务提供商(例如,多方平台)带来收入"。㉞

对于面向消费者企业,为了建立应税关系还需要一些额外的要求。这是因为包容性框架的声明中承认:如果跨国公司只是将消费品销售到一个市场地管辖区,而没有与市场进行持续互动,那么该项提议将无法建立新的联结度。㉟这排除了上述仅有利的市场需求因素。㊱在进一步的工作中,可能考虑到这些有利的市场需求因素,但它们可能包括(1)跨国公司在市场地管辖区内存在的实体机构或(2)市场地管辖区内的针对性广告。这样做的目的在于,避免跨国公司在没有进入市场或者没有专门针对海外市场的情况下,仅仅进行销售活动。㊲

188

5.3.8 金额 A 的运用举例

根据该提案,新的征税权下,某些企业将使用公式化方法将一部分剩余利润分配给市场地管辖区。本书这一部分将简要说明计算金额 A 的常规(而不是详细)方法。

例如,位于 A 国的公司(A 公司)在 B 国销售某些面向消费者的产品或服务,但它在 B 国没有应税业务。这些业务是通过多方平台实现的一

㉜ Ibid at [15] on 9.
㉝ OECD IF 2020, above n 563 at [36] on 12.
㉞ 作为高度数字化商业模式的一部分,第 2 章还描述了网络效应的力量、数据和无形资产的使用及其他关键特征。
㉟ OECD IF 2020, above n 563 at [39] on 13.
㊱ 参见第 5.3.5 节第(4)点"排除在外的有利需求条件"。
㊲ OECD IF 2020, above n 563 at [39] on 13.

种高度数字化业务。A 公司所属的跨国集团收入为 10 亿欧元，超过了公司的全球营业额(前述的公司门槛——7.5 亿欧元)门槛，以及任何必要的范围内企业营业额门槛。此外，在 B 国的销售额为 1.5 亿欧元，超过了 5 000 万欧元的门槛。5 000 万欧元是一个假定的门槛(前述的管辖区门槛)——在特定管辖区(B 国)的某个最低限额，以参照 B 国管辖区的大小来反映销售的水平。也就是说，较大的国家会有较大的管辖区门槛，而较小的国家则会有相应较小的管辖区门槛。

第一步：确定跨国集团的利润，无论 A 公司的利润如何，金额 A 的计算将从整个跨国公司的集团利润开始。[588]而集团利润可以从根据公认会计准则(GAAP)或国际财务报告准则(IFRS)[589]编制的合并集团财务报表[590]中获得。这类财务报表很容易获得，几乎总是经过审计，并以合理的标准方式编制，以满足报告和监管要求(如在证券交易所上市或一国国内公司的办公要求)。

正如后续的包容性框架声明中所认可的那样，如果范围内的企业活动没有超过一定的盈利水平，则可以从金额 A 的计算中剔除。[591]最初，经合组织秘书处的提案中认可在涉及亏损的情况下，很可能需要为这些亏损拨备结转(在集团亏损先于集团盈利的情况下，被经合组织称为"盈余")或追回(集团亏损在集团盈利之后的情况下)。[592]

虽然会计标准通常要求根据业务部门(例如业务线或区域业务)提出报告，但经合组织秘书处提案中提到，可能有必要进一步要求将跨国公司的业务划分为业务线、区域或市场基础。这样做的原因在于，可以防止因平均业务线而造成的利润与实际情况不符(比如，将低利润零售业务整合到高利润的数字化业务中)。[593]包容性框架声明的后续评论表明，

189

---

[588] OECD Unified Approach, above n 525 at [53], and largely confirmed under theapproach of the Inclusive Framework's Statement in OECD IF 2020, above n 563 at [43].

[589] OECD Unified Approach, above n 525.

[590] OECD IF 2020, above n 563 at [43].

[591] OECD IF 2020, above n 563 at [42] on 13.

[592] Ibid at [51] on 13.

[593] OECD Unified Approach, above n 525 at [53] on 14.

这项工作仍在继续。㊹

　　在这种情况下，让我们假设两件事：第一，只有一条业务线，而且它在范围内；第二，利润率(利润占销售额的百分比)是 20%，因此跨国公司的净利润是 2 亿欧元。

　　第二步：扣除归属于常规职能的利润，采用的方法与传统转让定价规则中对常规职能的剩余利润分割法相一致。㊺这一步中，保留了管辖地对在其管辖范围内发生的日常业务以及实际经营活动征税的权利。同时，也保留了当前国际税收规则中一些现存的要素，即来源地和住所地的管辖区，根据与剩余利润分割法"大致相同"的方法进行征税。㊻

　　上述"大致相同"一词，可由秘书处提案中的内容来解释：从广义上来讲，这些利润将采用与剩余利润分割法相似的办法，作为对常规职能的回报。㊼实际执行过程中，将净利润中的一部分按照一定百分比分配给常规职能，再将剩余的部分分配给非常规职能。通过这种方法，金额 A 仅适用于超过一定盈利水平的利润(常规利润)部分。㊽前述所提到的"一定百分比"，该百分比是一个估值，可能会根据行业的不同而有所不同。例如，金额 A 的数量可以根据不同的数字化程度进行加权(包容性框架声明中称之为"数字差异化")。㊾通过这种简化的方法，旨在"促进新利润分配方法与现行转让定价规则的管理，并减少争议范围"。㊿而不是：(601)

　　　　意在扰乱现行转让定价框架下对实际常规职能所得报酬的实际

㊹　OECD IF 2020, above n 563 at [45] on 14.
㊺　OECD Unified Approach, above n 525 at [54] on 14.
㊻　Ibid at [52] on 13.
㊼　Ibid at [54] on 14.
㊽　OECD IF 2020, above n 563 at [46] on 14.
㊾　Ibid at [46].
㊿　OECD Unified Approach, above n 525 at [52] on 13.
(601)　Ibid at [56] on 14.

分配。相反,简化的目的仅仅是,简化在新征税权下对非常规利润的计算。

使用利润百分比或一定比例的利润,能够达到简化管理的效果。当使用了约定的百分比后,可能会产生更少的争议,这是因为税收管辖区会理解并且事先同意这一分配方法。

假设归属于常规职能的净利润比例为 5%,这也意味着剩余 15% 的利润(总利润为 20%,扣除了 5%)归属于非常规利润。以 A 公司为例,该集团的非常规利润为 1.5 亿欧元。

第三步:将一部分非常规利润归属于市场地管辖区,定义金额 A 的 第三步,是为了确定归属于市场地管辖区的那一部分非常规利润,[602]继而在那些归属于市场的因素中进行分配。包括如前面所讨论的营销性无形资产,例如品牌和客户忠诚度、客户清单、客户数据、与客户关系相关的要素,以及在数字环境中,与用户相关的事项。因此,用户参与、用户贡献、网络效应也可以作为归属于市场的因素。

相较之下,可归属于经营性无形资产、资本、风险等其他因素的非常规性利润部分则不计入金额 A。

为了便于说明,假设在该行业/企业的情况下,非常规利润的市场性/用户部分为 40%。也就是说,该跨国集团业务范围内,归属于各个市场地管辖区的非常规利润为 6 000 万欧元(1.5 亿欧元乘以 40%);60% 的非常规利润(9 000 万欧元)可归属于资本和经营性无形资产等其他因素。

该 40% 的部分,是国际约定下的百分比,不同行业/企业可能有所不同。社交媒体平台等高度数字化的企业可能会从不同的经营活动中产生收入,其中一些可以归属于市场地管辖区(如客户数据和网络的货币化,以及其品牌创造的价值),另一些则归属于非市场、非常规利润(如创新算法和软件)。[603]

---

[602] Ibid at [57] on 15.
[603] Ibid at [57].

第四步：根据归属于市场地管辖区的非常规利润，将视同收入分配给符合资格的管辖区，计算金额 A 的最后一步，根据销售额等因素，将归属于市场地管辖区的非常规利润分配给各个管辖区。[604]

192　　就 A 公司而言，其全球总销售额的 15% 位于 B 国(1.5 亿欧元除以 10 亿欧元)。因此，非常规利润的 15% 归属于 B 国市场地管辖区，即 900 万欧元(6 000 万欧元乘以 15%)是 A 公司[605]在 B 国的视同收入，且需要纳税。

5.3.9　小结

因此，显而易见的是，金额 A 是一种新征税权，对象是"范围内"跨国集团非常规利润或者剩余利润中的一部分。这也意味着，现存的国际税收框架规则(20 世纪 20 年代妥协)将适用于企业在有关国家开展活动时所认定的常规利润。

在全新的"21 世纪 20 年代国际税收妥协"中，关于金额 A 下视同收入方面有几个高度创新的特点。包括：

- 创建了一种归属于市场地管辖区的新征税权，反映出管辖区内某些企业所进行的经营活动(与营销性无形资产和用户群相关)。这与经合组织标准条约中由于"20 世纪 20 年代妥协"而达成的立场(征税权没有延伸到商品和服务销售的市场，而是基本保留在来源地和产品生产国)相比，显然是一个根本的变化。

- 相应的，需要改变联结度要求，以便即使在市场地管辖区内没有任何实体机构存在的情况下，也可以建立新的征税权。这也使对远程销售商品和服务的企业征税成为一种可能。

- 计算金额 A 时，需要先将跨国集团的利润合并。这也是一个有着根本区别的变化，因为原先的国际税收体系是在严格的独立实体会计制度上进行运作的，将跨国集团的全球利润归属于位于特定司法管辖区的特定实体(通常是公司)。

- 使用公司和约定的比例来分配征税权，而不是通过单独计算。例

---

[604]　Ibid at [60] on 15.
[605]　或经确定，A 公司为跨国集团内的任一成员。

如，正如上述所讨论的，在常规利润和非常规利润之间进行分
配，将作为新共识中的一部分而得到逐个行业的同意。这大致类
似于关于常规利润的现有转让定价规则，从这个意义上来说，它
也是在试图维持现有国际转让定价规则的现状。使用约定的比例
是一项创新且有争议的措施，但是如果能够成功实施，则可能会
显著降低企业的国际合规成本，简化税务机关的管理工作，并有
可能建立更好的争议解决机制。

193

- 与上述改革创新建议一致的是，在经合组织于 2019 年 11 月下旬
推动的公众咨询中，参与者的主要印象是，有必要制定一种新的
制度，用于计算、评估和缴纳金额 A 计算中视同收入产生的税
款。⑥⑥有人提到需要"一站式服务"，以便母公司成为执行计算
并向市场地管辖区提供信息的实体机构。这样做将会有几个制度
优势，包括大大减少双重征税的可能性，因为所有的计算都将在
一个地点以一致的方法进行。此外，除了在计算金额 A 时采取统
一协调管辖区的方法外，还有人支持设立一个由独立成员组成的
有约束力的争议小组，以促进争议的解决。如何防止双重征税是
另一个在公众咨询中被提及的需要考虑的点，这是因为将视同收
入分配给市场地管辖区，必然意味着减少了来源地管辖区的收入
或者外国税收抵免。许多评论员呼吁应该修正税基而不是外国税
收抵免，也就是说，应该优先考虑在来源地管辖区对金额 A 的认
定收入进行扣除。

5.4 金额 B：营销和分销的固定回报

包容性框架声明中的第二部分和经合组织秘书处提案也存在着争
议，但原因各不相同。提案中的这部分建议，在市场地管辖区根据基线

---

⑥⑥ 正如在"金额 A 的计算"和"消除双重征税"会议中所讨论的那样(2019 年 11 月
举办于巴黎的秘书处关于支柱一下的"统一方法"提案的公众咨询会议)。

营销和分销职能来设定新的固定回报。金额 B 被视为其中最兼容的部分。这可能来源于 2019 年 3 月在巴黎举办的原始数字经济税收公开会议上，企业提出的实际解决方案，包括强生在内的重要跨国公司都提交了自己的意见文件。[607]

5.4.1 金额 B 的范围

最初关于营销性无形资产的提案中，讨论了高度数字化企业和传统企业的营销和分销职能下的固定回报，因此，金额 A 和金额 B 是合并的。[608]在 2019 年 3 月 3 日，强生公司提交的意见文件中写道：[609]

如果我们将关键目标理解为增加当地市场销售和营销公司的应税利润(包括有市场用户，但是在当地没有实体机构存在的高度数字化公司)，则应该使用公式化的方法而不是纯粹的独立交易标准，以及一个各国和企业都易于实施的解决方案，因此，我们推荐一种以简单方式来针对当地市场盈利能力的解决方案。

经合组织秘书处的提案中，将可归属于高度数字化企业的收入金额(属于金额 A 的)划分出来，并将其归类为一种新的征税权，适用于跨国公司在市场地管辖区没有实体机构存在的情况。与金额 B 相关的部分，适用于更广泛的商业模式(所有分销商)，尤其适用于涉及有限风险分销商的常用模型。

由于似乎没有任何的微量豁免，需要仔细考虑哪些分销商受到金额 B 的影响。因此，受金额 B 影响的跨国公司数量将大大超过受金额 A 影

---

[607] OECD "Public Conference on the Possible Solutions to the Tax Challenges of Digitalisation" (OECD Public Consultation, March 2019).

[608] OECD Public Consultation Document, above n 531 at [30] on 12: 营销性无形资产提案解决了这样一种情况：即跨国公司集团可以远程或通过有限的当地存在(例如 LRD)实质上"进入"一个管辖区，以开发用户/客户群和其他营销性无形资产。

[609] OECD Public Consultation Document, above n 531 at [30] on 12; and Letter from K Amos and L Weingrod(on behalf of Johnson & Johnson) to Tax Policy and Statistics Division, Centre for Tax Policy and Administration, regarding public comments on the possible solutions to the tax challenges of digitalisation(3 March 2019).

响的跨国公司数量。包容性框架的声明中指出，基线分销活动的定义 195
为：很可能包括具有常规职能水平、无无形资产所有权、无风险或风险
有限的分销活动。⑩

5.4.2　关于金额 B 的政策合理性

使用公式的底层逻辑是简化和实用性。固定回报可降低合规成本，
并且提供了确定性：⑪

> 金额 B 中的固定回报，旨在减少因为适用转让定价规则而导致
> 的重要争议。此举的目的是让纳税人和税务机关受益，因为它将降低
> 双重征税的风险，以及由于积极执行现行转让定价规则而产生的巨
> 额合规成本。

包容性框架的后续声明也反映了经合组织秘书处对金额 B 的
看法。⑫

这一提案似乎得到了相当多的商业支持，也证实了政策的合理
性。⑬宝洁公司在它们提交的意见文件中说道：⑭

> 我们认为，金额 B 对于整个项目至关重要，并且一个成功的解 196
> 决方案对所有跨国公司和税务机关(特别是许多发展中国家)会非常
> 有益。金额 B 涉及的转让定价争议是最多的。因此，它对于税收确定
> 性和避免双重征税至关重要。

---

⑩　OECD IF 2020, above n 563 at [61] on 17; 包容性框架文件在同一段落中还提道："通
过基于定性和定量因素的正定条件，以及超出范围的活动和实体清单，可以确定哪些实体
和活动具有资格。"

⑪　OECD Unified Approach, above n 525 at [62] on 15.

⑫　OECD IF 2020, above n 563 at [58] on 16; 他们指出：因此，金额 B 的总体目标是：
实现税务部门转让定价规则管理的更大程度简化，降低纳税人的合规成本；并提高对交易
定价的税收确定性，减少税务机关与纳税人之间的争议。

⑬　K.阿莫斯和 L.温格罗德(代表强生公司)致税收政策和管理中心，税收政策和统计
司的信函，关于对秘书处关于支柱一"统一方法"提案的公众意见(2019 年 11 月 11 日)。

⑭　McDonald, above n 613, executive summary at 2.

有评论人士认为，⑮纳税人最终可能会在金额 B 下缴纳更多税款，以获得更大的确定性并降低争议和双重征税的风险。

5.4.3 金额 B 中视同收入的计算

跨国公司对这一讨论作出了非常积极的贡献。强生公司建议，在金额 B 中计算视同收入的一种方法是，简单地从销售额中提取一个百分比(比如 3%)，然后根据跨国公司特定行业/地区的盈利能力(或其他因素)调整这一金额。⑯另一种方法是，采用与"金额 A"一致的分配和细分方法，来计算"税前收益"的百分比。⑰宝洁公司提出，分销商的利润份额(基于来自不同地区公司转移定价专家的反馈)应在税前利润总额的 15% 至 18% 之间。⑱它们建议，以与强生公司的提议大体一致的方式，根据全球跨国公司的实际盈利能力调整这一数额。

从本质上讲，根据金额 B 计算的收入量是销售或者税前收益的固定回报。经合组织秘书处的提案中建议：⑲

> 虽然在大多数情况下，营销和分销活动以及跨国公司集团进行的其他经营活动之间的区别是很清楚的，但也会存在一些边界问题。因此，需要对有资格获得固定回报的经营活动进行明确的定义。固定回报的数量可以通过多种方法来确定，包括：(1)单一的固定百分比；(2)按行业或地区而异的固定百分比；(3)其他约定的方法。

197

5.4.4 小结

经合组织秘书处的提案中建议，使用这种比较简单的公式化方法，

---

⑮　Such as T McDonald(on behalf of the Procter & Gamble Company) "Fixed Remunerations (Amount B)" (Public Consultation Meeting on the Secretariat Proposal for a "Unified Approach" Under Pillar One, Paris, November 2019).

⑯　OECD "Public Conference on the Possible Solutions to the Tax Challenges of Digitalisation" (OECD Public Consultation, March 2019); and Amos and Weingrod, above n 613.

⑰　McDonald, above n 613 at 12.

⑱　Ibid at 12.

⑲　OECD Unified Approach, above n 525 at [63] on 15, 16.

虽然仍与独立交易原则和《经合组织标准条约》中第 7 条规定的现有利润计算方法一致，但可以克服由此带来的冲突。[620]金额 A 和金额 B 产生的冲突是有差异的。对于前者而言，这是对"远程高度数字化经营活动免税"造成的巨大冲击；对于后者而言，冲突涉及了转让定价的不精确以及由此产生的争议。

应用现有规则的成本及其复杂性，已导致了巨大的改革压力(特别是对发展中国家而言)，以使得该制度能够在 21 世纪更加适用。例如，在 2019 年 11 月下旬于巴黎举行的公开会议上指出，在包容性框架约 135 个成员国中，有 70 或 80 个国家没有转让定价方面的经济学家，或者没有访问转让定价数据库的权限。[621]因此，当如此庞大的一个国家集团正在寻找一种更务实的解决方案，同时对现行制度表示不满，这一点也不奇怪。

经合组织将这一实际问题总结如下：[622]

> 此外，人们似乎一致认为，独立交易原则正日益成为复杂性的来源，为了遏制试图应用该原则而增加的管理和合规成本，将其简化是可取的。因此，一个"可管理"的解决方案是至关重要的，特别是对新兴和发展中国家而言。一个简单的制度将降低争议的风险，而这些争议目前危及国际税收体系的凝聚力。

这些拟定的改革可视为经合组织关于某些类型纳税人的安全港工作的进一步发展。例如，在《经合组织转让定价指南》[623]中，对使用安全港的优点进行了大量讨论，《指南》指出，大多 1995 年最初的反馈对这种做法持否定态度。[624]随着时间的推移，似乎越来越多的人认为，使用

198

---

[620] Ibid at [18] on 6.
[621] McDonald, above n 613.
[622] Ibid at [17] on 6.
[623] OECD Transfer Pricing Guidelines for Multinational Enterprises and Tax Administration (OECD Publishing, July 2017).
[624] Ibid at [4.96] on 204.

安全港能够为符合条件的纳税人提供简化和降低合规成本的重大机会(而不是带来不适当的风险),使这些纳税人确信他们的税收地位将被税务机关接受,并允许税务机关将其行政资源从风险较低的交易转向更复杂或风险更高的交易。⑥㉕

5.5　金额 C：补充条款

金额 C 是"统一方法"的最后一个组成部分,当应用金额 B 脱离了独立交易原则时,可以通过金额 C 来修正结果。经合组织对于如何应用金额 C 的描述如下：⑥㉖

> 64. 纳税人和税务机关将有权主张发生在市场地管辖区的营销和分销活动是否超出了"基线"活动,双方亦有权主张跨国集团或公司是否有权在该市场地管辖区内从事与营销和分销无关的其他商业活动,从而确保有超出金额 B 固定回报的利润可被征税。

5.5.1　金额 C 的范围

金额 C 与金额 B 的范围相同,均适用于履行有限风险分销商职能的一类实体机构。基本上,金额 C 旨在适用于当企业在市场地管辖区内的活动超出了本地实体机构的假定"基线"活动(受上述金额 B(ii)所规定的固定回报的影响)时,该市场地管辖区寻求根据现行转让定价规则对额外活动产生的额外利润征税的情况⑥㉗。

有趣的是,经合组织秘书处的提案中只将金额 C 考虑为正数。这一现象的意义在于,只有税务机关有权声称需要去调整金额 B,以在金额

㉕　Ibid at [4.105], [4.108] and [4.109] on 206-207.

㉖　OECD Unified Approach, above n 523 at [64] on 16.

㉗　Ibid at [30] on 9.

C下建立独立交易金额。换言之，提案中没有讨论纳税人该如何证明其营销和分销活动低于金额 B 预设的基线，因此，在金额 C 的调整下，金额 B 是减少的。⑱

因此，金额 C 的作用是"补充"当纳税人的活动超过"基线"水平，税务机关声称其在来源地管辖区的回报在金额 B 下不足的情况。这必然会导致存在争议的可能(这也是金额 C 受到重要关注的一方面)，经合组织建议：市场地管辖区和纳税人对提案中任何要素之间的任何争议，都应该受到具有法律约束力的有效争议预防和解决机制的约束。⑲

5.5.2 金额 C 的政策合理性

金额 C 的政策合理性遵循了独立交易原则。从这个意义上来说，金额 C 也被视为提案中所有改革中争议最小的。金额 C 的有效作用是，确保跨国公司在市场地管辖区内的营销和分销活动超出金额 B 所预设的固定回报时，不存在低税现象。金额 C 的一个主要政策问题是，它"解除"了金额 B 的确定性。⑳

5.5.3 金额 C 中的收入计算

200

外国跨国公司的分销商(在市场管辖区注册成立的公司)，在金额 B 下的视同收入是 100 万欧元。该分销商履行的职能是实质性的(并且超出了制定金额 B 中约定的固定数额时，所考虑的职能)。根据市场所在国税务机关的分析，独立交易的利润数额是 200 万欧元。因此，经过评估后的金额 C 收入为 100 万欧元(独立交易的 200 万欧元减去金额 B 的 100 万欧元)。

---

⑱　Ibid at [64] on 16; 经合组织公共咨询文件，第 9 章第 30 页，同前注⑳，提道："这将包括那些市场管辖范围内的职能多于参考当地实体的假设基线活动(即受限于上述金额 B 中的固定回报)，并且该管辖区寻求根据现有的转让定价规则对这些额外功能的额外利润征税。"

⑲　OECD Unified Approach, above n 523 at [30] on 9.

⑳　G Perez-Navarro "Conclusion", Public Consultation Meeting on the Secretariat Proposal for a "Unified Approach" Under Pillar One, Paris, November 2019).

5.6 争议的预防和解决

5.6.1 金额 A

为了达到预防和解决争议的最终目标，经合组织秘书处的提案中讨论了新规则的必要性，以规定：预防和解决争议，包括强制性的、有效的预防和解决争议机制，将确保消除长期争议和双重征税。[631]经合组织秘书处听取了 2019 年 11 月在巴黎举行的公开会议上关于强制性仲裁的意见，并表示：尽管有一定约束力的争议解决方案，但是他们仍然在努力寻求约束仲裁之外的方法。[632]

包容性框架声明中针对这一新的争议预防和解决框架确定了某些基本要求。[633]包括：(1)确保纳税人和税务机关的确定性；(2)借鉴现有的多边程序模式；(3)考虑到国内法律限制；(4)确保发达国家和发展中国家都享有包容和公平的程序。包容性框架正在考虑具有创新性和包容性的程序，以发展全新的增强型争议解决程序，作为"支柱一"的一个关键组成部分。

初步考虑如下：[634]

- 需要设计清晰和简单的规则。"21 世纪 20 年代妥协"中提出的新方法采用的是公式来分配征税权，而不依赖于独立交易原则。这能够降低争议发生的风险，但不能完全消除争议。
- 必须允许税务机关评估和审计跨国公司对金额 A 的计算和分配。两个管辖区之间关于金额 A 的争议将对其他管辖区产生影响(因为征税权的分配基于一个公式，该公式中金额 A 的计算扩展到多个管辖区)。如果试图使用现有的双边体系来解决分歧，那么就必

201

---

[631] OECD Unified Approach, above n 525 at [64] on 16.
[632] Perez-Navarro, above n 630.
[633] OECD IF 2020, above n 563 at [65] on 17.
[634] Ibid at [65]-[82] on 17-19.

须要有多个相互协商的过程，而包容性框架认为这是"不协调、低效和冗长"的。㊞

- 这一新程序旨在进行税务评估之前提供初步的确定性，以避免争议的出现。而这一目的是为了确定计算金额 A 时的所有要素。包括：跨国公司是否在范围内、业务线的划分、核心成本和税收损失对业务线的分配、在某一特定管辖区是否存在联结度，以及为消除双重征税而确定豁免管辖区。㊞

- 建议探索创新的方法以避免争议发生的可能性，特别是需要关注金额 A 的早期税收确定性。一种可行的方法是建立由适当的包容性框架成员组成的代表小组，并具有透明、包容的计算和解决争议的程序。目前正在讨论的是向资源有限的税务机关提供专家评论和援助的可能性。

- 使用标准化管理(资料报告、报税及征税)以确保实施该程序的一致性，并将管理成本降至最低。

- 关于具有约束力协议的问题。如果上述程序未能阻止争议，则应该商定一种合适的、具有约束力的强制性争议解决机制。

5.6.2　金额 B 和金额 C

202

金额 B 的目标是减少争议，增加纳税人和管理人员的确定性。尽管如此，金额 B 和金额 C 的政策目标之间还是存在明显的冲突。问题在于：如何应对这些不同的目标？理想的解决方案是：在保留金额 B 的纳税人确定性和行政便利的同时，防止市场地管辖区内明显"低税"现象的泛滥(由于实际活动明显高于金额 B 所预设的基线营销和分销职能)。

这里有两种可行的解决方案。其一是，保持金额 B 相对简单，并通过增加金额 C 的使用来应对由于更复杂的行业或决定将营销和分销职能分散到当地市场实体的跨国公司而造成的复杂情况。这可能是一个很

㊞　Ibid at [68] on 18.
㊞　Ibid at [70] on 18.

好的解决方法，但是将会产生一个聚焦在如何定义常规营销和分销活动方面的宏大税务规划。宝洁公司的一项建议是，仔细梳理金额 B 下涉及的职能列表，从而："金额 C 应适用于市场职能超过常规营销和分销职能列表的情况。"[637]

其二是，在拟定金额 B 时，从概念上更加明确各个职能的不同。如果通过金额 B 达成的多边协议来处理一系列不同的情况，从而明确认识到"一刀切不能适用于所有情况"，那么金额 B 可能会处理行业类型的变化或者分权决策。例如，宝洁公司提交的另一项建议中说道：[638]在医疗器械或制药行业，若要成为一名合格的分销商，需要管理专业知识和医疗培训，这也通常要求更高的分销商回报。如果金额 B 为医疗器械或制药行业的分销商提供了更多的职能，从而提高了盈利能力，那么金额 C 中的独立交易金额可能会受到很大限制。这与 2019 年 11 月下旬在巴黎举行的经合组织公开会议上许多评论员的观点一致，他们主张不需要(或广泛使用)金额 C。

无论是在金额 B 中以更加规范但公式化的方式处理不同行业和不同商业模式的复杂性，还是金额 C 中通过独立交易标准调整不同的事实和情况，都会有影响从而有可能发生税收争议。

可以说，金额 B 越能精确、充分处理不同的情况，就越能避免争议的出现。如果金额 B 下确定的金额不适当，而金额 C 下的调整是常见的，那么：

- 纳税人将面临更大的不确定性，并可能因与金额 C 下的收入金额有关的争议而产生支出和引起诉讼。

- 不同管辖区的不同税务机关将不得不投入资源，不仅要用于对金额 C 的评估以及抗辩，还要用于在金额 C 方面有类似要求的其他管辖区作出的调整。

- 这导致了与其他管辖区双重征税(双重管辖区征税)的可能性，因

---

[637] McDonald, above n 613 at 3.
[638] Ibid at 13.

为金额 C 下的收入金额可能已经由来源地或其他管辖区评估(这是由于金额 C 有关的争议下延迟评估导致的双重征税)。其结果是造成解决多重争议的成本不断增加。

- 在新框架下依然有可能出现双重征税(同一管辖区双重征税)的可能性,这是因为已经包含在金额 A 中的金额,可以通过金额 C 的独立交易金额再一次进行评估。经合组织秘书处的提案中也确定了这一点: ⑥㊴

> 关于金额 C,同样重要的是确保金额 A 下的利润不能(无论是全部还是部分)在市场地管辖区内被重复计算,例如,基于以下论点:金额 A 下的全部或部分利润在某种程度上也与金额 C 奖励的市场地管辖区内的职能活动有关。

包容性框架声明中建议,可以采用上述关于金额 A 的一些创新方法,以确保加强金额 B 转让定价和常设机构争议的争议解决机制。⑥㊵ 如果税务机关对金额 B 下的常规"基线"营销和分销活动提出质疑,认为应该在金额 C 下收取额外的费用,那么将需要一个新的争议解决程序。尽管这种争议解决机制是一个备选方案(主管部门应该根据双方协商的程序及时解决争议),但包容性框架表明,可以在国内制定具体的加强措施,以提高税收确定性和争议解决能力。具体而言,对于金额 C:⑥㊶

- 管辖区可以探讨限制调整金额 C 的时间;
- 与金额 C 相关的任何争议期间,可以限制或暂停征税(根据协商的条件)。

204

---

⑥㊴　OECD Unified Approach, above n 525 at [65], on 16.
⑥㊵　OECD IF 2020, above n 563 at [76]-[82] on 18-19.
⑥㊶　Ibid at [82] on 19.

5.7 支柱二：全球反税基侵蚀提案

5.7.1 重新审视利润转移问题

2019 年 5 月 28—29 日在 BEPS 包容性框架的会议上被采纳[642]的经合组织工作计划支柱二，[643]专注于未解决的税基侵蚀和利润转移(BEPS)问题。[644]即使在 BEPS 项目提出全面改革后，包容性框架成员仍希望进一步应对利润向无税或极低税实体转移的持续风险。因此，在包容性框架通过的政策报告中，达成了以下协议：在"无偏见"征税权的基础上，探索在其他提供较低实际税率、有征税权的管辖区的情况下，加强该管辖区对利润征税的能力。[645]政策报告还强调，与快速增长的数字化经济(在第 3 章中讨论)有关的税收问题不仅仅是住所地和来源地之间的税收权利分配问题。虽然这是支柱一的关注要点，但它也延伸到了"更大的格局"，[646]即跨国公司一直在合法安排它们的事务，以利用免税或极低税的优势。在支柱二下，利润转移的持续风险通过两条相互关联的新规则来应对，这两条规则是"当其他管辖区没有行使它们基本的征税权或对外支付需要缴纳较低水平的有效税款时，为该管辖区提供了'退税'的权利"。[647]这两个新规则是收入纳入规则和税基侵蚀支付规则。

5.7.2 新支柱二规则的政策合理性

该政策本质上是反避税，尤其侧重于防止利润转移。包容性框架的成员(或至少一部分成员——在工作计划中被称为"某些成员"[648])认为，

---

[642]　随后于 2019 年 6 月在日本举行的 G20 财长和领导人会议上获得批准。

[643]　OECD Programme of Work, above n 528.

[644]　OECD/G20 Base Erosion and Profit Shifting Project: Addressing the Tax Challenges of the Digitalisation of the Economy—Policy Note(OECD Publishing, January 2019) at [1.2] on 1 ("OECD Policy Note").

[645]　Ibid at [1.2] on 1.

[646]　Ibid at [1.2].

[647]　OECD Programme of Work, above n 528 at [7] 6.

[648]　OECD Programme of Work, above n 527 at [53], on 25.

利润转移是通过使用无形资产以及更基本的方式(如资本结构和集团内部融资)发生的。虽然利用无形资产转移利润在数字化经济中是特别普遍的,但是在其他资本和融资活动中却没有受到限制,而且扩展到了所有跨国公司中。

因此,新规则旨在保护全世界各地企业的所得税税基,并限制各国相互竞争。这是因为考虑到以下情况:[649]

> 为了吸纳更多的税基和保护现有税基,可能存在不平等的单边行动风险,这将对所有国家(无论大小,发达国家、还是发展中国家)以及纳税人都产生不利后果。同时,需要全球行动来阻止具有伤害性的竞次,否则,就有将税收转移到流动性较低的基础公共物品(包括劳动力和消费品)上的风险,这实际上损害了各国及其民选立法者的税收主权。

显然,经合组织/G20 包容性框架关注所有类型经济体中企业的所得 206
税税基侵蚀问题,但是它们更加关注的是,在发展中国家越来越普遍的税收优惠类型是不可取的。它们不仅没有实现吸引投资的目标,[650]而且放弃的税收支出收入将会减少"用于基础设施、公共服务或社会支持的公共支出"的机会。[651]包容性框架指出,有证据表明,发展中国家的政府经常迫于企业压力而提供此类税收优惠政策。[652]

因此,支柱二的提案可以"有效保护发展中国家免受提供低效激励措施的压力,并确保它们能够有效地对在其国家进行的投资征税,从而帮助它们更好地调动国内资源"。[653]

---

[649] Ibid at [54] on 25.
[650] Ibid at note 7; and IMF, OECD, UN and World Bank Options for Low Income Countries' Effective and Efficient Use of Tax Incentives for Investment(International Monetary Fund, October 2015) at 11-12.
[651] OECD Programme of Work, above n 528 at [54].
[652] IMF, OECD, UN and World Bank, above n 650 at 35-6.
[653] OECD Programme of Work, above n 528 at [54] on 26.

因而，政策的合理性有两个方面。其一，如前述的那样，新规则旨在限制各国提供税收优惠或其他形式的税收竞争的机会，以防止"直接课税对投资和商业选址决策的扭曲影响"。[654]其二，这些规则作为支柱一提案的补充，确保这些提案下的利润以适当的税率入账。也就是说，例如，在支柱一金额 A 下重新设计了新的征税权，收入不会通过使用利润转移技术(比如使用知识产权而支付的款项)转移到另一个低税收的管辖区。

支柱二下的提案考虑了对所有国际经营企业实行最低纳税额。从这个意义上说，如同支柱一一样，这些提案的概念比最初的第一行动方案(该方案更专注于数字化经济)更广泛。尽管数字化带来的挑战是广泛的，而且人们普遍认为，可能无法隔绝业务的数字化那一面，但是它已经延伸到整个经济。支柱二的提案不仅仅超出了数字化业务的范畴，还在转让定价、知识产权的使用、住宅课税和税收竞争等领域都面临着国际税收框架规则的挑战。

5.7.3　收入纳入规则

(1) 规则的范围

收入纳入规则扩大了以住所地为基础的征税范围，因此，在来源地实际税率低于最低税率的情况下，外国分支机构或受控实体的收入应纳税。

从广义上来说，收入纳入规则将作为一种最低限度的税收。预计它将以与管辖区的受控外国公司(CFC)规则类似但补充的方式运作。外国公司的股东如果没有受到高于最低税率的有效税率的约束，则需要"补充"相关外国公司潜在利润的应纳税额份额。

收入纳入规则的作用是确保跨国集团的收入以最低税率纳税，从而减少集团出于税收原因将利润分配给低税实体的情况。因此，根据支柱二公众咨询文件：[655]

---

[654]　Ibid at [54] on 26.
[655]　OECD GloBE, above n 547 at [11] on 29.

收入纳入规则将起到有效保护母公司管辖区以及集团运营的其他管辖区税基的作用,这是因为,它将降低实施集团内部融资(如大幅资本化,或其他计划的结构)的动机,将利润转移到那些实际税率低于最低税率的集团实体。

(2) 运用方法

该提案考虑了一个最低税率,无论跨国公司总部的管辖区如何,一律适用。[656]有迹象表明,人们更倾向于采用固定税率,而不是母公司管辖区的企业所得税税率的百分比。使用母公司管辖区税率的百分比会导致"由于包容性框架成员之间的企业所得税税率存在显著差异,而造成一个更加复杂和不透明的国际框架"。[657]税率的激增可能会使该规则与征税不足支付规则难以协调,从而显著增加双重征税的风险。除了清晰明了和能与其他规则相互协调外,使用固定税率还具有管理和合规成本的益处。[658]包容性框架声明指出"收入纳入规则将作为以固定百分比计算最低税率的补充"。[659]

例如一个高级的例子,[660]假设一家母公司(税率为 25%)在当地管辖区内经营一家企业,而该管辖区内有实质性的激励机制(不符合 BEPS 第5 行动方案中关于有害税收行为的部分),这也意味着其享受着较低的税率。收入纳入规则可以通过以下步骤运作:

第一,采用相关会计准则并根据约定的变化进行调整,以反映税务和财务会计规则之间通常的时间性和永久性差异,并与常规 CFC 规则

---

[656] Ibid at [12] on 30;经合组织秘书处的提案建议考虑这种一揽子最低税率的例外情况:即,如果对收入征税低于最低税率而受益于一种有害的优惠制度,则税率可以是最低税率中的较高者或全额国内税率(如果高于最低税率)。

[657] Ibid at [14] on 30.

[658] Ibid at [18] on 30.

[659] OECD IF 2020, above n 563, Annex 2 at [9] on 28.

[660] 经合组织全球反税基侵蚀提案(GloBE),同前注[540];经合组织工作方案,同前注[529],说明了这些计算的巨大复杂可能性。除此以外,将包括调整应税基础:即调整适用于股东所在的管辖区的规则以降低合规成本,以期使用财务会计规则作为确定净收入的基础(调整损失,确认收入和费用的时间),豁免和分拆,混合高税、低税收入的选择,以及与分层所有权相关的规则。

197

相一致(换句话说,税基是参照适用于股东所在管辖区的规则确定的)。假设当地实体机构的收入是 100 万欧元。

第二,将调整后的利润乘以约定的标准化国际税率(假设为 15%,因此最低税额为 15 万欧元)。

第三,扣除在当地管辖区实际缴纳的企业所得税(在这种情况下,假设为 0),因此根据收入纳入规则,将要求母公司在其管辖区缴纳 15 万欧元的税款。

以上述简化的方式去表达,其概念是简单明了的,但是实际计算过程并不是那么简单。[661]任何建议、遵守或撰写 CFC 规则的人都清楚,在试图确定一个适用固定税率的合理税基时总是存在许多问题。例如,适用计算方法的当地管辖区在确认支出或折旧方面可能有不同的亏损结转规则或时间规则。这些差异不仅导致显著的合规成本,而且更令人担忧的是,它们可能"导致这样一种情况,由于母公司和子公司管辖区计算税基的技术和结构方面的差异,一个原本税负很高的子公司被认为有较低的实际税率,而这些与 GloBE 提案下的政策驱动无关"。[662]

在可能的情况下,可以通过法律、监管和相关会计准则编制的财务账目来简化计算。包容性框架在使用财务账目方面做了大量工作,审查了不同的机制,以解决税务和财务会计之间的临时(时间)差异。其目的是为了"限制对永久性差异的调整,以降低复杂性和合规成本,为纳税人和税务机关带来益处"。[663]

为了实现子公司和分支机构之间的均等性,收入纳入规则需要适用于外国分支机构。许多管辖区会直接豁免外国分支机构的税,而不是提供外国税收抵免。收入纳入规则可以通过转化规则来实施,在收入适用较低有效税率的情况下取消免税并实施税收抵免机制。目前正在结合收入纳入规则制定一个简单的转换规则(以确保范围的一致性)。[664]

---

[661] OECD GloBE, above n 547 at [19]-[24] on 30-33.

[662] Ibid at [19] on 31.

[663] OECD IF 2020, above n 563, Annex 2 at [10] on 28.

[664] Ibid, Annex 2 at [15] on 29.

5.7.4 税基侵蚀支付课税规则 210

(1) 规则的范围

税基侵蚀支付课税规则是拟定的第二个规则。总的来说，运用这些类型的规则旨在降低从一个管辖区向另一个在低税率管辖区的关联方支付免税扣除款项的风险。此类规则的现有示例包含在许多涉及资本弱化、利息分配和收益剥离制度的国内规则中，所有这些规则都旨在限制支付实体管辖范围内允许作为费用的利息收入金额。

这包括了两个方面：

● 征税不足支付规则。该规则适用于，如果关联方支付适用税率低于最低水平，则来源国可以不予扣除或征收来源税(包括预提税)。

● 应予课税规则。该规则适用于，只有在收入项目以最低税率征税时才具有给予协定优惠的税收协定。虽然该规则将适用于关联方，当经合组织秘书处提案中还考虑探索其在经合组织标准公约第 11 条和第 12 条(利息和特权使用费)的范围内适用于向非关联方支付款项。[665]

(2) 运用方法

一家跨国公司向其位于低税/免税管辖区的子公司支付了 100 万欧元的费用，以获得使用某些知识产权的权利。在母公司和子公司所处管辖区之间，存在着双边税收协定。其规定了零预提税，并没有给予来源国征税的权利。根据母公司所在国家的国内法，特许权使用费的预提税通常为 15%。

根据征税不足支付规则，确定该支付是"征税不足"的。在该规则下，将拒绝扣除 100 万欧元的支付款。除了适用征税不足支付规则外，还可以适用应予课税规则，否认根据母/子公司所在国双重征税协议根 211 据第 12 条对特许权使用费征税的限制。根据母公司管辖区的国内法律，将需要按 15% 的税率(或 15 万欧元)预提税款。

---

[665] OECD GloBE, above n 547 at [29] on 34.

(3) 其他事项

在包容性框架的支持下，还有其他与协调、简化和符合国际义务(如不歧视)有关的事项。[666]在使用门槛(例如 7.5 亿欧元的收入门槛)和限制支柱二规则的应用方面也存在一些重要的事项。

5.8 总　　结

本章研究了制定新的国际税收框架共识的工作方案的原因和背后的政策。然后讨论了这些改革的大致方向。下一章将着眼于 21 世纪 20 年代提议的折衷方案的关键特征，并试图评估这些改革是否能够应对现有税收框架带来的挑战，这些挑战是由数字时代商业经营方式的变化造成的。

经合组织税收政策和统计司司长大卫·布拉德伯里(David Bradbury)[667]将经合组织的工作可能导致的变化描述为"适度但重要的"。他没有进一步详细说明哪些因素是"适度的"，哪些是"重要的"。在一些提议的调整中涉及的金额很可能相对较小，这也符合商界的一些期望。宝洁公司副总裁、全球税务财务与审计执行官蒂姆·麦克唐纳(Tim McDonald)表达了这一期望，以及接受这些改革的强烈愿望(如果这些改革与 2019 年 11 月公开会议之前的提案大体一致)。在宝洁公司提交的建议中，他说道：[668]

212

　　　　如果能够达成共识的解决方案(如上所述)，我们预计宝洁的全球所得税负债将会增加。但是，我们(并且我们相信大多数其他跨国

---

[666]　OECD IF 2020, above n 563, Annex 2 at [20] on 30.

[667]　D Bradbury, Head of the Tax Policy and Statistics Division, Centre for Tax Policy and Administration "Keynote Presentation—Tax and the Digital Global Economy—Issuesfor the Region and Globally" (International Fiscal Association Conference, Melbourne, June 2019).

[668]　McDonald, above n 613 at 3.

公司)愿意支付少量的增量所得税,以换取更易于管理、经济合理、稳定的税收制度,从而最大限度地减少因税收争议和未解决的同一收入多重征税问题而造成的成本和精力。

即使涉及的税额相对较少,但是由于其性质,任何人都不应该低估拟议改革的重要性。拟议改革背后的原则和理由无疑是"重要的",并以当前讨论的方式代表了国际税收体系的根本改革。

作为 G20/包容性框架工作的一部分,经合组织提交了关于支柱一和支柱二对全球税收总体影响的经济分析和影响评估的最新报告。[669]在支柱一和支柱二的综合影响下,预计能够带来约 1 000 亿美元的全球净收益(全球企业所得税的 4%),这将以大致相似的方式分享给高、中、低收入经济体。对于高收入和中收入经济体来说,这些预期收入中增长的大部分将来自支柱二计划的贡献。[670]如果这些计算结果被证明是准确的,那么说它们是适度的收入可能是一种保守的说法。

---

[669] OECD "Update on Economic Analysis and Impact Assessment"(webcast, 13 February 2020) OECD ⟨www.oecd.org.⟩.

[670] Ibid at slide 20.

6. 审查多边改革的提案

6.1 21世纪20年代妥协能否解决数字经济对国际税收框架的挑战?

6.1.1 概述

如前一章所述,经合组织秘书处在"双支柱"工作方案下准备了提案,旨在达成21世纪20年代妥协并制定新的国际税收框架。[671]鉴于日渐增长的高度数字化商业模式所带来的税收挑战,本章将审查和批判经合组织秘书处的提案。

6.1.2 比数字化更加广泛

首先要指出的是,经合组织在其税收改革提案中已经正确采取了相当广泛的方法。这不仅仅是经合组织秘书处试图处理数字化后果和税收制度本身所面临挑战的一个案例。如前所述的那样,不可能离开数字化经济。[672]

企业已经使用了不同程度的技术,但是利用高度数字化商业模式的趋势正越来越大。这方面有许多的例子,这里以航空公司开展业务的方

---

[671] OECD Programme of Work to Develop a Consensus Solution to the Tax Challenges Arising from the Digitalisation of the Economy(OECD, May 2019)("OECD Programme of Work"); and OECD Tax Challenges Arising from Digitalisation—Interim Report 2018: Inclusive Framework on BEPS (OECD Publishing, 2018). See also OECD Statement by the OECD/G20 Inclusive Framework on BEPS on the Two-Pillar Approach to Address the Tax Challenges Arising from the Digitalisation of the Economy(OECD, January 2020).

[672] 参见第2.1.1节第(2)点"将数字经济与其他经济区分开来的困难"。

式为例。航空公司提供了经典的客运服务，即运载乘客。至少在现阶段，该服务不是远程数字化的。然而，它们的预订服务，连同票务、登机牌、定价、行李和忠诚计划，都采用了高度数字化的功能。航空公司还可以使用多边平台，让你可以预订其他服务，例如酒店住宿、租车、停车和出租车，这些服务都不是由它们直接提供的。这是现代企业整合传统服务和多边平台的一个很好的例子，可以在没有实体存在的情况下实现远程销售和创收。令多边平台一侧的客户(预订机票的乘客)连接到平台另一侧的服务或商品供应商(酒店住宿供应商)的可能性将不会受到限制。

214

因此，拟提议的改革比应对纯粹的数字化挑战更加广泛。经合组织代表包容性框架正在就更适合 21 世纪的税收制度提出建议。

为什么需要在支柱一金额 B 下，为有限风险分销商提议一个任意的固定利率百分比作为回报？ 这不是对高度数字化企业的回应。答案不是因为数字化经济带来的挑战，而是其他原因，例如行政合规、降低成本、提高确定性以及预防和解决争议。因此，虽然高度数字化企业很可能是这些变化的主要原因，但它们并不是提案中建议的"多元化"变化的唯一理由。

6.1.3 前进方向

20 世纪 20 年代之前的国际税收共识一直非常稳定，这与希腊哲学家赫拉克利特(Heraclitus)的观点——"变化是生活中唯一不变的"——是相悖的。鉴于商业领域的巨大变化，从新兴税收政策和原则的意义上讲，21 世纪 20 年代的税收改革可能是关于"前进方向"的，并且随着技术的新发展以及随之而来发生的商业模式变化，将会带来进一步的重大变革。正如将在第 8 章中讨论的那样，这些改革的发展方向明显趋于向目的地征税：在目的地征税而不是在原产地征税。

因此，本章不仅力求确定如何应对数字经济带来的挑战，还力求确定工作方案和"双支柱"相关的提案中其他发生重大变革的领域。

215

6.1.4 采用的分析方法

在本书的前面部分，我们讨论了高度数字化的企业是如何运作的，

以及在它们的商业模式中采用了哪些独特的特征。⑥因此,下述重大改变被确定是由于商业模式的发展而产生的:⑥

(1) "逐渐消没的对企业利润课税的能力"(第 3.2 节);

(2) "数据使用、用户贡献,以及对其价值的衡量"(第 3.3 节);

(3) "对知识产权的依赖和知识产权的可流动性"(第 3.4 节);

(4) "交易和收入的特征化"(第 3.5 节);

(5) "特定跨国企业及其交易中转移定价的失效"(第 3.6 节);

(6) "基于所在地征税的不足之处"(第 3.7 节);

(7) "国家之间的竞争"(第 3.8 节)。

现在,将根据工作方案去审查每一项挑战。这将确定哪些提案旨在解决特定的挑战,以及何种情况下,提案会比确定的挑战"走得更远"。例如,我们可以看到支柱一中的提案解决了一些问题,比如因缺乏实体机构而无法对企业利润征税(以及 21 世纪时常设机构规则的不足)。此外,支柱一的提案还讨论了用户如何通过构建内容、参与网络效应、验证和审查工作以及贡献他们的数据,来成为商业模式中重要且不可分割的一部分。

支柱一的提案试图解决前两个重大挑战(上述的第 1 项和第 2 项),也有助于解决其他两个挑战,即"交易和收入的特征化",以及"一定程度上转让定价的失败",但仍然有许多挑战是支柱一没有解决的,不过,可以通过支柱二来解决。将提议的解决方案叠加在挑战之上,可以向我们展示哪些提案正在解决哪些领域的问题,以及任何可能的遗漏。

6.2 处理逐渐消没的对企业利润课税的能力

6.2.1 挑战:与应税实体的关系

处理消没的对企业利润征税的能力,是一个复杂的挑战。它可以分

---

⑥ 参见第 2.2.2 节"新的商业模式"。
⑥ 详细参见第 3 章对主要挑战的描述。

为两个组成部分。第一个组成部分是联结度或者征税权。如果在某个管辖区没有应税存在,那么根据现有规则,则不用征税。第二个组成部分涉及收入分配。即使克服了第一个挑战,一个公平的收入分配方法也很重要,这样来源地或市场地管辖区才能获得合理的分配收入。

20 世纪 20 年代妥协是部分基于常设机构概念的,该概念起源于欧洲大陆,但是被 1925 年和 1927 年的技术专家报告采纳。⑥⑦⑤普遍的观点是,常设机构的定义没有跟上技术的发展,也就是说,19 世纪的概念已经不适用于 21 世纪。⑥⑦⑥

国际税收体系面临的挑战是,数字化允许远程开展业务活动,使跨国公司能够在管辖区内以合理全面的方式运营,而无需维持实体存在或触发任何其他常设机构门槛。这些开展的业务包括处理、分析和利用信息,这些过程可以跨境,且由机器自动执行。现今全球范围内不断扩大的客户群(使用互联网进行国际贸易没有或有限的距离障碍)以及不断变化的员工角色,导致了位于客户管辖区范围内实体的显著脱媒。贸易去实体化(脱媒消除了对来源地管辖区范围内子公司或分公司的需求)大大降低了传统方法的效用,传统方法需要实体机构存在才能向企业征收所得税。

217

6.2.2　工作方案的应对

对这一问题的应对无疑是国际税收 100 年来最重大的发展。很明显,金额 A 下产生的视同收入⑥⑦⑦是为了应对高度数字化企业和多边平台带来的挑战。如前所述,金额 A 是经合组织秘书处提案中最具革命性的部分,因为它规定了新的征税权,而不要求在来源地或市场地管辖区有实体机构存在。

在第 5 章中,详细叙述了四步流程以计算金额 A 下产生的视同收

---

⑥⑦⑤　参见第 1.3 节"国际双重征税的历史:'20 世纪 20 年代妥协'"和第 3.2 节"逐渐消没的对企业利润课税的能力"。

⑥⑦⑥　Wolfgang Schön "10 Questions about Why and How to Tax the Digitalised Economy" (2018) 72 Bull For Int' Tax 278 at 278.

⑥⑦⑦　详细讨论参见第 5.3 节"支柱一:'统一方法'提案中提出了什么? 收入的三个组成部分:金额 A"。

入。基本上，是首先从跨国集团的整体利润出发，其次是确定常规利润，然后从总利润中减去常规利润以确定非常规利润。接着将这些非常规利润进一步拆分，一部分分配给"母公司管辖区"，另一部分分配给市场地管辖区。最后一步是使用适当的"关键分配因素"(比如，在这种情况下最有可能的是销售情况)将归属于市场地管辖区的利润部分，分配给各个国家。

6.2.3　应对是否解决了挑战？

简单来说，这个问题的答案是"是"。金额 A 是专门用来针对消没的对企业利润课税的能力。它通过使用公式将收入分配给市场地管辖区，基于分配所有常规利润后剩余的"超额利润"的一部分。

为了理解统一方法提案以引入金额 A 的概念，将金额 A 下的方法与三个原始的包容性框架提案(即用户参与、营销性无形资产和显著经济存在)进行比较是有帮助的。[678]

这三个提案都有相同的"总体目标"，即"认识到……由企业在用户/市场地管辖区范围内的活动或参与所创造的价值，在现行利润分配框架中未被确认"。[679]不同的解决方案是从不同的角度考虑问题的，一种是强调用户的贡献，另一种是强调营销性无形资产的贡献，而第三种则认为通过数字技术和其他自动化手段与管辖区进行持续交互可能构成显著的经济存在。

所有三个提案都认为，由于商业模式中的技术进步，企业可以在没有实体机构存在的情况下积极参与管辖区内的业务活动。高度数字化企业的特点是能够利用网络效应实现"有规模而无实质"，对无形资产的依赖以及数据和用户参与的作用，使企业能够通过数字化手段"远程"参与国内经济，而无需应税实体的存在。[680]经合组织认为，在为其创造

---

[678]　详细讨论参见第 5 章。

[679]　OECD Addressing the Tax Challenges of the Digitalisation of the Economy Public Consultation Document (OECD Publishing, February 2019) at [11] , on 8 ("OECD Public Consultation").

[680]　Ibid at [12].

价值的国家内，对企业的利润征税是合理的。[681]

如前所述，价值创造是一个模糊且难以用作税收原则的概念。[682]可以说，它本身并不是一项原则，但可以被用作征税的理由(用克劳斯·沃格尔的话来说就是"被遗忘的问题")。[683]如果包容性框架只是将价值创造的概念简单视为在没有实体机构存在的情况下，认可在数字时代对跨境活动中获得收益的实体征税的权利(建立联系)，同时认可由于 20 世纪 20 年代妥协产生的约束后果而导致现有规则不允许这样做(建立联系)，那么从理论上讲，这将是一个可以接受的政策。

包容性框架的问题之一是，这三个提案中没有一个是被普遍接受的，因此，需要一个统一的方法，将这三个独立的提案中的关键特点结合起来。金额 A 中的方法用来应对联结度中的第一个挑战(没有在三个提案中的任何一个给出政策依据)。2020 年初提出的进一步细化中将自动化数字服务和面向消费者的业务分开，细化了联结度的要求，使得前者在达到收入门槛时即可纳税，而后者需要一些额外的要求(例如需要实体机构存在或投入了定向广告)。因此，"用户参与"提案对自动化数字服务方面的影响更大。而在面向消费者的业务中，可以看到来自"营销性无形资产"提案的影响。[684]

6.2.4 应对是否比挑战更进一步？

正如前面第 5 章所讲的那样，金额 A 的范围不受某些类型的高度数字化企业定义的限制，而是包含了更广泛的企业范围。金额 A 是被视为来源于(或分配给)市场地管辖区的收入的组成部分，在该管辖区内，跨国公司没有实体机构的存在，但是以远程方式开展"面向消费者的业务"。[685]将

219

---

[681] Ibid at [58], on 17.

[682] 参见第 1.5 节"所得利益说及其与价值创造的关系"。

[683] Klaus Vogel "The Justification for Taxation: A Forgotten Question" (1988) 33 Am J Juris 19 at 19.

[684] 参见第 5.2 节"支柱一：征税权利和联结度的分配"，以第 5.2.2—5.2.4 节的三个提案，和第 5.3.7 节的联结度规则。

[685] OECD Public Consultation Document Secretariat Proposal for a "Unified Approach" Under Pillar One(OECD, October 2019)，其中说道："该方法涵盖了高度数字化的商业模式，但范围更广——广泛面向消费者的义务，并在业务范围和分析方面开展进一步的工作。假设采掘业不在范围内。"(经合组织统一方法)。

这些征税权扩展到数字经济之外的原因，很大程度上归因于营销性无形资产的政策原理。[686]在 2019 年 2 月发布的公众咨询文件中的一部分，也被列为一个存在的问题，如下所述：[687]

> 最后，如果在没有应税实体存在的情况下，或在没有大量应税利润的情况下，"远程"参与被认为与某些高度数字化的业务有关，那么有一个重要的问题是，这是否与其他更广泛的业务无关……换句话说，由于高度数字化的企业能够远程和非实体化地参与到管辖区的活动中，现今的规则被视为对特定管辖区的收入分配是不足的，横向平等、设计连贯性和公平竞争环境表明，应考虑政策问题(以及解决该问题的改革)是否也与更传统的企业相关。

很明显，这一分析表明，金额 A 不仅应对了经济数字化带来的关于联结度的挑战，而且进一步涉足了其他涉及利用营销性无形资产的面向消费者业务。

6.2.5 挑战：利润的分配

与联结度问题不同，第二个挑战——消没的对企业利润课税的能力——不是由现有规则的漏洞(这是看待缺少实体机构存在/常设机构门槛问题的一种方式)造成的，更多的是对当今国际税收框架规则下有关利润分配的担忧。

利润分配是一个两面性的问题，下面将加以说明。第一个也是最困难的问题是，就跨国公司在该地区开展的活动而言，应将多少利润分配给其管辖区。这是一个相对未知的领域，因为根据上述联结度规则的引入，我们拥有一项新的征税权利。此外，由于目前的转让定价机制将利润分配给低风险的分销实体，随着这一新征税权的引入，也有必要确保现有规则充分发挥作用。

该问题可以描述为：一家具有高度数字化模式的跨国公司一直在向

---

[686] Ibid，更详细讨论参见第 5.3.2 节"金额 A 制定的政策合理性"。
[687] OECD Public Consultation, above n 679 at [14], on 9.

一个庞大的消费市场开展远程销售业务。考虑到与其结构相关的税务风险，以及在"常设机构"定义的扩展和 BEPS 行动计划第 7 项行动中关于常设机构条款修订可能带来的冲击下，跨国公司重组并在消费市场较大的管辖区建立了有限风险分销商(LRD)。当地分公司的结构不涉及无形资产所有权权益，不履行 DEMPE 职能，也不承担与资产相关的任何风险。仅有少量的利润分配给该有限风险分销商实体。[688]人们可以立即看到，通过分配金额 A 来解决联结度问题必须得到处理将利润分配给有限风险分销商等实体的行动(以下称为"重组风险")的支持，但是有一个根本的问题在于：将多少利润归因于在市场地管辖区内进行的活动(以下称为"基本征税权")？ 换言之，有必要同时考虑重组风险和确定基本征税权的合理依据，以便在企业活动超过一定的征税门槛时，将正确的利润分配给市场地管辖区。

6.2.6 工作方案的应对

正如经合组织所指出的，建立远程销售的新征税权需要一种新的方法来量化分配给市场地管辖区的适当利润量(此外，极有可能的是，如果跨国公司在多个市场地管辖区进行交易，则需要在多个管辖区之间分配)。[689]工作方案考虑了三种不同的"基础概念"的方法来确定受新征税权约束的损益金额。[690]包括：

(1) 修正后的剩余利润分割法；

(2) 比例分摊法；

(3) 以分销为基础的方法。

根据经合组织的解释，修正后的剩余利润分割法(MRPS)是"将跨国公司集团非常规利润的一部分分配给市场地管辖区，这部分非常规利润所反映的是在该市场地管辖区创造、但未被现有利润分配规则所认可的价值"。[691]剩余利润分割法下的步骤与金额 A 下执行的步骤完全相同(或

---

[688] Ibid at [13], on 9, see the description of the issue.
[689] OECD Programme of Work, above n 671.
[690] Ibid at [22-35], on 11-16.
[691] Ibid at [28], on 12.

非常相似）：(1)确定要分配的总利润；(2)剔除常规利润；(3)确定归属于市场地管辖区的非常规利润部分；(4)使用关键分配因素将(3)中的非常规利润分配给相关市场地管辖区。

上述步骤中的一部分[尤其是(1)、(3)、(4)部分]采用了比例分摊法，使用关键分配因素将部分全球非常规利润分配给特定市场地管辖区。

基于分销的方法采用了一种简化的方法，在市场地管辖区为销售、分销和与用户有关的活动指定基线利润。金额 B 的提案中涉及对发生在市场地管辖区并符合该方法的基线营销和分销职能制定新的固定报酬。

因此，很明显的是，金额 A 涵盖了前两种方法(剩余利润分割法和比例分摊法)的要素，而金额 B 则在分销的基础上使用了第三种方法。

6.2.7 应对是否解决了挑战？

由于金额 A 的制定，将利润分配给新征税权这一挑战已然被接受。将剩余利润的一部分分配给市场地管辖区方面，则是新的突破。此外，与金额 B 有关的提案有许多行政和确定性相关的益处，也可以应对重组风险，并使国际税收工作框架能够为有限风险分销商实体的盈利能力制定最低标准。

金额 A 和金额 B 的结合，既解决了重组风险，又解决了基本的征税权问题。

6.2.8 应对是否比挑战更进一步？

如同上一节(第 6.2.7 节)的答案一样，这个问题的答案也是肯定的。金额 A 不仅针对数字化企业，还扩展到面向客户的实体机构。这是合理的，因为它具有中立性(不只是高度数字化的企业进行远程销售)，并反映了这样一种理念：对于在市场地管辖区内投资其品牌(或投资于位于市场地管辖区内的用户)的跨国公司，可以根据其在市场地管辖区内的活动征税。

根据当前的提案，金额 B 对分销商的应用不受其收入门槛限制，也不受其经营何种商业活动限制。[69]因此，这是一项比前述处理重组风险

---

[69] OECD Unified Approach, above n 6.

提案(第 6.2.5 节)更为重要的改变。正如第 5 章所讨论的那样，做出这一改变的原因是务实的，并且是由商界推动的，以权衡增加税收换取确定性以及预防和解决争议两者之间的可能性。㊓

尽管重组风险将需要金额 B 应用于涉及有限风险分销商的高度数字化企业，但金额 B 的广泛应用显然远远超出了应对数字化经济和高度数字化商业模式挑战的范畴。因此，金额 B 应该被视为内容更加广泛的 21 世纪 20 年代妥协(包括一项谈判达成的新协议)中的一部分。

6.3 数据使用、用户贡献，以及对其价值的衡量

6.3.1 挑战：如何在高度数字化业务中使用数据和用户的贡献

第 3 章中描述了数据的创建、分析和使用，以及用户的独立贡献。它们被视为高度数字化业务的重要组成部分。㊔本小节的挑战是最"明确"的数字化挑战之一，与之相互关联的挑战至少有三个。第一，是对数据的使用。现今的技术已经允许远程收集、存储和使用数据。有时这些数据需要加以分析或解析，以直接用于用户或第三方上。此外，如第 3 章所述，这些可以得到用户的明确同意或者默认。无论如何收集数据，数据的使用已经使得高度数字化的跨国公司能够提供卓越的客户体验。最好的例子是，广告商会向那些因自己数据而被定义为"最佳目标"的人发送高度精确定位的产品或服务广告。

对于数据获取和使用，用户的作用是不可或缺的，这也是第二部分的挑战。这是一些已经实施或计划实施的数字服务税的一个特点。它们把用户的参与视为数字服务模式的一个关键组成部分。这是因为在多数情况下，用户的行为不受多边平台控制，而是有独立性的，并且他们：

224

- 为多边平台品牌的创建作出贡献(例如质量评价、反馈和认可)；

㊓ 参见第 5.4 节"金额 B：营销和分销的固定回报"中关于金额 B 的讨论。
㊔ 参见第 3.3 节"数据使用、用户贡献，以及对其价值的衡量"。

4

- 通过他们与平台的积极互动和深度参与，生成有价值的数据；

- 通过他们的社交网络能够扩大客户群体，因此具有增加潜在用户的效果并且降低了边际成本(也称之为直接和间接网络效应)。

最后，这一挑战的第三部分是，难以衡量在这些活动中创造了多少利润或价值。这个问题存在相当大的复杂性和不确定性。正如第3章所讨论的那样，活跃用户和非活跃用户之间已经划分了界限，而一些学者对此进行了有益的评论。[695]例如，在英国政府的数字服务税的设计中，单纯的数据收集被排除在税收范围之外，它们更倾向于关注更积极的用户参与和用户参与的深度。[696]

6.3.2　工作方案的应对

如第5章所述，包容性框架在公众咨询文件内提出的三项提案中，其中一项是用户参与提案。[697]用户参与提案非常专注于应对这些特定用户数据和参与的挑战。显而易见的是，公众咨询文件提出的三项提案中没有一项是被普遍接受的，因此，支柱一的统一方法是将三项提案中的部分折衷合并而成的。[698]因而，金额A是被视为来源于(或分配给)市场地管辖区的收入的组成部分，在该管辖区内，跨国公司没有实体机构的存在，但是以远程方式开展"面向消费者的业务"。经合组织秘书处的提案中明确指出，它旨在解决数据的使用、创建和估值方面的挑战：[699]

> 该方法涵盖了高度数字化的商业模式,但范围更广——广泛聚焦于面向消费者的业务,并在范围和分拆方面开展进一步工作。采掘业被认为不在这个范围之内。

[695]　Johannes Becker and Joachim Englisch "Taxing Where Value Is Created: What's 'User Involvement' Got to Do with It?" (2019) 47 Intertax 161 at 162.

[696]　HM Treasury Corporate Tax and the Digital Economy: Position Paper Update (HMTreasury, March 2018) at[2.37—2.40].

[697]　OECD Unified Approach, above n 685 at[17—21], on 9—10.

[698]　OECD Public Conference, 21 November 2019 in the discussion by Richard Collier.

[699]　OECD Unified Approach, above n 685 at[15], on 5.

视同收入应对了一个挑战，即这些新的数字化企业可以成功地与它们的客户(消费者)和用户交互，而不需要在客户所在的管辖区建立任何形式的实体。

秘书处的提案建议：[700]

这些特征可能与任何企业相关，但是它们与以数字化为中心的企业最为相关，这些企业是与用户(这些用户可能是也可能不是它们的主要客户)进行远程交互的，并且可以更加容易地从远程位置进行那些对于其他面向消费者企业也很重要的活动(如客户参与和互动，数据收集和利用，营销和品牌推广)。这将包括那些与用户(这些用户可能是也可能不是它们的主要客户)进行远程交互的高度数字化企业，可能通过数字技术来开拓消费者群体从而像其他企业那样来推销它们的产品。

尽管统一方法试图解决这一挑战，然而如上所述，它达到了更进一步的效果。

6.3.3　应对是否比挑战更进一步？

如第 6.2.3 节所述，金额 A 远远超出了用户参与提案设想的概念，因此从这方面也可以看出，其超出了数据/用户挑战。

6.4　对知识产权的依赖和知识产权的可流动性 226

6.4.1　挑战：知识产权在高度数字化企业中的作用

沃夫冈·舍恩认为，许多高度数字化企业的巨幅成长归因于两个主要因素。[701]第一个因素是这些企业创造的规模经济，尤其是与网络效应

---

[700]　Ibid at[19], on 7(emphasis added).

[701]　Wolfgang Schön "10 Questions About Why and How to Tax the Digitalised Economy" (2018) 72 Bull For Int' Tax 278 at 278.

有关的规模经济。这在第 6.3 节中讨论过，这通常是通过用户参与业务的作用实现的。第二个主要因素是使用或依赖知识产权，这些知识产权用于分析数据和构建复杂的算法(在计算或其他解决问题的操作中需要遵循的流程或一套规则)。以这种方式使用知识产权来处理信息，使高度数字化(和其他)企业能够以量身定制和个性化响应的方式与客户互动。但是从税收的角度来看，问题在于这些知识产权极其难以估值，并且可以在不需要大量法律、财务或人力的情况下，从一个管辖区转移到另一个管辖区。

正如第 3.3 节讨论的那样，从税收的角度来看，这是非常有问题的，也导致舍恩发出如下观点："因此，跨国公司可以出于核心职能和价值因素，随意选择所在地，包括既不是最终消费者所在国的管辖区，也不是母公司所在国的管辖区。"[702]对于税收方面而言，显而易见的后果是，知识产权将在(有时会转移到)跨国集团内部那些位于低税收或无税收管辖区的实体机构中。

6.4.2　工作方案的应对

这一挑战的应对，主要是由支柱二而不是支柱一完成的。这是因为这项挑战与收入分配或联结度问题的关系不大，而是与利润转移和利润所在地有关。正如第 5 章中所讨论的，包容性框架的"某些成员"[703]认为，利润转移是通过使用无形资产以及资本结构和集团内部融资等其他方式实现的。虽然使用无形资产转移利润在数字经济中尤为普遍，但这种做法已经延伸到所有类型的跨国公司中。

支柱二的两项规则都有助于应对知识产权的使用和流动性方面的挑战。如果知识产权由跨国集团母公司下的位于低税收管辖区的相关实体持有，则可以适用收入纳入规则。

在另一种情况下，如果跨国公司为使用关联方持有的知识产权而支付的特权使用费提出扣除，则可以适用征税不足支付规则(如果使用了

227

---

[702]　Ibid at 278.
[703]　OECD Programme of Work, above n 671 at[53], on 25.

可以获益的条约，例如减少预提税，则适用转换规则)。

按照目前的提案，这些规则将处理当前知识产权在低税收/无税收管辖区的一些问题。如果知识产权位于高税收管辖区，那么将不适用支柱二。

6.4.3 应对是否比挑战更进一步？

如前一节所述，支柱二的两条主要规则并不仅仅针对知识产权的利润转移能力和固有流动性对国际税收规则造成的挑战。这些规则的范围远不止知识产权，但是，它们确实处理了由知识产权和其他机制导致的利润流向低税收管辖区的问题。

6.5 交易和收入的特征化

6.5.1 挑战：不同新类型收入的特征

第 3 章中[704]描述的这一挑战认为，许多新的数字产品和服务都难以进行分类，这种特征往往既是国内法的问题，也是相关条约中包含的各种类别的定义问题。因此，交易可分为商业利润(如果视为提供货物或服务)、技术服务(在这种情况下，一些条约可将其视为特殊类别的特许权使用费，或者将其视为普通服务和商业利润)或特许权使用费(特别是条约中将特许权使用费定义为支付商业、工业或科学设备的租金)。

228

对这些不同特征类型的收入征税的区别很大。根据 20 世纪 20 年代妥协，商业利润在来源国不征税，除非在来源国有常设机构。特许权使用费可能适用国内预提税，通常它们也是可以扣除的。根据国内法和条约分析，技术服务可能属于任意一类(商业利润或特许权使用费)。

6.5.2 工作方案的应对

工作方案在这一领域似乎没有任何特定的目标工作，但思考支柱一

---

[704] 参见第 3.5 节"交易和收入的特征化"。

和支柱二提案可能对该问题产生的影响是非常有趣的。例如，如果收入被定性为商业利润，并且根据以往的规则由于缺少常设机构的关系而无需纳税，那么在金额 A 下，将导致新的征税权。用于确定视同收入数额的公司似乎不受这种特征的影响。此外，如果上述任何一种特征下的收入是由总部位于低税收管辖区的跨国集团的相关实体获得的，则应适用收入纳入规则。然而，如果是采用可扣除款项的形式，并且是向低税收管辖区的关联方作出的，则可适用征税不足支付规则。

21 世纪 20 年代妥协需要进一步的工作和对交易定性后果的深入研究。在现阶段，经合组织秘书处的提案可能为这些难以描述的特征问题提供了一些解决方案。

6.6　特定跨国企业及其交易中转移定价的失效

6.6.1　挑战：是否有更好的方法来管理某些领域的转让定价？

第 3 章中讨论了转让定价和独立交易原则。[705] 简而言之，人们担心一些交易，尤其是那些难以评估无形资产价值的交易，总能在独立的标准下得到适当的定价。

如前所述，[706] 这些问题的核心在于，跨国公司利用复杂的价值链结构来创造利润，超出了独立、公平和独立实体方式所能实现的利润。因此，这种协同效应带来的利润和由这种复杂的经营方式创造的经济租金无法按照传统的独立交易原则进行分配，此外，也没有独立的实体来分配它们。

这种利润分配能力的问题是理论上的，但实际中同样存在问题。许多国家，尤其是发展中国家，对这种方法深感不信任，认为它更像是一门艺术而不是一门科学，而且它们没有工具来准确解释这种方法。管理

---

[705]　参见第 3.6 节"特定跨国企业及其交易中转移定价的失效"。
[706]　See ibid.

该制度和管理争议所涉及的成本正在迅速上升。因此，发生纠纷的可能性很高，并且纳税人和行政当局需要承担巨大的成本。

许多国家都关注处理复杂转让定价事务所需的专业知识、数据库和经验。正如第3章所讨论的，转让定价存在许多问题，尤其是在处理高度数字化的业务时，但这些国家关注的范围比数字经济更广泛。

6.6.2　工作方案的应对

支柱一和支柱二的组成部分都对转让定价带来的挑战产生了影响。在支柱一方面，我们已经讨论了利润分配规则在几个方面从根本上偏离了现有的国际税收框架，这也在第5章中作出了解释。[700]其中包括在修正后的剩余利润分割法和公式化分摊要素中使用公式计算，将利润分配给市场地管辖区，忽略单一实体的概念，以及(对这一挑战至关重要的)背离独立交易原则。

21世纪20年代的提案如何应对转让定价的挑战？ 我们可以从以下部分中得出结论： 230

- 支柱一：金额A。如前所述，金额A的背后有两个主要目标，即建立新的联结度，以及为市场经济提出的新征税权建立公式化利润分配方法。与本次讨论特别相关的是后者。"新的"利润分配规则中提出，将一部分非常规剩余利润分配给消费产品或服务的市场。金额A可以被视为对现有国际税收框架的一个相当彻底的改变，因为按照传统规则，现有的国际税收框架表明没有任何实体可以获得合理的利润。传统规则不一定可以确定能够分配得到利润的市场地管辖区的任何职能。金额A有争议地提出了新的征税权利和通过公式确定的利润金额，该公式可能或不能(更有可能)反映合理的利润金额。

- 支柱一：金额B。金额B提出对发生在市场地管辖区内的基线营销和分销水平制定一个新的固定回报。应该记住的是，金额B来

---

[700]　参见第5.3节"支柱一：'统一方法'提案中提出了什么？ 收入的三个组成部分：金额A"。

自企业在最初的数字经济税收公开会议上提出的实际解决方案，它务实地提出使用公式或固定金额来确定此类营销和分销职能。金额 B 的使用有两个主要优点——它可以作为跨国公司在其结构中引入有限风险分销商时的保障，以避免应用到金额 A，同时，它务实地提供了相对确定的固定收入数额，规避了潜在的纠纷、昂贵的转让定价文件和建议咨询文件。在任何情况下，金额 B 的使用虽然与独立交易金额的确定有关，但由于其可能是作为简化公式或替代方案用于更详细的计算，因而金额 B 是背离独立交易原则的。

- 支柱一：金额 C。经合组织秘书处提案中的最后一部分是作为补充的金额 C。当金额 B 的使用太过武断，并且从独立交易的角度来看已经到了不可接受的地步时，金额 C 能够使税务机关以及纳税人"修正"通过使用金额 B 得到的结果。因此在某些情况下，金额 C 被视为保留了独立交易原则。有一些担心认为，这一组成部分会重新增加确定精确独立交易金额的复杂性和成本。

- 支柱二：收入纳入规则。通过规定受控于集团的实体(即与跨国公司母公司相关的分支机构或子公司)取得的收入应按最低税率征税，国际税收体系将克服将定价利润转移到低税收管辖区的风险。实际上，收入纳入规则起到了保障作用，以防止利润转移结构或交易的运作，将利润重新分配给低税/无税管辖区的关联方。这实际上是对使用转让定价的激进税收计划的巨大潜在的削弱。

- 支柱二：征税不足支付规则和应予课税规则。通过征收预提税(或在双重税收协定的情况下，阻止较低预提税税率的有利税收优惠)或拒绝扣除支付给低税/无税管辖区的相关实体的款项，在较高税收管辖区使用独立转让定价技术来减少应税利润也会受到影响。

对一系列不同领域的全面应对，意味着经合组织秘书处的提案是应对数字经济带来的转让定价挑战的重要途径。

6.6.3　应对是否比挑战更进一步?

数字经济固有的转让定价存在一些具体问题, 例如: [708]

- 如何解决转移定价方法中与直接和间接网络效应有关的价值量化问题?

- 用户的持续参与、内容创造和其他之前讨论过的相关内容的作用是什么?

- 关于多边市场是否合理呢? 特别是, 如果存在不公平定价的机 会(一方的价格低于边际成本, 而另一方则需要补贴平台)。

232

支柱一和支柱二的应对并不针对这类具体问题, 而是更为通用, 涵盖了所有类型的业务, 无论是数字化的还是非数字化的。这些变化可以被视为影响深远的, 并且可能是对数字经济(及其他)转让定价问题的重大应对。

6.7　基于住所地征税的不足之处

6.7.1　挑战:当公司和股东都需要纳税时,设立住所的流动性和便利性

如同在第 3 章中讨论的那样, [709]20 世纪 20 年代妥协下的国际税收框架的缺陷暴露在高度数字化企业缺乏税收源头(没有实体存在而无法造成应税关系)以及住所地税收制度不足的情况下。住所地税收制度存在两方面的问题:公司可以轻易设立住所因而有能力将其设在低税收管辖区, 以及股东和公司之间的税收分离。这使大型数字化跨国公司能够在低税/无税管辖区建立实体(通常是子公司), 以获得可以不被来源国(无联结度)、公司的住所地所在国(在该管辖区低税或无税)、公司股东

---

[708]　有关数字经济具体问题更多讨论, 参见第 3.6 节 "特定跨国企业及其交易中转移定价的失效"。

[709]　参见第 3.7 节 "基于住所地征税的不足之处"。

的住所地所在国(由于控制外国公司的规则不足)征税的利润。住所地税收制度不足的问题已经存在了很长一段时间。因此，虽然这三重税收现象的第一部分在很大程度上归因于数字经济，但高度数字化企业的增长和税收源头的缺乏，使得住所地税收问题比以往更加重要。

6.7.2　工作方案的应对

支柱一主要关注基于来源地的税收。可以说，支柱二主要涉及基于住所地的税收。收入纳入规则是一种全球性的控制外国公司的制度，这意味着，在低税收管辖区成立子公司或设立分支机构的驱动因素将不复存在，因为任何未缴纳最低税的利润(例如 15%)必须包含在母公司的报表中，并以"补足"的方式缴纳税款。其结果是，收入纳入规则支持基于住所地的税收，并且降低了在低税收管辖区设立子公司以及通过多种不同方式将利润转移或转让给子公司的税收筹划优势。

同样的，如果从母公司管辖区向低税收管辖区的相关实体支付可扣除款项，则可以适用征税不足支付规则和应予课税规则。这意味着，要么这笔款项不能被扣除，要么将征收预提税(甚至超过双重征税协定中降低的税率)。

6.7.3　应对是否比挑战更进一步？

如上所述，这一挑战并不是特别针对数字经济，因为它特别涉及基于住所地的企业税。因此，经合组织秘书处提案具有一定的普适性，这并不意外，并且其在比纯粹针对数字化更广泛的框架内关注税基侵蚀和利润转移问题。

6.8　国家之间的竞争

6.8.1　挑战:克服各国之间为了吸引和保留投资,利用其税收制度竞争的意愿

不是所有人都认为各国之间的税收竞争是个问题。它有时被视为一

个管辖区吸引投资的良好机会，从而提高生产能力、基础设施、技术能力和产出。然而，从逻辑上的结论看来，税收竞争可能会带来企业税收的"竞次"风险。这必然意味着，国家的财政需求将需要其他来源，如消费税、资本税以及与劳动力和个人住所有关的所得税。[210]从所谓的国际税收框架的角度来看，税收竞争是一种潜在的破坏性力量，因为它不鼓励协调或一致性。这个挑战将在第3章中进行更详细的讨论。[211]

234

6.8.2 工作方案的应对

从一个角度来看，新联结度的建立以及向市场地或来源国分配税收权利，可能被视为对国际税收框架的根本改变，这主要是关于高度数字化企业的税收，以及来源国对在其管辖范围内获得营收的企业征税能力的消失(本章描述的第一个挑战)。支柱一关注这个问题。也可以从税收竞争的角度来看待国际税收框架的这一潜在变化。一些总部位于高度发达国家的跨国公司目前(或以前)的业务结构使其在来源国管辖区几乎不纳税，在其居住国管辖区也几乎不纳税。为此，美国最近的国内立法修正案提高了其对在海外开展业务的跨国公司征税的地位。

通过来源国和居住国之间，以及消费国和发展中国家之间(相对于高度数字化和拥有重要跨国公司的发达国家)税收的一致性来看，支柱一拟提议的改变可以被视为解决税收竞争的对策。这也许是一个令人惊讶的结论，因为从表面上看，这些改变与税收权利的分配有关，而与税收竞争本身无关。在现有制度下，征税权的分配有利于某些高度数字化和发达的管辖区，但不利于其他管辖区，因而，经合组织秘书处提出的应对方法旨在解决这种不平衡。

在支柱二的拟议改变中，可以看到更直接地解决了税收竞争的挑战。

收入纳入规则旨在消除在低税收管辖区设立子公司(或在该管辖区经营分支机构)的优势，具有支持母公司管辖区的基于住所地税收制度

---

[210] 假设各年份的支出是一致的，并忽略政府借款的影响。
[211] 参见第 3.8 节"国家之间的竞争"。

235 的效果。人们预期，这将减少各国通过税收竞争的方式来提供低税收或激励制度以吸引利润和投资转移的机会。如果一家跨国公司被强制以"补足"税的方式，将通过其结构优势获得的利润支付给母公司管辖区，那么它将可能不具有在低税收管辖区经营其国际集团部分业务所带来的同等优势。

支柱二中第二种规则也是有效的。征税不足支付规则和应予课税规则旨在通过禁止扣除或征收预提税来阻止向低税收管辖区的相关实体支付款项。一个典型的例子是，一家跨国公司成立了一个特殊目的的子公司以持有知识产权，然后向该子公司支付可扣除的特许权使用费(在高税收的母公司或子公司的管辖区享受扣除)，而特许权使用费收入在持有知识产权的子公司的管辖区只需缴纳少量税或免税。如果禁止扣除，或征收预提税，那么这种方式的好处将会大大降低。这类子公司的使用可能会减少，国际税收竞争也会相继减少。

6.8.3 应对是否比挑战更进一步？

当把这两个支柱放在一起考虑时，可以看到，尽管国家对税收竞争的部分应对是针对那些参与高度数字化商业经济的实体，但实际效果却更加广泛。因此，尽管对联结度和征税权分配的拟议变更是一项直接针对数字经济的措施，但其他变更也是意义重大，并影响到所有数字和非数字的商业安排。

6.9 总 结

本章审查了经合组织秘书处对数字经济给国际税收框架带来的挑战提出的应对方案。这些挑战是有很大区别的。一些挑战，如征税权利的分配和应税关系，是相对较新的税收后果，其产生于经济数字化的巨大成功，以及网络效应、数据的使用、用户的作用、企业识别客户需求的

236 能力和客户对企业的价值等现象所产生的巨大商业优势。另一些挑战，

如税收竞争和转让定价方面的一些问题，则是更为普遍和长期存在的。支柱二针对税基侵蚀和利润转移的粗略补救措施解决了许多更广泛的挑战——这是对第一轮 BEPS 项目结束时通过的 15 项具体行动的保障。

最重要的是，如果不考虑更广泛的问题，就很难解决数字经济带来的具体挑战。因此，这些提案需要像现在所设想的一样广泛。也就是说，需要处理那些比数字经济带来的问题更广泛的问题。

就此而言，两个支柱提出的有争议的改变对于解决本书前面部分详细介绍的挑战，是有必要的。[712]在撰写本书时，还不确定经合组织秘书处提出的所有改革是否会得到通过。可以说，它们代表了一种全面且经过深思熟虑的方法，可以应对经济数字化带来的许多挑战。如果由于政治或其他原因无法达成共识，那么经合组织已经开展的工作可以在未来重新审视并加以审查，以确定哪些改革有助于国际税收框架。

---

[712] 参见第 3 章 "数字化给税收制度带来的挑战"。

7. 落实多边改革倡议

7.1 实施 21 世纪 20 年代纳税妥协方案有何问题?

7.1.1 引言

经合组织秘书处关于金额 A 倡议中所发现的革命性概念要求引入新的征税权。而这必然要求对现有的国际税收框架进行一些重大的税收"基础设施"改革。在处理收入及其国内来源地概念的国内法层面,以及在避免双重征税条约的国际公法领域,都需要进行这种变革。在这一国际层面必须解决征税权(关系)以及征税权和收入分配的问题。

除了考虑关于的新征税权变革外,秘书处的建议中还有其他考虑。例如,对其他变革建议(金额 B 和 C,以及新的支柱二收入纳入和扣除规则)的调整(或改进)将需要修订国内法和税收协定。

确保建立明确的双重征税减免规则也很重要,因为这可能成为一个非常重要的问题。鉴于改变的程度,必须对与争议解决和争议预防有关的新规则进行进一步的深入讨论。

在落实方法上有各种选择。国内法是否应该以相对一致的方式进行修改? 应该修改条约中的现有条款,还是应该引入包含这些新征税权的新条款? 实施变革的最佳方式是什么? 预提税能否被有效地用作一种征税机制? 是否应该利用现有的用于实施 BEPS 变革的多边协议,还是应该制定新的多边协议?

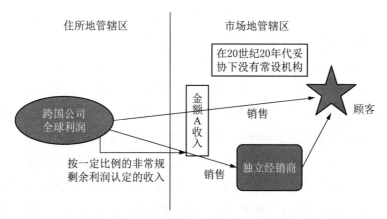

图 7.1 建立新的关系以及纳税权

7.1.2 落实金额 A 所倡议的征税权

通过扩大各国在既有国际框架规范下的征税权，金额 A 是经合组织秘书处提案中最大的变化。正如之前在第 5 章和第 6 章中所讨论的，金额 A 有两个独立的要素。它首先建立了一个新的应税关系；其次，它选择将利润分配给相关的市场地管辖区。

在研究图 7.1 时，有两个重要特征影响了征税权的设计，从而影响了实施方法。新制度的第一个特点是，对于自动化的数字企业，征税权的存在与其是否在市场所在地设立实体存在(或事实上有一个非独立代理人或被视为合法存在)无关。[113]这可能包括其他因素，如跨国公司在市场地管辖区设立了实体存在或其针对市场地管辖区投放的广告。[114]

新制度的第二个特点是，收入的表述(包括金额 A 视同收入的方法)是根据跨国企业的总收入来确定的。这一点很重要，原因有二：首先，分配部分全球收入是一个根本不同的利润分配基础，与国际税收框架中所采用的"独立实体方法"(separate entity approach)有很大不同；其次，

239

---

[113] See the discussion at Section 5.3.7 and OECD Statement by the OECD/G20 Inclusive Framework on BEPS on the Two-Pillar Approach to Address the Tax Challenges Arising from the Digitalisation of the Economy(OECD, January 2020) at[36]—[38]("OECD Inclusive Framework 2020").

[114] OECD Inclusive Framework, above n 713 at[39].

作为第一个原因的结果，它背离了基于独立实体之间交易确定利润的公平标准。这两个特点都影响了了这些征税权的实施。

7.1.3 没有物理存在时的税收

关于新的应税关系，经合组织首先提出，高度数字化的企业目前(以及将来会越来越多)在远程进行面向消费者和用户业务的交易，在消费者/用户所在地的司法管辖区没有或很少设有实体存在。

新的关系规则表明，自动化数字企业的税收将仅以收入门槛为基础。对于面向消费者的企业，检验标准将是企业"是否持续和大量参与市场地管辖区的经济，例如通过与消费者互动的方式参与"。[715]尽管究竟什么才构成"大量和持续的参与"仍有待明确，但目前的倡议认为"跨国企业在市场地管辖区设立实体存在或针对市场地管辖区投放广告"可能是判断因素。[716]

因此，该规则将根据(1)业务类型(似乎自动化的数字服务和面向消费者营销的海量无形业务都在范围内，但并不包括传统的采掘业和那些有型商品交易)，以及(2)收入门槛(依据总销售量和在市场地管辖区内的销售量两方面来确定的绝对门槛)来建立应税关系。重要的是，对于许多不要求实体存在的自动化数字型业务或独立的代理或合同义务来说，这是 100 年来首次：[717]

> 实施新规则最简单的方法是在市场上定义一个收入门槛(其数额可根据市场规模进行调整)，作为在该管辖区持续和重大参与经济的主要指标。收入门槛还将考虑到某些活动，如在线广告服务，这些活动是针对非付费用户的，其地点与相关收入在账簿上所记载的地点不同。

---

[715]　OECD Public Consultation Document Secretariat Proposal for a "Unified Approach" Under Pillar One(OECD, October 2019) at[22] ("OECD Unified Approach").

[716]　OECD Inclusive Framework 2020, above n 713 at[39].

[717]　OECD Addressing the Tax Challenges of the Digitalisation of the Economy—Policy Note (OECD, 23 January 2019) at[1.2] ("OECD Policy Note"); and OECD Unified Approach, above n 715 at[22].

如上所述，2020 年的宣言确认，对于面向消费者的企业，除了收入门槛外，可能还需要其他"额外指标"来证明跨国公司超越了单纯的销售，并与一个司法管辖区的经济产生了互动联系。[718]这些指标包括在"重大经济存在"倡议中出现的一些因素，如：

(1) 在当地存在用户群体和相关的数据输入；

(2) 来自特定管辖区的数字内容数量；

(3) 以当地货币或当地支付方式进行结算和收款；

(4) 以当地语言运营网站；

(5) 在当地向客户交付货物或提供其他服务，如售后服务或维修和保养；或

(6) 通过在线或其他方式开展持续的营销和销售推广活动以吸引客户。

7.1.4 建立新关系的规则

在经合组织的议程上，似乎有两种应用新关系规则的选项。[719]从本质上讲，两种选择无非通过扩大常设机构的定义来修正现有的定义，还是创建全新的关系规则和征税权。

241

第一种选择是修改(或是补充)《经合组织税收协定范本》第 5 条中"常设机构"的定义，将征税权扩大到超过所需门槛的企业类型——即无论其是否设立实体存在，都要开展业务。[720]修改第 7 条和第 9 条中的分配规则不是一件容易的事，因为它们的前提是在正常交易的基础上确定不同实体之间的利润。例如，第 7 条第 2 款要求常设机构与企业其他分支机构交易所产生的利润应当归属于该常设机构，就像该常

---

⑦⑱ OECD Programme of Work to Develop a Consensus Solution to the Tax Challenges Arising from the Digitalisation of the Economy(OECD Publishing, May 2019) at[2(b)]("OECD Programme of Work").

⑦⑲ OECD Programme of Work, above n 718 at[40], on 18; and see the earlier version OECD Addressing the Tax Challenges of the Digitalisation of the Economy Public Consultation Document(OECD Publishing, February 2019) at[82], on 22("OECD Public Consultation").

⑦⑳ OECD Public Consultation, above n 719 at[82].

设机构是一个单独的独立实体一样(考虑到它履行的职能、使用的资产和承担的风险)。[720]第9条则涉及联营企业,体现了公平交易原则(arm's-length principle),使各国能够在企业交易偏离独立企业之间"商业或金融关系"的情况下对其应得的利润征税。[721]其他重要的分配规则则有赖于常设机构的概念,例如:

- 第10条(分红);

- 第11条(利息);

- 第12条(版税);

- 第13条(财产转让所得);

- 第15条(劳动报酬);

- 第21条(其他收入);以及

- 第22条(资本收入)。

甚至一些特殊条款,如涉及非歧视的条款(第23条)在制定规则时也使用了常设机构的定义。因此,修改常设机构的定义将对《经合组织税收协定范本》的整个结构产生非常重要的影响。这表明,如果选择第一种方案,就有必要区别几种类型的常设机构:一种是传统的,另一种是扩大的、以反映新的征税权。

242 第二种选择是创建一个全新的关系和征税权,这似乎是更可取的选择,因为对常设机构定义的改变会造成重大的后果。这种对大量其他示范条约条款的干扰,并不是一个独立的新关系规则似乎更受欢迎的唯一原因。金额A是在考虑了跨国企业的全球利润后确定的,然后进行调整以确定一部分非常规的全球剩余利润,而不是采用目前国际税收框架核心特征的公平独立实体利润。鉴于利润的表述和相关纳税人的性质有根本不同,倾向于一个新的独立条款似乎是合乎逻辑的。

---

[720] OECD Model Tax Convention on Income and on Capital Condensed Version(OECD, 21 November 2017) at Article 7(2)("OECD Model").

[721] OECD Model, above n 721 at Article 9(1).

因此，如果建议被接受，该规则将建立一个单独的征税关系，大概会被包含在一个新的条款中："这个新的关系将通过引入一个独立的规则——在常设机构规则之上——以限制对其他现有规则的意外溢出效应。"⑦㉓

这一方法在 2020 年 1 月的宣言中得到了确认："该规则将被包含在一个独立的规则中，以限制对其他现有税收或非税收规则的任何意外的溢出效应。"⑦㉔

7.1.5 新的课税存在或是新的收入来源地概念？

如果 21 世纪 20 年代妥协为某些类别的远程销售确立了新的征税权，那么进一步的问题是，这是否可以被定性为一种新的商业利润形式，对其适用新条款而不是处理常设机构的第 5 条？又或者是否可以将其归入一个新的收入类别下处理？在后一种情况下，它将被归为类似于被动收入的形式(如特许权使用费或利息)。早在 2019 年 5 月，经合组织的工作计划文件中就提出了这个问题。⑦㉕

这是不是一个特别重要的区别值得怀疑。如果它是一个不同类别的营业利润，那么它必须与第 5 条和第 7 条处理的普通营业利润分开。这是出于上面提到的原因，即商业利润的定义应该保持一致，以便其他条款不受商业利润定义的任何潜在变化的影响。还有一个问题是采用全球利润而不是单独实体利润的概念，目前的第 5 条和第 7 条是根据后一个概念制定的。

换句话说，如果它是一类商业利润(让我们称之为远程销售商业利润，并认可它应该拥有第 5A 条规定的征税权和第 7A 条规定的确定和征收可归属利润的能力)，那么它将使得独立的分配征税权归属于市场所在地管辖区。

它还需要以与第 8 条至第 21 条中其他类别收入相同的方式，推翻

243

⑦㉓ OECD Unified Approach, above n 715 at[22], on 8.
⑦㉔ OECD Inclusive Framework 2020, above n 713 at[36].
⑦㉕ OECD Programme of Work, above n 718 at[40], on 18.

第 7 条中的规定。因此，2017 年《经合组织税收协定范本》第 7 条第 4 款将适用，以明确第 5A 条和第 7A 条将凌驾于普通商业利润条款之上，从而使远程销售的这种商业利润不属于第 5 条和第 7 条所处理的收入概念之下。

7.1.6 使利润归属于市场地管辖区：与公平交易原则相抵触的规则

除了通过新的关系确立新的征税权外，金额 A 还要求制定一项条款，使市场地管辖区能够行使这些征税权。这可以同样被包含在第 5A 条中，也许是通过一个单独的段落；或者如上所述，可以包含在一个新的第 7A 条中。这将使远程营业利润条款(第 5A 条和第 7A 条)与普通营业利润条款(第 5 条和第 7 条)平行。

使用平行条款可能更便于修改撰写。第一个好处是，这将使利润分配的方法——从全球多国净利润开始——变得相当明确。第二个优点是，它也将使市场地管辖区能够不基于公平交易原则确立其新的征税权。一旦认识到"新的利润分配规则将超越公平交易原则和实体存在规则的限制，而这两项原则被普遍接受为现行规则的基石"，[726]就有必要根据与现行制度不同的概念重新定义这些新的利润分配规则——因为现行制度坚持公平交易原则定价和利润率的概念。这些新利润分配规则的重点是与金额 A 相关的征税权：[727]

> 鉴于新的征税权将在没有实体存在的情况下为跨国企业集团创造一个关系，那么对于其在市场所在地管辖区没有履行职能、没有使用资产、没有承担风险的情况下，不可能使用既有规则将利润分配给这个新关系。因此，需要对金额 A 制定新的利润分配规则。

正如我们将看到的，这并不是对公平交易原则的全面放弃。就支柱一的统一方法而言，对于那些不受金额 A 影响的商业利润，以及在实质

---

[726] OECD Unified Approach, above n 715 at[28].
[727] Ibid at[27].

上对于金额 B 和 C 而言，可以保留现有的规则。经合组织建议：[728]

> 同时，虽然人们对正常交易原则提出了一些批评，但人们认识到，目前的规则对大多数常规交易来说是相当有效的。因此，新规则将允许对市场地管辖区的商业活动进行适当征税，同时在该市场地管辖区保留相对有效的转让定价规则。

对于这些来自远程销售的商业利润，将有必要修改第 9 条，以反映征税权在公平交易原则概念之外的延伸。[729]可能这只对金额 A 下产生的视同收入金额而言才有必要。

7.1.7 双重征税及亏损

双重征税的可能性来自两个方面。首先是对金额 A 中收入金额本身的双重征税。其次是通过对金额 A、B 和 C 的各种累积变化以及支柱二可能引入的规则，将收入纳入双重征税的可能性。

金额 A 中的公式导致跨国母公司(或集团)的一些非常规剩余收入将被分配给市场地管辖区。市场地管辖区将对其征税(如上所述，这可能是作为临时措施的预提税组合，然后是最后的税收计算)。虽然这笔收入被认为是在市场地管辖区产生的，但就目前的会计和现行税法而言，它是由跨国母公司(或产生这笔收入的某一集团实体)赚取的。问题之一是，在国际税收框架中，现有的改善双重征税影响的制度是在公平交易原则基础上确定的单一实体利润方法。

同样的收入不可能被征收两次税而没有任何减免。显而易见，跨国母公司的所在地管辖区有两个选择：一是将收入囊括在自己的管辖区内，并对在市场地管辖区支付的税款给予抵免；二是将收入排除在外，理由是它已经在市场地管辖区被取得(或被视为取得)。在每一种情况

245

---

728 Ibid at[28].
729 OECD Programme of Work, above n 718 at[3].

231

下，要正确认定收入与跨国集团一个(或多个)实体赚取的实际收入之间的"匹配"，似乎并不容易。企业在其提交给经合组织公开会议的材料中，[730]似乎倾向于将金额 A 收入从"本国"管辖区产生的非日常剩余收入中排除。

对此，经合组织在统一方法方面还有进一步的工作要做。[731]它们建议，实现这一目标的方法之一是：根据金额 A 重新分配的利润，在现有的公平交易原则体系下进行账簿记录，并允许现有的贷记或豁免机制来消除双重征税。

另一个复杂的问题涉及实体面临亏损而非盈利的情况。经合组织预计仍需进一步完善："同样，需要考虑具体的规则来处理金额 A 下的亏损(如回扣或'赚取'机制)。"[732]

在 2019 年 5 月发布的早期工作计划文件中，经合组织曾建议与金额 A 相关的利润分配规则应当对称对待利润和亏损。[733]考虑的方案之一是制定一种确认"赚取"亏损的方法，使跨国集团能够计算和记录名义上的亏损累积。只有当这个亏损账户被使用，并且跨国企业通过弥补亏损转为整体盈利状态时，利润才会受到新征税权的影响。最近，人们考虑在存在亏损的情况下，或在要分配的利润总额没有达到某个(目前没有明确规定的)最低数额的情况下，排除适用新的征税权。[734]

这两个领域，即消除或减少双重征税和设计处理亏损的制度，可能需要在国际层面对税务条约(关于制定收入/亏损和抵免的征税权分配)和国内法(例如排除归属于市场所在地管辖区金额 A 的收入)进行改动。

7.1.8 国内法修改：课税基础？来源地规则能否改变？

除了上述可以预见的条约变化外，各管辖区可能有必要改变与收入来源认定有关的国内法。例如，为了让市场所在地管辖区对金额 A 下视

---

[730] OECD Public Conference, 21 November 2019, held in Paris.
[731] OECD Inclusive Framework 2020, above n 713 at[52].
[732] OECD Unified Approach, above n 715 at[37].
[733] OECD Programme of Work, above n 718 at box 1.7.
[734] OECD Inclusive Framework 2020, above n 713 at[35].

同收入征税,有关管辖区的来源地规则可能需要调整。

本书的前一部分研究了基于国内来源地征税的制度是否限制了国家行使征税权这一问题。[135]换句话说,是否有任何法律惯例(国际法、普通法司法管辖区或大陆法司法管辖区的原则)表明来源地国在向非居民企业征税时应受到限制? 受人尊敬的评论家认为,许多国内来源地规则实质上接近于统一的国际规则。[136]从逻辑上看,这就产生了一种可能:即国内法关于源自某一管辖区收入的一般定义,其实掺杂了某种国际习惯法的影响,而这种影响代表了一系列司法管辖区对什么是国内来源地收入的共识。从理论上讲,这可能会限制一个国家采取与国际习惯法规范完全不同的来源地规则。

247

然而,在审查了有关当局后,尤其是对采用最高级别上诉裁决的普通法国家而言,得出的结论是:除了执行相关的问题外,各国在征收基于来源地的税收方面并没有受到实际限制。[137]此外,如果《包容性框架》中进行的讨论达成了相对明确的国际共识,并认为设立新的征税权是设计 21 世纪税收制度的适当途径,那么,认为既有的国际习惯法对引入新的国内来源地规则存在任何历史性限制,这种观点就很奇怪了。

显而易见的是,各司法管辖区需要有根据国内法征税的权力——这对于诸如金额 A 下产生的视同收入的金额来说,尤为重要。

7.1.9 修改国内法的两种方法

一般来说,根据税法确定收入来源地,首先参考国内法。收入来源可以由税务条约确定,但这是不常见的。通常,国内法规定了来源地规则下广泛的定义,而条约则缩小了征税权。[138]各国改变与收入来源地有关法律最直白的方式是,共同采用一个统一合理的新来源地规则。

---

[135] 参见第 1.7 节"初探国内来源地征税模式的限制"。

[136] Reuven Avi-Yonah International Tax as International Law(Cambridge University Press, 2007) at 63; and Yariv Brauner "An International Tax Regime in Crystallization" (2003) 56 Tax L Rev 259 at 266.

[137] 参见第 1.7 节"初探国内来源地征税模式的限制"。

[138] Porus Kaka "Source Taxation: Do We Really Know What We Mean?" (2017) 86 Tax Notes Int' 1221 at 1227.

这种改变可以是这样的:"只要收入产生于定义公式下的远程销售业务,则其来源地应被视为在 X 国。"而另一个条款将包含计算金额 A 的公式。这需要不同的国家统一采用这一模式,而这似乎就是经合组织所构想的:"当然,各国可能还需要修改其国内法律,以便新的条款能够生效。并且这可能会有好处,能够协调此类国内规则的发展。"⑦

另一种方案是,各国选择适用有关规定,而这些规定通常将税收协定分配给它们的任何收入作为国内来源的收入。普鲁士·卡卡在《国际税务笔记》的文章中讨论了这一点,并指出有三个国家,即法国、日本和澳大利亚,已经采用了这种方法。⑦其他国家,如新西兰,也遵循这一趋势,最近颁布了以下规定(2018 年 7 月 1 日生效):⑦

根据双边税收协定可在新西兰征税、且根据第 15 至 17 款没有来源地的非居民收入,在新西兰有来源地;但如果该收入是来自外国公司股份的股息,且不属于利润账户资产的,则不在此列。

一个例子最能说明这种方法。例如,在法国,该规则为根据条约分配给法国的收入确定了国内来源地,具体如下:"尽管《一般税收法》可能有任何相反的规定,但根据双边税收协定分配给法国的所有收入都应在法国缴纳自然人所得税或公司税。"⑦虽然法国等国家的立场消除了国内法和条约之间冲突的可能性,但从宪法的角度来看,这种将条约分配的收入作为国内来源地的一般规则是否会在所有国家发挥作用,并不清楚。最好的办法可能是采用一致的具体来源地规则,明确金额 A 认

---

⑦ OECD Addressing the Tax Challenges of the Digitalisation of the Economy Public Consultation Document(OECD Publishing, February 2019) at[82].

⑦ Kaka, above n 738 at 1227.

⑦ 2007 年所得税法, SYD(17D),详见标题"双重征税协定下的应税收入"。

⑦ Act of 29 December 1959, codified in articles A-bis, 165-bis, 2019-I of Code General des Impots. French Constitution, Article 55.

定的收入是国内法上的收入。

7.1.10　利用好预提税？

经合组织提出的一个考虑是预提税作为一种征税机制是否合理。原因是进行远程销售的跨国实体在市场地管辖区往往没有设立实体存在。这就产生了关于税收的可执行性和如何征收的问题。因此，经合组织指出：“值得探讨的是，预提税是不是征收特定金额 A 下收入税款的适当机制。”[743]

一方面，使用预提税的好处有很多。这些吸引力包括对操作的熟悉程度，以及威廉·伯恩斯(William Byrnes)教授在提交给经合组织的关于统一方法的文件中讨论的许多其他重要观点：[744]

> “基于预提税的制度为经合组织提供了成为思想领袖和影响者的机会，以确定建立在传统系统和简单程序基础上的可实施制度的参数。基于预扣款的制度:(1)基于目前的服务型预扣制度，为纳税人和税务机关提供了更好的程序确定性,(2)使得税务机关能够更好地估计收入,(3)使得税务机关对纳税人的审计不那么复杂和昂贵,(4)可以为纳税人提供更好的税收风险管理,(5)可以建立一个减免双重征税的系统程序,(6)减少要求 MAP 的理由。”

另一方面，诚然，在不同的背景下，彼得·洪勒(Peter Hongler)和帕斯夸莱·皮斯通(Pasquale Pistone)在他们 2015 年撰写的论文中，主张重点设计一个新的常设机构概念，重新定义以囊括数字企业开展的各种活动。[745]他们考虑了对某些类型服务采取预提税的选择，他们称之为“网

249

---

[743]　OECD Unified Approach, above n 715 at[39].

[744]　William Byrnes "Comments and Recommendations OECD Public Consultation Document Secretariat Proposal for a 'Unified Approach' under Pillar One" (12 November 2019) Social Science Research Network (https://papers.ssrn.com/sol3/ papers.cfm?abstract_id=3487236) at 1.

[745]　Peter Hongler and Pasquale Pistone Blueprints for a New PE Nexus to Tax Business Income in the Era of the Digital Economy(International Bureau of Fiscal Documentation, No 2015-15, 20 January 2015) at 43.

络型(cyber-based)"。但由于其他一些重要原因,人们普遍拒绝使用预提税。这些原因包括缺乏理论背景,没有考虑到"支付能力"(意味着一些企业在低利润或无利润的情况下可能会被过度征税);等等。在作者面前的例子中,他们对零门槛的预提税征收方案的实用性和可管理性表示担忧。这些担忧是有道理的。保罗·奥斯特休斯(Paul Oosterhuis)和阿曼达·帕森斯(Amanda Parsons)在讨论国际改革方案时也提出了类似的谨慎意见:⑲

250

> 最后,正如许多评论家所认为的,特别是随着数字商业的兴起,将任何应税存在的标准限制在相应纳税人群体(连同不相关的"俘虏"服务提供商)在管辖区设有实体存在的情况下,其避税的可能性太大,不能忽视。因而必须考虑某种更广泛的经济实体存在测试标准,并配套以预提税执行机制。但是,只有在充分认识到不可避免的管理和执法成本及其他困难的情况下,才能这样做。

然而,当设立了实质性的门槛时,预提税的实用性确实有所提高——因为如果相关企业足够大,就更有可能是盈利的。此外,当只有几个较大的纳税人而不是大量的小纳税人时,该计划会变得更容易管理。

另一篇由亚里夫·布朗纳(Yariv Brauner)和安德烈斯·贝兹(Andrés Baez)撰写的国际财政文献局(IBFD)论文⑳以洪勒和皮斯通的工作为基础,建议在修订关系的情况下以及在没有就修订关系达成协议的情况下使用预提税。布朗纳和贝兹更倾向于修正后的常设机构替代方案,但他们提出了一个涉及登记的预扣制度,他们认为这可能是对数字经济挑战

---

⑲ Paul Oosterhuis and Amanda Parsons "Destination-Based Income Taxation: Neither Principled nor Practical?" (2018) 71 Tax L Rev 515 at 540.

⑳ Andrés Baez and Yariv Brauner Withholding Taxes in the Service of BEPS Action 1: Address the Tax Challenges of the Digital Economy(International Bureau of Fiscal Documentation, No. 2015-14, 2 February 2015).

的一个更简单、但可能有点粗糙的回应。

总的来说，在关系、收入分配和门槛本身得到明确界定的情况下，预提税的使用会变得更加清晰，也更切实可行。虽然会有一些过渡问题，如需要了解跨国集团是否高于营业额的门槛、以保证金额 A 下的视同收入确实产生于市场地管辖区。但这些问题大概都可以得到解决。

预提税的使用必然是临时性的，以处理视同收入数额的超额/低额征税问题。这也必然是一个复杂的问题。最终计算金额 A 下产生的视同收入金额，只需要考虑由收款人而不是付款人持有的重要信息(如全球利润、非例行的剩余利润和对不同市场地管辖区的销售比例等事项)。因此预提税将可以抵消过重的最终责任(或者，如果超过最终责任，将由退税弥补)。经合组织指出，预提税是国内法的问题，不是税收协定安排的一部分(当然，税率的限制是税收协定的一个共同特点)。他们建议，任何特征的国内预提税都应该被允许，而且，最好能各国一致应用，例如：[748]

> 然而,如果各国选择使用它(而且作为一种简化和保证基本征税权的行政机制,这将是一个国内法问题),就有必要商定承诺各管辖区可以适用预扣制度的基本特征。

包容性框架的声明最近建议放弃预提税。有观点认为："一站式"制度可能正在形成势头，使得在最终的总部管辖区可以进行独家申报，从而消除了在多个市场地管辖区同时申报的义务。[749]

251

---

[748] OECD Unified Approach, above n 714 at[39].
[749] OECD Statement by the OECD/G20 Inclusive Framework on BEPS on the Two-Pillar Approach to Address the Tax Challenges Arising from the Digitalisation of the Economy(OECD, January 2020) at annexure 1 at[36].

7.2 实施金额 B 倡议的变革

7.2.1 引言

虽然拟议引入与金额 B 有关新规则所带来变化的实际影响非常大，但该方案对国际税收框架所需的基础设施变化远不及金额 A 所需的变化大。正如第 5 章和第 6 章所讨论的，[750]金额 B 旨在成为一个务实的解决方案，以防止与在市场地管辖区开展基线分销和营销活动的子公司或分支机构收入金额有关的争议。这里的关键点是，这是在现有框架内对盈利能力的公式化评估(征税权的产生是因为纳税人在该司法管辖区有一个应税存在，例如一个常设机构或一个独立的应税实体，如子公司)。

由于这可以被看作是确定利润的一种方式，而不是建立新征税权的方案，所以问题就变成了如何最好地实施金额 B 所提出的变化(图 7.2)。

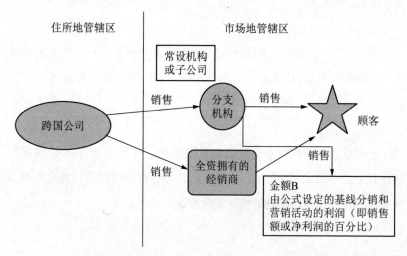

图 7.2　确定可以分配给市场及经销商的应税存在

7.2.2 需要修改什么？

鉴于金额 B 没有根本性的变化，而且征税是通过适用第 5 条中的关系规则和第 7 条中的营业利润规则进行的，乍一看，似乎没有必要对《经合组织示范税收条约》作出修改。新的利润确定方法有可能作为一种首选方法，在《经合组织转让定价准则》或第 7 条的评注中被引入。尽管如此，为了明确这是一个必须采纳的重大变化，似乎有理由将该方法列入第 7 条的一个段落。这样做的依据是，除非背离公平交易原则(见第7.2.3 节关于金额 C 的讨论)，否则，分销和营销中某些活动的利润额应当"按照 X 条款规定的公式确定"。然后，X 条款可以酌情包含在《转让定价准则》或经合组织的评注中。

迄今为止的讨论似乎是一种共识，即将金额 B 作为确定公平交易原则下利润额(或至少是公平交易金额内的利润范围)的替代。

7.2.3 实施金额 C 倡议的变革

就公平交易原则而言，金额 C 可以被视为简单的"恢复运转"或"照常营业"。出现金额 C 的情况是：[751]

在市场地管辖区有更多的功能，而不是参照当地实体的假定基线活动(受制于上述金额 B 的固定回报)进行核算，并且该管辖区试图根据现有的转让定价规则对这些额外功能的额外利润征税。

似乎没有必要对第 5、7 和 9 条作出重大修改。至于建议对金额 B 的修改，为明确起见，最好只在第 7 条的一个段落中予以体现，即：根据金额 B 确定的公式化利润，在按金额 C 核算时要遵守公平交易原则。

因此，实施金额 C 所提出的改变问题主要涉及它与金额 A 和金额 B 下所计算的金额的关系。下一节我们将继续讨论这个问题。

---

[751]　OECD Unified Approach, above n 715 at[30].

7.3 实施金额 A、B 和 C 的问题

金额 A 和其他两个金额(B 和 C)之间的关系应该非常小。原因是在理论上它们不应该有任何交集。金额 A 是在来源地管辖区没有(在自动数字服务的情况下)或有限(在面向消费者的企业的情况下)传统应税存在(但仍不足以构成应税实体或常设机构)的情况下,被视为产生于某些交易(远程销售)的收入。相比之下,金额 B 和 C 只在有传统应税存在的情况下才会产生。金额 A 在没有先例的情况下创造了新的征税权。如果的确如此,那么,正如上文所假设的,金额 A 和其他两项金额之间不应存在双重征税。

相比之下,金额 B 和 C 有很强的关联性,因为它们都是为了实现相同的结果(确定公平交易原则下的利润),但使用的是不同的方法。如果金额 B 中的公式没有完全反映出应税实体所承担的所有资产、功能和风险,那么金额 C 就会发挥作用,以确保在公平交易的水平上获得正确的税额。或者,如果金额 B 反映了过度征税,鉴于应税实体承担的资产、功能和风险有限,那么人们会认为金额 C 可能是一个负调整,以确保公平交易原则下的利润比金额 B 提出的公式利润有所减少。

从消除不同金额或类别的收入之间双重征税的角度来看,这些关系非常重要。假设一个单独的双重征税问题出现在国家之间——由金额 A 分配给市场或来源地国的收入,根据现有的公平交易原则计算,也属于居民所在地国的课税范围。关于金额 A,我们在第 7.1 节中进行了讨论。

7.4　实施支柱二关键要素的问题

支柱二建议的意义影响深远。[752]它们有效地提出了协调规则，这将使跨国企业很难通过税务筹划使得应税额低于最低的公司税额。这需要高度的统筹协调，因为实施时需要在不同的国家引入一致的规则，并组织规则以确保(或至少减少)双重征税。正如经合组织秘书处的建议所承认的，预计国际公法(条约)和国内法都将受此影响：[753]

这些规则将通过修改国内法和税收协定的方式来实施，并将纳 255
入协调或安排规则，以避免在一个以上的司法管辖区试图同时将这
些规则适用于同一框架或安排时可能出现的双重征税风险。

7.4.1　收入纳入规则

简单地说，收入纳入规则(Income Inclusion Rule)要求公司的股东在公司未按最低税率纳税的情况下，就其在公司收入中的比例份额支付"补充"税。这就是受控外国公司(CFC， controlled foreign company)立法的税收政策。将利润分配给股东是一种常见的技术，用于防止未纳税(或低税率)的利润在被股东控制的公司实体持有时积聚。这些规则适用于股东在公司中拥有大量直接或间接所有权益的情况(经合组织认为，大量可能意味着 25% 或更多)。[754]

然而，这些规则的目的是"补充而不是取代一个司法管辖区的 CFC 规则"。[755]这将意味着不仅需要与每个司法管辖区国内法下现有的 CFC

---

[752]　具体讨论参见第 5.7 节"支柱二：全球反税基侵蚀提案"。

[753]　OECD Global Anti-Base Erosion Proposal（"GloBE"）—Pillar Two Public Consultation Document(OECD， 8 November 2019) at[6]（"OECD GloBE"）.

[754]　OECD Addressing the Tax Challenges of the Digitalisation of the Economy Public Consultation Document(OECD Publishing， February 2019) at[96].

[755]　Ibid at[96].

规则进行一些仔细的协调，而且还需要仔细检查国内规则与每个国家的双重税收协定之间的关系。收入纳入规则将主要是一项国内立法，但可能会进行国际协调，以使其在各司法管辖区之间保持一致。

7.4.2　收入纳入规则与税收协定的关系

新的收入纳入规则将面临类似于 CFC 规则和双重税收协定所面临的问题。有时，条约规则规定住所地国(通过对母公司施加的义务)有权对位于另一个司法管辖区的子公司的利润征税(在有双重税收协定的情况下)，而这可能与 CFC 规则相冲突。问题的出现是因为相关的《避免双重征税协定》第 7 条第 1 款规定："一缔约国企业的利润应仅在该国纳税，除非该企业通过位于该另一缔约国的常设机构在该国开展业务。"[756]而适用第 7 条第 1 款的论点是：子公司的利润应该只在其住所地国而不是其他国家(母公司的住所地国，它正试图通过其受控资产制度对子公司的利润征税)征税。由于子公司在住所地国没有常设机构，征税权不分配给住所地国。世界各地的案例遇到了不同的结果，一些案例取消了 CFC 规则的应用，而另一些案例则没有影响到这些规则。[757]在这方面，CFC 规则的设计似乎特别重要。[758]如果子公司被住所地管辖区征税(并且责任转移到作为代理人的母公司)，那么第 7 条下的结果可能比归属于母公司作为其股东的收入的责任更有问题。

撇开 CFC 规则是否会导致对股东或子公司利润"新"收入征税这一

[756]　OECD Model Tax Convention on Income and on Capital Condensed Version(OECD, 21 November 2017).

[757]　UK decision Bricom Holdings Limited v Inland Revenue Commissioners[1997] BTC 471 (CA)(CFC rules applicable despite Article 11 of the UK/Netherlands treaty)；the French decision Re Societe Schneider Electric[2002] 4 ITLR 1077(French CFC rules not compatible with the French/Swiss treaty so the treaty prevailed preventing the CFC rules from applying)；the Finnish decision A Oyi Abp[2002] 4 ITLR 1009(CFC rules would apply to a Belgian subsidiary)；the Canadian decision Canwest Mediaworks Inc(successor by amalgamation to Canvideo Television Sales(1983) Ltd) v Canada[2006] 9 ITLR 189(TCC)(Canadian CFC rules effective with the Canada/Barbados treaty)；or in the Japanese(Supreme Court) decision Glaxo Kabushiki Kaisha v Director of Kojimachi Tax Office[2006] 12 ITLR 644(Japanese CFC rules effective in the Japan/ Singapore treaty)；and in the Brazilian decision Companhia Vale do Rio Doce v National Treasury[2014] 17 ITLR 643(Brazilian CFC rules violated the various treaties).

[758]　James Halse "The Conflict between CFC Legislation and Double Tax Treaties: A New Zealand Perspective" (2008) 14(2) NZ J T L & Policy 262 at 262.

技术问题，还有一个更大的问题，即：尽管有条约义务，国内反避税规则(如 CFC 规则)是否可以适用。2017 年《经合组织示范税收公约》的评注[759]表明，CFC 规则将始终占上风："这里没有什么可看的，请继续前进。"这是因为第 1 条第 3 款规定，如果住所地国对其居民企业征税，条约中对此并没有冲突。[760]一些条约可能没有这个保留条款，但经合组织的评注表明，这不是一个重大的遗漏，因为：[761]

257

> 对于不包括类似于第 1 条第 3 款规定的公约，必须得出同样的结论；由于第 7 条评注第 14 段和第 10 条评注第 37 段所解释的原因，根据这些条款防止适用受控外国公司条款的解释不符合第 7 条第 1 款和第 10 条第 5 款的案文。在阅读这些条款的上下文时，它也不成立。因此，尽管一些国家认为在其公约中明确澄清受控外国公司立法与公约不冲突是有益的，但这种澄清是不必要的。人们承认，以这种方式构建的受控外国公司立法并不违反《经合组织示范税收公约》的规定。

经合组织对第 7 条的评注第 14 段讨论了第 7 条第 1 款的目的以及与国内税收的关系。该段记载：[762]

> 第 1 款的目的是限制一缔约国对另一缔约国的企业营业利润征税的权利。正如第 1 条第 3 款所确认的那样，该款并不限制缔约国根据其国内法中关于受控外国公司的规定对本国居民征税的权利，即使对这些居民企业征收的税款可以参照属于另一缔约国居民企业利润中属于这些居民参与该企业的部分来计算。

---

[759] OECD Model, above n 721, Commentary on Article 1 at[81].

[760] Ibid at[81], 详见经合组织示范税收公约第 1 章第 3 款，其中规定："本公约不应影响缔约国对其居民的征税，但根据第 7 章第 3 款、第 9 章第 2 款、第 19 章、第 20 章、第 23 章 A 款、第 23 章 B 款、第 24 章、第 25 章、第 28 章授予的利益除外。"

[761] OECD Model, above n 721, Commentary on Article 1 at[81].

[762] Ibid, Commentary on Article 7 at[14].

本评注反映了经合组织的观点，更重要的是，记录了第 7 条第 1 款背后的目的和政策，所以它很可能在解释国内立法和条约之间的关系方面具有影响力。收入纳入规则和 CFC 规则立法背后的原理和政策几乎是不可区分的。大多数法院会有目的地解释国内法律，以反映各国保留对其居民征税能力的态度。有关受控外国公司的经验表明，一些国家可能会采取更多的文义解释，而不一定以《维也纳条约法公约》所要求的方式来阅读评注。[763]

虽然过于简化，但国际法律体系的二元论观点认为国际法和国内法是不同的法律体系。在一个层面上，国际法规范了主权国家之间的关系。在另一个层面上，国内法规范与该国家内部相关的法律事务。在二元论下，只有当国际法被明确纳入国内法时，才会适用。如果一个国家需要通过某种立法或正式将条约纳入其国内法，以使条约获得法律效力，那么这个国家就可以被称为二元论。拥有二元法律体系的一个后果是，随后颁布的国内法，如新的收入纳入规则，可以有效地推翻条约义务，即使这违反了这些国际条约义务。在反避税立法的情况下，如 CFC 规则和类似目的的收入纳入规则，可以说，由于各种不同的原因，如条约目的和反避税规则通常凌驾于条约义务之上——而这种凌驾是可以接受的(根据第 1 条的评注)。[764]

一元论的观点认为，国际法和国内法在本质上都是同一个法律体系的一部分。如果一个国家自动接受国际法作为其国内法律体系的一部分，就可以说是一元论。在实践中，这意味着在国际法意义上有效执行的双重征税条约在国内法律中自动具有充分的法律效力。这使得一元化司法管辖区更难在其国内颁布的收入纳入规则中主张故意推翻国际条约，因为一元化国家所签订的国际条约通常具有更高的法律地位。

---

[763] For a good example of this see the lamentable approach of the New Zealand Court of Appeal in Commissioner of Inland Revenue v Lin[2018] NZCA 38; in Craig Elliffe "Interpreting International Tax Agreements: Alsatia in New Zealand" (2018) 28(1)NZULR 1.

[764] Craig Elliffe "The Lesser of Two Evils: Double Tax Treaty Override or Treaty Abuse?" (2016) 1 BTR 62.

出于这个原因，二元论国家的国内立法可能需要明确记载收入纳入规则将凌驾于双边税收协定之上；而在一元论国家，则非常需要在多边文书中确认，后续税收条约中的任何内容将不会凌驾于收入纳入规则之上。

259

总的来说，为了使这些国内规则有效，从税收管理的角度来看，减少条约使收入纳入规则失效是非常重要和有益的。做到这一点，最好的方法是在实施其他支柱一和支柱二变化的 MLI 中加入一个明确的声明，即：在随后取代性的税收条约中没有任何内容可以影响这些类型的国内法律变化，如收入纳入规则的适用。

7.4.3 转换规则

这是另一个必然会受到 MLI 以及国内法律变化影响的变化。基本上，根据转换规则，在分支机构中被来源地司法管辖区征税不足的利润 (即不受最低税率限制的利润，类似于子公司在收入纳入规则下的征税方式)将在住所地国被征税。国内法将需要对该分支机构征税，而税收协定的影响则是由于需要从豁免方法"转换"到双重税收减免的抵免方法。许多国家的条约网络中都有这种转换条款。

7.4.4 征税不足支付规则和纳税主体规则

征税不足支付规则(The Undertaxed Payments Rule)拒绝就向关联方支付的款项进行扣除(或在源头上征收预提税)，除非收款人按最低税率纳税。不允许开支或征收预提税主要是因为国内法的修订。如果收款人是一个缔约国的居民，可能会有税务条约的影响。这就是纳税主体规则 (The Subject to Tax Rule)发挥作用的地方。如果少缴的税款有资格获得双重征税条约的减免，则适用纳税主体规则，不得享受税收条约的优惠。

《经合组织税收协定范本》将需要在以下方面由《多边投资协定》进行修改：[765]

● 限制对非居民企业利润的征税，除非这些利润可归于一个常设机

---

[765]　OECD GloBE,　above n 753 at[27] on 34.

构(《经合组织税收协定范本》第 7 条)。

- 要求在另一缔约国进行转让定价调整时作出相应调整(《经合组织税收协定范本》第 9 条)。

- 限制对股息在来源地国的征税(《经合组织税收协定范本》第 10 条)。

- 限制对利息、特许权使用费和资本收益在来源地国的征税(《经合组织税收协定范本》第 11—13 条)。

- 将其他收入的专属征税权分配给住所地国(《经合组织税收协定范本》第 21 条)。

因此，实施支柱二中的倡议，将需要仔细地应对国内法协调和条约变化。

7.4.5 规则效力顺位

另一个关键问题是各种规则的协调或排序。[766]有时候，两个或更多的规则可能同时适用，造成双重征税的情况。例如，母公司管辖区可能会对位于避税地的子公司提出收入纳入的要求，而跨国集团的另一个子公司管辖区则根据低税支付规则拒绝扣除向同一避税地子公司支付的款项。不幸的是，这有可能变得相当复杂，因为对规则效力顺位的排序将对国内法律和相关条约产生影响。

7.5 实施支柱一和支柱二常见的问题

7.5.1 通过多边工具的方式来实施?

如前所述，为实施其中一些修正案，需要对条约进行相当大的修改。这在新的征税权方面尤其如此。通过引入 BEPS 措施同一类型的文书来进行这些修改似乎是一个合乎逻辑的举措。[767]其中一个原因是时间

---

[766] Ibid, Appendix B at[30] on 35.

[767] Multilateral Convention to Implement Tax Treaty Related Measures to Prevent Base Erosion and Profit Shifting(entered into force 1 July 2018).

问题，因为有必要确保上述改变得以同时实施。经合组织秘书处承认这一点，具体如下："然而，更根本的是，征税权的重新分配提出了重要的政治考虑。一个关键的因素是，这些变化需要由所有管辖区同时实施，以确保一个公平的竞争环境。"[768]除非这些变化是同时进行的，否则国家之间会有赢家和输家。除非住所地国对被视为在市场地管辖区产生的收入进行豁免或给予抵免，否则就会出现一些双重征税的问题。

261

同时实施不是一件容易的事，但当然有可能让大量体量较大和较发达的国家在一个确定的合理时间表内达成安排，从而使相当比例的世界贸易被纳入新规则。BEPS 多边文书(MLI)的经验是一个例子，说明确定统一的实施时机可能是困难的。目前有 93 个国家是多边文书的签署国。截至 2019 年 12 月，只有其中 38 个国家交存了批准书、接受书或核准书。绝大多数国家在 2017 年 6 月签署了 MLI，但两年半后，只有 40%的国家正式批准了该协议。这告诉我们，由于政治或宪法的原因，许多国家批准或核准 MLI 需要时间。

除了时间问题外，在变化中具有极大的一致性也是一个优势。使用多边文书(无论是引入 BEPS 变化的同一文书还是新文书)似乎是对条约网络进行修改的一种有效方式。据推测，这些变化更像是 MLI 采用的最低标准，以便签署国统一采用这些变化。对于 BEPS 多边投资协议提供的一些选择(例如，决定是否采用对常设机构定义的修改或对混合错配的修改)，由于各种原因，签署国没有在与多边投资协议的安排中予以采纳。

7.5.2 争议解决

如果倡议被接受，在实施变革的过程中，最好有一个明确的争议解决机制。在经合组织秘书处的建议中，关于金额 C 的调整，建议："市场地管辖区和纳税人之间关于提案中任何内容的任何争议，都应受制于具有法律约束力和有效的争议预防和解决机制。"[769]2019 年 11 月在巴黎

262

[768] OECD Unified Approach, above n 715 at[40] on 11.
[769] Ibid at[30].

举行的支柱一公众咨询会议上讨论了这个问题，但对于争议解决机制的性质肯定没有达成共识。一些发言者反对有约束力的强制性仲裁。[770]

预计有必要建立一个新的争议预防和解决框架。第 5.6 节讨论了关于这个重要问题正在进行的工作。[771]

---

[770] 例如，参见非洲税务管理论坛的图拉尼·尚维(Thulani Shongwe)于 2019 年 11 月 21 日上午在经合组织公共会议上发表的评论。

[771] 参见第 5.6 节"争议的预防和解决"。

8. 替代政策策略对于 20 世纪 20 年代妥协方案的影响

8.1 20 世纪 20 年代妥协方案策略源于何处?

8.1.1 引言

经合组织秘书处提出的统一方法(Unified Approach)及全球反税基侵蚀提案(Global Anti-Base Erosion Proposal, GloBE)[72]的双支柱是大胆策略和实用主义的结合。如在第 5 章,特别是第 5.3.9 节中所述,双支柱与 20世纪 20 年代妥协的关键要素相背离。[73]不过显而易见的是,双支柱是旨在试图对于国际税收框架进行"适度但重大"改变的妥协方案。[74]21 世纪 20 年代妥协在审查征税权分配及联结度时,考虑了三项提案,《解决经济数字化带来的税收挑战——包容性框架公众咨询文件》对该三项提案进行了一些细节的描述。[75]虽然围绕金额 A 概念的设计很大程度上取决于营销性无形资产的提案,但其他提案的其他要素已被采纳。不过作为一项相互协调的一揽子方案,该等提案似乎解决了许多数字经济下的挑战。[76]这是件积极的事情。

---

[72] 这些在第 5、6、7 章讨论过。

[73] 建立基于远程销售而非实体存在、不遵守独立交易原则以及使用公式和门槛相联结的新征税权。详见第 5、6 章。

[74] D.布拉德伯里(D Bradbury)(税收政策与管理中心税收政策与统计司司长)在墨尔本国际财政协会会议上的发言(2019 年 6 月)。

[75] OECD Base Erosion and Profit Shifting Project, Public Consultation Document, Addressing the Tax Challenges of the Digitalisation of the Economy(February 2019) at 9—17.

[76] 这些在第 6 章中分析过。

然而，这里有一幅更大的改革图景，不仅仅是基于经合组织考虑到
的并在第 5 章中讨论过一些细节的特定提案。[777]支柱一和支柱二的发展路
径很大程度上取决于其他替代政策选择，即本章所分析的主题。这些是更
为根本的包含技术和制度的国际税收制度，例如公式分割及基于目的地征
税。这些重大政策变化许多都有其设计上的一些特点，这些特点都已被采
纳并纳入经合组织秘书处的提案中。尽管剩余利润分割法中的重要部分已
被支柱一中的金额 A 所采用，但仍没有单独一项提案被完全采纳。需要记
得的是，21 世纪 20 年代妥协需要一项务实、有效且可被理解的提案。要求
太多改变的政策会变得更加难以实施并在众多国家之间获得共识。随着时
间的推移，可被接受的改变的数量及速度可能并非无法逾越的问题。

本章着眼于对于包容性框架可行的主要的替代政策选择。第一，本
章试图描述这些主要的替代政策选择中每一项选择的关键特征及其是如
何运作的。此项描述背后的意图是简要突出这些替代政策选择是如何运
作的，而并非全面地描述这些制度。已经有其他人更为详细并更好地完
成了此事项。[778]第二，本章试图依次反映这些主要的替代政策选择的优
势与劣势，以及第三，根据 21 世纪 20 年代妥协的提案来分析这些主要
的政策替代选择的显著特征，并看看哪些方面已采纳了这些特征。第
四，鉴于有这些不同的替代政策选择，本章考虑了在每一个改革政策项
下 21 世纪 20 年代妥协未来走向可能的进一步变化。

本章分为 4 节。这些政策改革的前三项(即基于目的地的现金流征
税、基于所得的剩余利润分配以及按销售额的公式分割)均有一项明显
的共同特征：都着重于基于目的地(商品和服务交付及消费的地点)征税
而并非基于来源地(资本被运用于生产或制造商品或服务的地点)征税。
即使是第 4 节，扩大了常设机构的概念，也仍要求着重于向目的地所在
地分配收入，以实现克服数字经济对于国际税收框架的挑战所必须的一
些目标。换言之，本章得出的一个关键结论是，许多这些替代改革选项
对于改革进程的贡献简单来说就是：改革的提案必须最有效和切实地促
进基于目的地基础上的征税权分配。

---

[777] 参见第 5.2 节"支柱一：征税权利和联结度的分配"。
[778] 在本章中，读者将会查阅相关的参考资料来了解更详细的分析。

8.2 基于目的地的现金流征税

长期以来，国际税收届的一些最顶尖的人物一直在声称当前国际税收体系存在的问题。他们讨论了对于基于住所地以及基于来源地征税的脆弱性的担忧。[779]在很多情况下，他们提出的替代选择有时都反映了消费税的一个关键特征，即税基的稳定性。[780]消费税一个共同的特征是， 266

---

[779] Articles and books dealing with the problems of the international tax regime include: H Ault "Some Reflections on the OECD and the Sources of International Tax Principles" (Tax Notes International, 17 June 2013)；Reuven Avi-Yonah International Tax as International Law (Cambridge University Press, 2007)；M Devereux and J Vella Are We Heading towards a Corporate Tax System Fit for the 21st Century?(Fiscal Studies, Oxford Legal Studies Research Paper No 88/2014)；D Elkins "The Myth of Corporate Tax Residence" (2017) 9 Columbia Journal of Tax Law 5 at 12；M Graetz "Taxing International Capital Income: Inadequate Principles, Outdated Concepts, and Unsatisfactory Policies" (2001) 54 Tax L Rev 261 at 271；H Grubert and R Altshuler "Fixing the System: An Analysis of Alternative Proposals for the Reform of International Tax" (2013) 66 Nat'l Tax J 671；E Kleinbard "Stateless Income" (2011) 11 Fla Tax Rev 699；L Lokken "What Is This Thing Called Source?" (2011) 37 Int'l Tax J 21；D Pinto Ecommerce and Source-Based Income Taxation (IBFD Publications BV, 2003)；W Schön "Persons and Territories: On the International Allocation of Taxing Rights" (2010) 6 BTR 554 at 554；W Schön "10 Questions about Why and How to Tax the Digitalised Economy" (2018) 72(4/5) BFIT 278；R Vann "Taxing International Business Income: Hard-Boiled Wonderland and the End of the World" (2010) 2(3) WTJ 291；K Vogel "Worldwide vs Source Taxation of Income: A Review and Reevaluation of Arguments(in Three Parts)" (1988) 8—9 Intertax 216.

[780] 在这方面，牛津大学商业税收中心的工作尤其引人注目，该中心由迈克尔·德弗罗教授担任主席，并包括本名单中的许多作者。更多关注基于目的地所得税的文章包括：《奥尔巴赫和现代企业税》(美国进步中心/汉密尔顿项目，2010 年 12 月)。A Auerbach, M Devereux, M Keen and J Vella Destination-Based Cash Flow Taxation(Oxford University Centre for Business Taxation, WP 17/01, January 2017)；A Auerbach, M Devereux and H Simpson "Taxing Corporate Income" in J Mirrlees and others(eds) Dimensions of Tax Design: The Mirrlees Review(Oxford University Press, 2010) 837；Alan Auerbach and Michael Devereux Cash Flows Taxes in an International Setting(Oxford University Centre for Business Taxation, 2015)；R Avi-Yonah and K Clausing "Problems with Destination-Based Corporate Taxes and the Ryan Blueprint" (2017) 8(2) Colum J Tax Law 229；M Devereux and J Vella "Value Creation as the Fundamental Principle of the International Corporate Tax System" (Oxford University Centre for Business Taxation, European Tax Policy Forum Policy Paper, 31 July 2018)；M Devereux and J Vella Implications of Digitalisation for International Corporate Tax Reform(Oxford University Centre for Business Taxation, WP 17/07, July 2017)；M Devereux and J Vella "Taxing the Digitalised Economy: Targeted or System-Wide Reform?" (2018) 4 BTR 387；M Devereux Defining and Implementing a Destination-Based Corporate Tax(Oxford University Centre for Business Taxation, Working Paper 14/07, 2014)；Mirrlees Committee Reforming the Tax System for the 21st Century: The Mirrlees Review(Oxford University Press, 2011)；W Schön "Destination-Based Income Taxation and WTO Law: A Note" in H Jochum et al(eds) Practical Problems in European and International Tax Law: Essays in Honour of Manfred Mössner(IBFD, 2016) 429.

其通常在消费者所在地,即进口国(被称为目的地所在地)征收。

8.2.1 什么是基于目的地的现金流征税?

顾名思义,基于目的地的现金流征税(DBCFT)有两个要素。[781]这些是利用基于商品和服务目的地的税基,如消费税。这与基于现金流征税相结合。

首先来了解一下第二个组成部分,现金流,因为它是更广为人知的概念,也较为容易解释。[782]现金流征税的运作,正如其所说,[783]将所有收款计入收入,同时在"支付"时扣除所有支出。[784]与传统的财务会计(以及几乎所有的所得税会计)不同,现金流征税允许立即扣除所有支出,包括那些被视为资本的项目。因此,资本资产的支出,如厂房和机器或实际的建筑物等,都变得立即可以扣除。

允许对将长期使用的资本资产的成本进行全额扣除似乎与直觉相悖,但这种直觉思维来自会计中的匹配概念以及将盈利能力分隔到短期(如年度利润)的想法。如果你可以暂时从你的思维中暂停匹配概念,那么基于现金流的方法背后的逻辑是,理性的参与者投资资金以获得长期回报。理性且成熟的参与者将寻求代表与投资相关的所有折现现金流之和的最高净现值(NPV)的回报。换言之,如果折现率为10%,投入100美元的一项投资将在一年后获得超过110美元的回报。这意味着净现值考虑了折现率后的投资所需回报(一年110美元的现金收款的净现值为100美元)。因此,净现值代表经济租或折现后回报。

任何投资只有当净现值大于零时才有价值。[785]投资人投资于森林

267

[781] 一个更好的描述见 Auerbach et al Destination-Based Cash Flow Taxation, above n 780, which will soon be published by Oxford University Press。

[782] 现金流征税可见于整体国内税收体系分析或是一个涉及跨境的国际税收体系的情况下。

[783] 实际上,并非完全以现金收款/现金支出为基础,而是以权责发生制为基础,因此,当付款人有义务向收款人付款时,而不是当实际发生现金付款时,收款即成为收入。同样的,支出不是在实际现金付款时扣除,而是在付款人明确承诺付款时扣除。

[784] 两个主要选项构成了"所有收款"和"所有支出"。这两种变量包括作为普通商业行为的一部分购买或出售的物品(真实的基础)或与金融交易一起的真实的基础。在真实的基础的第一种情况下,忽略涉及借款的交易、赚取和支付的利息以及还款,因此只包括购买非金融资产(如包括厂房和机器、交易股票)的交易。在包括金融交易的第二种情况下,贷款的本金金额包括在收入中,而还款则是一项费用。

[785] 关于这一点的有力解释,可参见 Auerbach et al Destination-Based Cash Flow Taxation, above n 780。

时，可能会有 25 年的轮作周期，因为投资人期望他们投资的净现值大于零，这意味着在此 25 年期间与收款有关的折现现金流比产生的成本高(购买幼苗、栽培和修剪等)。随着时间的推移，征税仅针对纳税人在经济中赚取的整体经济租金，并且政府充当业务伙伴，提供退款(弥补亏损)以及对净现值收益征税。[786]

第二个概念，基于目的地征税具有国际关联性，因为当从管辖权的角度来看，它与税基有关。DBCFT 将来源于管辖区内的那些销售额和收益纳入税基，但不包括出口的收益。于国内产生的费用可以于这些收益中扣除。来源于商品和服务进口至最终消费者的收益包含在此计算中，减去相关的支出。[787]此税基着重于商品和服务的目的地。如果消费者是本地的，则收益是包含在税基中的。如果消费者位于海外的出口市场，则公司所得税将会发生在那个市场。与消费税税基的相似之处非常明显，对于那些试图理解 DBCFT 的人而言，思考一下对于进出口商品的间接税体系进行调整的类型是非常有帮助的。大多数增值税(VAT)及商品和服务税(GST)体系的运作都是为了使出口"零税率"或者不征税，而进口则会在边境征税。因此在 DBCFT 中，出口无需征税，而进口商品和服务则当销售至最终消费者时在边境征收所得税。虽然税收机制涉及边境调整，但如果业务在进口商品时产生 DBCFT，将被征收或被退回(或免除)，说明仅仅是最终消费者所在地才是与税收最终产生(税负)相关的。[788]

DBCFT 项下的费用(包括人力成本)在其所产生的管辖区内是可以做扣除的。这与间接税制度不同，间接税制度对增值而非净利润征税，因此包括人力成本。[789]

8.2.2 优势与劣势

DBCFT 有诸多的优势。最明显的一点是，基于目的地的税收利用了相对固定的基础：最终消费者的住所地管辖区。由于这和消费税所使

---

[786] 根据传统的所得税/公司税规定，这可能会导致政府出现不可预测的现金流问题，大多数体系都会提供亏损结转而不是现金退税。

[787] 若业务是进口商品和服务，进口收入可被视为是应税所得的，之后可进行扣除或直接全部被排除在外。

[788] 再一次说明 VAT 和 GST 体系的相似之处是显而易见的。

[789] See Auerbach et al Destination-Based Cash Flow Taxation, above n 780 at 14.

用的是同一个基础，这已经被建立为相对坚实的税务筹划证明(与公司所得税相比较时)。BEPS 行动计划主要关注支撑公司所得税基础，仅有行动计划 1 中的一小部分组成部分处理跨境服务和无形资产供应的间接后果。这种抵制税收计划的稳健性延展到了包括在商品和服务去往最终目的地国家的过程中使用转让定价(特别是对来源国的商品和服务定价过低)以较低税率支付商品和服务税费的交易。DBCFT 简而言之就是在最终目的地国家征税。DBCFT 的这一特征还有助于将投资定位于税收优惠管辖区这一不良方面。换言之，通过税收优惠的税收竞争将大幅减少。连同集团内部融资和转让定价(两者均在第 3 章中提及)——避税的另一个主要领域，即利用因使用难以估价但价值极高的无形资产支付的版权费来转移利润，亦将被消除。购买使用无形资产的权利(归类为进口服务或可能是商品)将为该无形资产的所有人在进口(高征税)管辖区内带来所得(或者如果因业务而购买，则可以免税)，但在任何一种情况下，将利润从高征税管辖区转向低征税管辖区(即目前的体系)的实际结果不会在 DBCFT 的情况下产生。

其他优势，包括其替代消费税的能力，允许那些没有或由于政治环境而无法实施此类税收的管辖区进入这一基于目的地的税基。使用现金流征税也减少了当前企业所得税所提供的相较于股权融资(分红不可扣除)而给予债务融资(利息可予以扣除)的优惠。给予债务融资[790]的优惠会导致过度负债以及利用跨境融资转移利润的大量机会。[791]还有其他显著的优势，例如行政便利、公平以及经济效率。[792]

劣势是确实存在的，但如果有足够的共识进行改变，这些劣势也并非不可逾越。一个主要的问题即潜在地违反国际贸易法。

2016 年有一段时间，美国似乎认真考虑引入 DBCFT 的一个版本。[793]但

---

[790]　Ibid at 12.

[791]　OECD Base Erosion and Profit Shifting "Action 4 Limitation on Interest Deductions" ⟨www.oecd.org/tax/beps/beps-actions/action4/⟩ .

[792]　See chapter 2(Evaluating the DBCFT) in Auerbach et al Destination-Based Cash Flow Taxation, above n 780 at 22.

[793]　For a description of a version of the DBCFT see House Committee on Ways and Means A Better Way for Tax Reform(United States House of Representatives, June 2016).

有人担心,在边境进行的调整是否会违反世界贸易组织的贸易义务。[794]
一些评论员的观点表明这可能是一个主要问题:"当然,许多市场国家 270
希望从其他地方产生的高利润产品中赚取一些租金。就进口而言,这相
当于关税,即使其名称是所得税。"[795]

据称,美国版的基于目的地税收草案从世界贸易组织和税收条约的
角度来看都存在问题。[796]出于各种原因,立法草案的明确起草依据是,
它在任何方面都不是增值税或销售税,这使得阿维·约纳和克劳辛
(Clausing)说道:[797]

> 提案的业务部分可以被视为是修改的减除型增值税。如果是增
> 值税,它就不会与税收条约或世界贸易组织规则有任何问题。但由于
> 它宣称自己不是增值税,并且至少有一个与增值税不同的关键特征,
> 因此它和税收条约及世界贸易组织规则两者都可能存在问题。

更普遍来说(也就是说,不具体评论美国的提案),沃夫冈·舍恩分
析了 DBCFT 提出的边境调整,并得出结论,在出口商品的情况下,这
些边境调整与世界贸易组织立法的兼容性存在问题。[798]此外,艾丽丝·
皮洛(Alice Pirlot)认为 DBCFT 和世界贸易组织规则的问题被夸大了。[799]

只要 DBCFT 是对公司利润的直接税,那么对转移到其他国家的价
值的全额扣除必须被视为是一项"豁免",这是所得税总体方案所无法
给予合理解释的。因此,应将其视为 GATT 和供应链管理协会第 16 条所

---

[794] J Gravelle The "Better Way" House Tax Plan: An Economic Analysis (United States Congressional Research Service, CRS Report, 7-5700, 3 August 2017).

[795] H Grubert "Destination-Based Income Taxes: A Mismatch Made in Heaven" (2015) 69 Tax L Rev 43 at 48. See also P Oosterhuis and A Parsons "Destination-Based Income Taxation: Neither Principled nor Practical?" (2018) 71 Tax L Rev 515 at 518, which suggests a similar view.

[796] R Avi-Yonah and K Clausing "Problems with Destination-Based Corporate Taxes and the Ryan Blueprint" (2017) 8(2) Colum J Tax Law 229.

[797] Ibid at 331.

[798] W Schön Destination-Based Income Taxation and WTO Law: A Note (Max Planck Institute for Tax Law and Public Finance Working Paper, 3 January 2016).

[799] A Pirlot "Don't Blame It on WTO Law: An Analysis of the Alleged WTO Law Incompatibility of Destination-Based Taxes" (University of Oxford Centre for Business Taxation, WP 19/16, November 2019) https://ssrn.com/abstract= 3551877 or ⟨http://dx.doi.org/10.2139/ssrn. 3551877⟩.

禁止的"出口补贴"。

271 　　除了这些世界贸易组织的问题外，如果税率随时间变化，现金流税也会存在问题，这可能会限制一个国家进行改变的可能性，从而导致政治上的困境。例如，如果公司所得税税率下降，则会有更大的动机"先行"支出。与传统会计相反，如果将资本项目计入税基，则利率变化可能会有更大的差异。

　　一个理论问题是，纯粹提供消费者住所地的国家(以前称为来源国)可以获利于税收。换言之，生产、创新和资本的国家不会因提供创造的基础设施而获得补偿。当你考虑到现有的规则允许远程销售的所有税收都流向居住国而完全没有流向来源国，这是一个相当根本的改变。

　　利益理论的概念之前在第1章里已讨论过，以证明在大量使用市场国基础设施的情况下来源国有权征税是合理的。[800]基于此，利益理论还可以被推演来证明来源国(以及目的地国)对出口销售额征税是合理的。分享征税权似乎是更符合逻辑的分配，而并非"赢家通吃"的结果。

　　总体而言，很难确切知道为何国际税收DBCFT体系未得到更多的关注和国际认可。各国可能对其收益来源持保守态度，亦对新想法有所疑虑。这可能是因为提案的变化太多，且达成政治共识的可能性实在是太渺茫了。

8.2.3　21世纪20年代妥协所采纳的特征

　　经合组织秘书处的提案中只采纳了很少的DBCFT要素。最重要的一项是关于远程销售基于目的地征税的要素，即金额A的收入分配以及新联结度规则所采纳的原则。尽管国际税收的这一方面在其他我们将予以评估的方法中得到了更好的阐述(如收入的剩余利润分割法)，但这仍然是对讨论的一项重要贡献。

272　8.2.4　此领域持续改革的可能性

　　虽然这是对国际税收体系的一项略为彻底和根本的改革，但与现行国际税收制度中有据可查的问题截然不同的是，着重于基于目的地征税，结合难以针对其进行税务筹划，这项改革带来了显著的好处。如果未能就21

---

[800]　参见第1.4节"来源地和住所地征税的合理性证明"。

世纪 20 年代妥协达成共识，DBCFT 的部分或全部要素仍可能会显现。

8.3 基于所得的剩余利润分配

审查的第二项主要替代改革是基于所得的剩余利润分配(RPAI)。这种方法与基于目的地的现金流征税有一个共同的特点，它也同样将应税收入分配至目的地所在地。如同基于目的地的现金流征税，牛津大学商业税务中心的迈克尔·德弗罗所主导的团队也考虑了基于所得的剩余利润分配。[801]

这项改革方案与阿维·约纳、克劳辛和德斯特于 2009 年提出的较早期的剩余利润公式分割法提案也有相似之处。[802]基于所得的剩余利润分配和阿维·约纳及其同事提出的剩余利润法都采用了一些类似的概念，这可能有助于解释。

8.3.1 外包法的运用

转让定价是一门试图确定独立交易标准(纳税人与非受其控制的纳税人独立交易时的真实应税收入)的艺术。大多数转让定价的分析都是构建出来的，并不依赖于特定的第三方交易。恰恰相反，这些分析是基于公开可得的公司的收益、成本和盈利能力的数据，这些公司开展的活动和职能与所分析的受控交易一方开展的活动和职能相类似。通常，分析始于：(1)寻找到许多与被审查公司开展类似活动和职能的上市公司，(2)确定相关运营成本或收益与运营利润的比例(进行适当调整后)，以及(3)对受控交易(正在审查的交易)进行定价，以在相应情况下被认为是适当的结果范围内产生一个利润。[803]奥斯特休斯和帕森斯[804]解释，这是美国在使用可比利润法时最常用的方法。[805]在《经合组织转让定价指南》中，在使用

273

---

[801]　M Devereux et al Residual Profit Allocation by Income(Oxford International Tax Group, WP 19/01，March 2019).

[802]　R Avi-Yonah，K Clausing and M Durst "Allocating Business Profits for Tax Purposes: A Proposal to Adopt a Formulary Profit Split" (2009) 9 Fla Tax Rev 497.

[803]　For an excellent discussion on this see Oosterhuis and Parsons，above n 795 at 529.

[804]　Ibid at 530.

[805]　Under Regulation 1.482-5 of the United States Regulations.

交易净利润率法时应用了此方法(这两种方法统称为"利润法")。[806]

利润法是采用一项"外包法"的转让定价机制。[807]此类外包法旨在根据从事相同业务但与跨国企业签约的第三方预期赚取的价值或利润，来确定活动和职能的适当价值或利润。[808]此问题的一个关键方面是，由于它们与第三方签约，外包安排将反映外包业务持续性的风险水平，但重要的是，外包业务本身。换言之，它们需要完全投入于自己的业务，但它们产生的回报不需要补偿它们的跨国公司产品和服务成功(或失败)的风险。因此，这些第三方外包承包商持有的任何无形资产都可能是最小化的。奥斯特休斯和帕森斯对这种方法的实用性解释如下：[809]

> 它为特定类型的职能和活动的价值提供了一个有用的基准。它允许开展营销、分销、合同制造甚至合同研究活动的管辖区，根据活动和职能，期望获得合理且相对稳定水平的收入而不受跨国集团整体业务成败与否的影响。

274　　　问题在于，跨国集团利用这些转让定价的技术将常规利润分配至开展了许多活动和职能的管辖区，并将剩余利润(如下所述，代表总利润减去这些常规利润)拆分给低税收或优惠税收的管辖区。[810]这些转让定价的技术导致了利润明显转移到低税收管辖区，尤其是在跨国企业难以对无形资产进行估价的情况下。

问题是，运用这种外包法，剩余利润是否可以以不太容易被操纵的方式分配，或者用批判的话来说，是否可以实现更公平地分享税收收益？

8.3.2　原有的剩余利润公式分割法

由阿维·约纳及其同事提出的剩余利润公式分割法，根据实际成本加上 7.5% 的额外加价，将全球利润分配给承担职能和活动的实体。这

---

[806]　OECD Transfer Pricing Guidelines for Multinational Enterprises and Tax Administration (OECD Publishing, 2017) at 117.

[807]　Ibid at 530.

[808]　According to Oosterhuis and Parsons(above n 795), 该外包方法与在美国根据条例第1.482-5(b)(1)条经常采用的可比利润法相一致，也反映了经合组织的转让定价方法6(2010)。

[809]　See Oosterhuis and Parsons, above n 803 at 530.

[810]　Ibid.

种实用且固定加价的目的在于模拟在不同管辖区经营的实体的常规回报。与转让定价外包法一致，使用固定加价"旨在意图减少争议，同时根据当地发生的成本提供适度的利润分配"。⑪

在确认常规利润并将其分配(使用此固定加价)给承担职能和活动的实体所产生成本的每个管辖区后，将产生最终和剩余的全球利润。该方法的下一步将根据每个管辖区对第三方客户的销售额比例，将这些剩余全球利润分配给每个管辖区。⑫

我们现在转向基于所得的剩余利润分割法，该方法与剩余利润公式分割法共享许多相同的特征。除了牛津大学小组在发展基于所得的剩余利润分配方面所做的工作外，其他学者也在这一领域展开工作。⑬

8.3.3 什么是基于所得的剩余利润分割法

275

基于所得的剩余利润分割法运用了与许多其他形式的剩余利润分配方案相同的原则。它也利用了标准的转让定价的技术。剩余利润分割法的共同基本方法是将常规利润与整个跨国实体的非常规(或剩余)利润进行分割。常规利润是指分配给每个管辖区内的跨国业务要素所开展的活动和职能的利润，以及在独立交易的基础上分配给"与其参与的受控交易相关的非独特贡献"的利润。⑭因此，常规利润是"仅考虑一个独立

---

⑪ Ibid at 541, citing Avi-Yonah et al, above n 802.

⑫ Avi-Yonah et al, above n 802 at 508—509.

⑬ 这不是一份完整的清单，仅供进一步参考。In addition to the Avi-Yonah et al(n 802) and Oosterhuis and Parsons(n 795) papers referred to above, other valuable papers include J Andrus and P Oosterhuis "Transfer Pricing after BEPS: Where Are We and Where Should We Be Going" Tax Magazine(2017) 95(3) at 89; R Avi-Yonah "The Rise and Fall of Arm's Length: A Study in the Evolution of U.S. International Taxation" (1995) 15 Va Tax Rev 89; R Avi-Yonah "Between Formulary Apportionment and the OECD Guide-lines: A Proposal for Reconciliation" (2010) 2 WTJ 3; R Avi-Yonah and I Benshalom "Formulary Apportionment-Myth and Prospects" (2011) 3 WTJ 317; R Couzin "Policy Forum: The End of Transfer Pricing?" (2013) 61 Can Tax J 159; M Devereux and J Vella "Taxing the Digitalised Economy: Targeted or System-Wide Reform" (2018) 4 BTR 301; D Elkens "The Case against Income Taxation of Multinational Enterprises" (2017) 36 Va Tax Rev 143; M Kane "Transfer Pricing, Integration and Synergy Intangibles: A Consensus Approach to the Arm's Length Standard" (2014) 6 WTJ 282; S Morse "Revisiting Global Formulary Apportionment" (2010) 29 Va Tax Rev 593; D Rosenbloom "Angels on a Pin: Arm's Length in the World" (2005) Tax Notes International 523; W Schön "International Tax Coordination for a Second-Best World" (2010) 2 WTJ 227; Wolfgang Schön "International Taxation of Risk" (2014) 68 BFIT 280; LE Schoueri "Arm's Length: Beyond the Guidelines of the OECD" (2015) 69 BFIT 690; R Vann "Reflections on Business Profits and the Arm's-Length Principle" (2003) in B Arnold, J Sasseville and E Zolt(eds) The Taxation of Business Profits under Tax Treaties(Canadian Tax Foundation, 2013) 133.

⑭ 关于剩余分析问题的讨论，参见经合组织，above n 806 at 317。

承包商将面临的风险，业务在特定时期内承担的职能和活动的回报"。⑮这与以上(第 8.3.1 节)所述的外包法是一致的。⑯这个回报可以说是对外包服务提供商的特定活动的"分隔"。《经合组织转让定价指南》提供了应用剩余利润分割法的一个例子，并描述了明确常规利润以认定剩余利润。⑰运用基于所得的剩余利润分割法，常规利润接收人的数量和身份的认定通过使用现有的转让定价规则决定，而不是基于上述(第 8.3.2 节)讨论的阿维·约纳方法中提出的固定加价型的方法来决定。

8.3.4　常规及剩余利润

通过运用现有的转让定价方法来决定常规利润的金额以及谁获得了这些利润，基于所得的剩余利润分配运用了公认的相对较少问题范围内的现有规则。⑱如上所述，问题是剩余利润分配向了何处。⑲传统的转让定价法根据集团内的合同安排分配剩余利润回报，使得跨国公司能够将利润分配到其"组织"合同、活动和职能的低税收管辖区。

这与正统的说法相偏离，因为基于所得的剩余利润分割法将剩余利润分配给了普遍是基于向最终第三方客户销售的管辖区。奥斯特休斯和帕森斯评论如下：⑳

> 因此,当地市场的附属公司从其市场销售的产品中赚取任何剩余回报。该体系本质上与目前许多跨国公司使用的体系相同,但不同

---

⑮　Devereux et al Residual Profit Allocation by Income, above n 801 at 22.

⑯　因此，常规利润是指独立第三方将其活动外包给跨国公司实体时所赚取的利润，包括所付出资本的回报、所发生的风险以及所开展的专业活动和职能的任何回报。它不包括对跨国公司业务整体风险(产品或服务的成功或失败)的任何回报。

⑰　OECD, above n 806 at 317(Annex II to Chapter II).

⑱　Devereux et al Residual Profit Allocation by Income, above n 801 at 4—5："因此，基于所得的剩余利润分配(RPAI)遵循了现有的转让定价规则，通常这些规则被认为是运作相当良好的(用于计算常规利润)，并在剩余利润的情况下偏离了这些规则，而通常这些规则被认为很难实现。"尽管如此，经合组织秘书处的提案描述了金额 B 的使用来确定公式或固定加价，以便于行政管理，并减少争议的可能性。因而，任何觉得常规利润计算规则无法改进的想法，应根据对与金额 B 相关的政策变化的批评和理由进行审查——参见第 5.4.2 节"关于金额 B 的政策合理性"。

⑲　详见第 8.3.1 节。

⑳　Oosterhuis and Parsons, above n 795 at 543.

的是赚取任何剩余利润的实体依法为当地市场的附属公司,而不是跨国集团通过合同安排指定的税收优惠的附属公司。

剩余利润可以使用两种方法中的一种进行分配,但两种方法都采用 277
了将剩余利润分配到总剩余收入所在地的概念。先分后总的方法,是根
据销售额减去销售商品的成本(包括在相关管辖区内发生的任何费用)来
分配收入。如果费用不能具体地分配到销售额,则根据任何国家的总剩
余收入与全部的总剩余收入的比例来进行分配。先总后分的方法,是用
整个跨国集团的总剩余利润(总利润减去常规利润),并根据每个国家的
剩余总收入将利润分配给每个管辖区。[821]

很显然,基于所得的剩余利润分割法将这些剩余利润分配给市场目
的地管辖区,而无论它们是否有正式的实体。正如牛津文件所述:"无
论跨国公司在目的地国是以何种性质存在的,基于所得的剩余利润分配
都将适用。剩余利润将分配给目的地国,无论其在那里是否有子公司、
分支机构,或仅仅是远程销售。"[822]根据基于所得的剩余利润分配,所
有剩余利润都分配给市场国。牛津文件指出,可以通过将收益重新分配
给来源国来实现与来源国的收益共享。[823]

8.3.5 优势与劣势

基于所得的剩余利润分割法处理当前国际税收体系中的一些问题。
通过对剩余利润使用目的地的基础,同时处理了一些问题,第一是转让
定价中与利润分配和操纵以及其他利润转移手段有关的一些问题。这些
问题包括跨国公司如何选择低税收管辖区作为剩余利润的合同接收方,
以及在处理剩余利润时以正确量化和分配独立交易利润时所面临的困
难。也就是说,应该获得多少剩余利润,以及由谁获得。可以说,这一
特征减少了税收原因对经济决策的扭曲。[824]

---

[821] Devereux et al Residual Profit Allocation by Income, above n 801 at 4.
[822] Ibid at 4.
[823] Ibid at 59.
[824] Ibid at 7.

278　　　第二，特别是在个人消费者的情况下，它将收入分配给相对固定的税基(使该体系下更不容易避税)。通过忽略公司间的利息支出和版权费，以及只允许基于收入或资产的第三方利息支出，转移利润的能力被大大地降低了。㉕

　　　第三，它大量使用了现有的转让定价外包法确定常规利润，使其对实操者来说是可解释和可理解的。因此，它的引入不会受到很多挑战。

　　　第四，与其说是一个技术原因，不如说是许多人持有的一种潜在看法，它使得收入分配给市场地管辖区，这可能符合公平的共识。在高度数字化商业及其与市场地管辖区内客户有直接互动能力的领域，这更有可能是真实的情况。该特征使得市场地管辖区在拥有必要的国内和国际征税权的前提下，能够对远程销售征税。

　　　弊端为它是新事物，并且它确实挑战了国际税收框架中长期所持的传统概念。例如，在不改变常设机构概念的情况下将利润分配给目的地管辖区是毫无意义的。因此，该方法设想对框架进行实质性改变，在某些情况下实际上放弃常设机构的概念。

　　　将所有收入分配给市场地(或目的地)管辖区也可能引起从政治角度来看是不可接受的这一争议。然而，需要指出的是，这并不一定就是结果，可以部署其他机制来确保将收入的一部分分配给市场地管辖区，另一部分分配给来源地管辖区。

　　　最后，收入(或亏损)的计算以及双边税收的可能性都还是会有一定程度的复杂性。

8.3.6　21世纪20年代妥协所采纳的特征

　　　显而易见，基于所得的剩余利润分割法和其他剩余利润法推出的概
279　念对经合组织秘书处的支柱一提案作出了重大贡献。出发点是，金额A是使用现有的转让定价外包法计算常规利润，基于将剩余利润的一部分分配给市场地管辖区。有一些不同之处在于，经合组织秘书处的提案使

　　㉕　Ibid at 64.

用合并账户所产生的利润来计算剩余利润，并且只有部分利润分配给了市场地管辖区，而根据基于所得的剩余利润分割法，有更为完整的分配，将所有剩余利润分配给了目的地或市场地管辖区。在写本书时，仍存在一些尚未解决的争议点，例如如何准确地将分配给市场地管辖区的剩余利润从当前来源国排除，从而防止双重征税。关于"面向消费者"业务的确切范围(将被纳入金额 A 视同收入的计算中)也有些不清晰。基于收入的剩余利润分割法不依赖于营销性无形资产或用户参与政策的基本原理(更具争议的是，经合组织提出的作为税收合理性基本概念的价值创造概念)，因此它适用于具有更简单政策基本原理的所有业务，也就是说，固定的消费者基础是一个易于认定和征税的税基。[926]

向经合组织秘书处的支柱一提案中所固有的(因与金额 A 有关)目的地征税的发展趋向，以及新联结度规则的创设，意味着可以根据经合组织提案对远程销售征税，但这并不是所提出的剩余利润法对税收政策的唯一贡献。需要注意的另一个特征是，阿维·约纳及其同事提出的剩余利润分割法中使用的标准加价与金额 B 概念中提出的公式化方法有相似之处，代表了在计算归属于基线营销和分销职能的利润时独立交易盈利能力的范围。

8.3.7 此领域持续改革的可能性

即使经合组织秘书处的支柱一提案无法在足够多的国家之间取得必要的共识，但仍然建议可以而且将在未来的国际税收改革中采纳剩余利润分割法的几个突破性特征。首先，通过向市场地或目的地管辖区分配剩余利润促进了向目的地征税的趋向。其次是使用外包法来分离常规利润和剩余利润。这是一种非常常见的转让定价技术，也是跨国税务筹划师手中的一个有力工具。当出现将利润分配给相对固定的税基的可能性时，各国政府将看到对于国际税收政策的长期战略影响，并且很难减缓

280

---

[926]　M Devereux "The OECD Pillar One Proposal" (22 October 2019) Oxford University Centre for Business Taxation Blog 〈http://business-taxation.sbsblogs.co.uk/2019/10/22/the-oecd-pillar-one-proposal/〉.

或停止这一改革(即使是可取的，而事实上也并非如此)。然而，需要考虑的是，对鼓励资本发展和企业风险的国家应给予必要的回报，而不仅仅是消费者存在的国家。建议需要分享征税权利，而不仅仅是只分配给目的地国。

8.4 公式分割

基于公式分割设计国际税收体系的可能性已经被考虑了相当一段时间。[827]公平而言，这是一个有争议的提案，许多评论家认为它与我们现有的独立实体/独立交易的国际税收体系一样可以被操纵。[828]公式分割是欧盟委员会 2011 年关于共同合并公司税基的提案(CCCTB)的核心。2016年重新启动的共同合并公司税基仍然是一项旨在促进计算利润、降低合规成本和限制税务筹划机会相协调的重要改革。[829]美国和加拿大在州一级的税收体系中都采用了不同变化的公式分割。[830]如同前两种国际收入分配方法(DBCFT 和 RPAI)，根据公式中使用的分配因子是否完全基于销售额，可以透过基于目的地的税收来查看公式分割。这个概念可以通过公式分割是如何运作的加以解释。

8.4.1 公式分割是如何运作的?

公式分割本质上是将跨国公司的总净利润分配给创造这些利润的每

[827] For example, see R Avi-Yonah and K Clausing Reforming Corporate Taxation in a Global Economy: A Proposal to Adopt Formulary Apportionment (The Brookings Institute, Discussion Paper 2007-08, 1 June 2007).

[828] Grubert and Altshuler, above n 779 at 704—706; J Clifton Fleming Jr, R Peroni and S Shay "Formulary Apportionment in the US International Income Tax System: Putting Lipstick on a Pig?" (2014) 36 Mich J Int'l L 1.

[829] See the European Commission's website: Common Consolidated Corporate Tax Base (CCCTB) 〈https://ec. europa. eu/taxation _ customs/business/company-tax/common-consolidated-corporate-tax-base-ccctb_en〉.

[830] W Hellerstein "Formulary Apportionment in the EU and the US: A Comparative Perspective on the Sharing Mechanism of the Proposed Common Consolidated Corporate Tax Base" in A Dourado(ed) Movement of Persons and Tax Mobility in the EU: Changing Winds (International Bureau of Fiscal Documentation, 2013) 413.

个国家。跨国公司被视为单一的(或通常被称为"统一的")商业体。统一的商业体是指母公司对其子公司行使法律和经济控制的合并跨国实体。[831]

统一的商业体被视为单一的纳税人,尽管它可能通过许多不同管辖区的许多不同实体进行运营。由于其作为单一纳税人的状态,其收入是通过汇总全球所有收益和支出以确定总体净利润来计算的。由于不同管辖区内的独立实体因此不会发生利润的确定,所以只有一个单一的全球净利润或收入。该全球净收入根据不同的分配因子[如销售额、投入的资本、员工人数(或其薪酬)]分摊给跨国公司开展业务的不同管辖区。而后,每个管辖区将其税率应用于通过使用这些分配因子确定的公式分割给其的所得,并再征收所得出的税收的金额。[832]

美国许多州使用了一个分配因子,称为马萨诸塞公式,该公式表示一种计算方法,该方法同等考虑了任何一个州所承担的资产、工资成本和销售额,并将其除以跨国公司的总资产、工资成本和销售额。

美国各州的趋势是越来越多地使用完全基于销售额的分配因子。[833]阿维·约纳和克劳辛在其 2007 年的提案中提出了仅依据销售额的分配。[834]该提案摒弃了马萨诸塞公式中使用的分配因子的其他要素,因为:[835]

> 观察者指出,公式分割体系在公式中使用的因素上创设了一项隐性税收,从而阻碍了高税收地区的资产和就业。这一公式还留下了关于无形资产的处理、难以对财产估价等方面的未决问题。

8.4.2 优势与劣势

如上所述,马萨诸塞公式有两个关于来源的组成部分(资产和员工

---

[831] Avi-Yonah and Clausing, above n 827 at 12.
[832] Ibid at 12.
[833] Grubert and Altshuler, above n 779 at 705.
[834] Avi-Yonah and Clausing, above n 827.
[835] Ibid at 12.

人数或薪酬)及一个基于目的地(销售额)的组成部分。以下讨论涉及仅基于销售额的公式分割,即阿维·约纳和克劳辛提出的建议。

以资产和就业为基础进行分摊的问题五花八门,也被很好地审查过。[836]正如格鲁伯特(Grubert)和阿奇舒勒(Altshuler)所指出的,当公式的组成部分基于来源因素(资本/资产和员工人数或薪酬)时,则跨国公司很容易操纵这些因素,以实现与现有国际税收体系非常相似的税收筹划结果。[837]他们通过其模型断言,跨国公司将把资本密集型投资定位于低税收管辖区,此外,工资的基础更容易被操纵,因为在避税天堂雇用的额外工人,由于超额的回报将被分配给低税收管辖区,工人的"工资恰好等于边际产品为公司创造的额外收益",并且"公司有动机在低税收国家雇用相对非生产性的工人"。[838]这使他们得出更普遍的结论:[839]

283

> 公式分割的一个普遍问题,应税收入的决定因素与键入公式的项目之间潜在的不对称。增加应税收入但无法计量的无形资产就是一个例子。如果工资在公式中,这将成为另一个不对称的来源,因为工资成本可以从应税收入中扣除。公司可以通过在低税收国家增加劳动密集型活动来利用这种不对称。由于较低税率带来的好处,他们将超越劳动边际生产率与工资成本的正常相当性。

通过去除来源国分配因子来克服其带来的问题,阿维·约纳和克劳辛指出了使用目的地基础来选择销售额作为公式中唯一分配元素的优势,即消费者基本上是一个固定的税基,且跨国公司总是有动力进行销售。[840]此

---

[836] See the discussion in Oosterhuis and Parsons, above n 795 at 516; Grubert and Altshuler, above n 779 at 705; J Roin "Can the Income Tax Be Saved? The Promise and Pitfalls of Adopting Worldwide Formulary Apportionment" (2008) 61 Tax Law Rev 169.

[837] H Grubert and R Altshuler "Formula Apportionment: Is It Better than the Current System and Are There Better Alternatives?" (2010) 63(4) Natn'l Tax J 1145.

[838] Grubert and Altshuler, above n 779 at 705

[839] Grubert and Altshuler, above n 837 at 1148.

[840] 他们还注意到,如果一些国家采用基于目的地征税模式的仅有销售额的公式,那么其他国家将受到激励,也会这样做,否则他们将失去工资成本或资产(资本)给那些公式中不包含这些分配因子的国家。

税基的固定性与讨论的前两项基本改革方案选项具有相同的积极特征。

使用基于目的地的分配因子是减少税务筹划机会的一项优势，但即便如此，一些评论家仍担心，仅使用销售额并不能消除这些机会。格鲁伯特和阿奇舒勒认为，即使是仅有销售额的公式也可能导致收入转移到低税收管辖区。公司可以在低税收管辖区进行营销和分销，同时向高税收管辖区的第三方分销商销售。批发价格包含在高税收管辖区销售公式中，而零售价格包含在低税收管辖区销售公式中。[841]这将产生根据公式将应税利润重新分配给低税收管辖区的效果。

最根本的劣势之一是，基于销售额的利润分配将所有跨国公司利润分配给目的地国。就生产因素和市场地管辖区之间的收入分享而言，这是一个相当彻底的结果。由于缺失对风险或企业家精神的回报，这将使国际共识难以达成。正如德弗罗和他的牛津大学中心所言："这意味着公式分割无疑是一种更简单的可以降低合规和管理成本的方法。但它也存在一些人可能认为的从活动所在管辖区不成比例地取走收入分配的风险。"[842]

最后，同样重要的一点是，基于目的地的税收是否可以被视为关税的问题仍未得到解决。在格鲁伯特的分析中，他担心市场国对其他地方开发的高利润产品征税会对贸易法带来问题，他提议"就进口而言，这相当于关税，尽管它被称为所得税"。[843]

8.4.3 21 世纪 20 年代妥协所采纳的特征

21 世纪 20 年代妥协采纳了两个特征，这两项特征与基于销售额的公式分割相一致。第一项是将利润分配给市场或来源国的出发点是基于全球盈利能力的计算。第二项是将利润分配给市场地或目的地管辖区。

如上所述(第 8.4.1 节)，基于销售额的公式分割分配给市场地管辖区的不仅仅是剩余利润，而是所有利润。因此，基于收入的剩余利润分配

284

[841] Grubert and Altshuler, above n 779 at 705.

[842] Devereux et al Residual Profit Allocation by Income, above n 801 at 56.

[843] Grubert, above n 795 at 48.

与经合组织秘书处提出的金额 A 的公式更为相近。

8.4.4 此领域持续改革的可能性

可以将这三种基于目的地的方法视为改进过程的一部分。从这个角度来看，它们都是通过将征税权和税收分配给市场管辖区，为国际税收体系的潜在改革作出贡献的因素。相对简单是公式分割的一项优势，但将所有利润分配给市场地管辖区似乎是有问题的。这一领域的改革可能需要与将征税权分配给企业活动和资本投资的管辖区相联系，以达成国际共识。

285

8.5 扩大常设机构的概念

在许多方面，(以某种形式)对"常设机构"的概念进行改革是国际税收框架中应对数字经济挑战的最有可能的变化。这是因为，尽管一些关键的概念需要改变，但现有框架的大部分内容是可以保留的。对常设机构的概念进行改革的想法带有一种多样的性质。首先要讨论的是，这不同于系统性地改变常设机构的定义以及征税权的分配，其次，以其他方式去解决这个问题，如个别国家就如何解释常设机构的概念发表声明或宣言，或者最后，引入例如转移利润税这样的国内反避税立法，以及其他多边的避税立法。在过去的多年中，这三种方法都是国际税收舞台重要的组成部分，并且在许多方面，它们都反映了代表政府和税收管理部门对数字业务所带来的挑战感到越来越挫败。

8.5.1 一种新的常设机构联结度

如第 5 章所述，[844]《解决经济数字化带来的税收挑战——包容性框架公众咨询文件》[845]的第三项提案着眼于改变常设机构的定义。显著经

---

[844] 参见第 5.2.4 节 "'显著经济存在'提案"。
[845] OECD Addressing the Tax Challenges of the Digitalisation of the Economy(OECD Base Erosion and Profit Shifting Project, Public Consultation Document, 13 February 2019) at 9—17.

济存在可构成常设机构这一看法此前已有一些细节的讨论，且这是行动计划 1 最终报告——解决数字经济带来的税收挑战的一部分。[846]

这项提案着重于避开传统常设机构而"扩大"一个管辖区内构成应税存在(taxable presence)的概念，以纳入数字经济所独有的特征。如第 3 章，尤其是第 3.2.2 节至第 3.2.4 节所述，现有常设机构的定义侧重于物理因素(尽管它的确包括源自合同关系的视同常设机构，如非独立代理人)。相反，这项提案着重于"证明可以通过数字技术和其他自动化手段与管辖区进行有目的且持续互动的因素"，这些因素与于持续基础上所产生的收益相结合时可以构成"显著经济存在"。所有这些都促使经合组织考虑是否应该在常设机构的概念中包含源自数字经济的因素。[847]

2015 年初，彼得·洪勒和帕斯夸莱·皮斯通发表了一份修订常设机构概念的蓝图，提议了其中的一些数字因素。[848]尽管洪勒和皮斯通的提案是一个非常好的范例，从理论和实践角度进行了很好的构建，但审查他们的提案是论证此项概念的一个好方法，因为这项提案说明了这一领域所建议改革的类型。

8.5.2 修订后的常设机构概念是如何运作的？

在处理商业利润的征税和常设机构的概念时，有必要解决两个主要的议题。第一个议题是联结度的问题：建立应税存在或者常设机构门槛的必要联结度是什么。第二个议题是关于将收入分配给此应税存在以及建立征税权以促进征税。

洪勒和皮斯通提议，新数字化常设机构的联结度应当由四种主要要素或要求组成：(1)数字服务；(2)用户门槛；(3)一定的时间门槛；以及(4)最低限度的收益门槛。当符合这些要求时，就达到了新常设机构的门槛，"数字存在"的观点也证明了这一点。

---

[846]　OECD Addressing the Tax Challenges of the Digital Economy, Action 1-2015 Final Report(OECD/G20 Base Erosion and Profit Shifting Project, 2015) at 107[7.6.1].

[847]　OECD, above n 845, [51] at 16.

[848]　P Hongler and P Pistone Blueprints for a New PE Nexus to Tax Business Income in the Era of the Digital Economy(IBFD, Working Paper 20, January 2015).

从理论角度看，这种新联结度的灵感来自"修改了传统来源理论的理论框架，反映了利益理论，并减少了跨境数字和实体商业活动税收待遇的现有偏见，着眼于实现这两类活动之间更广泛的一致性"。[849]

287　　他们设想的通过纳入上述四种要素(即数字服务等)来扩大新常设机构的定义，以修订目前常设机构的定义，明确了只有那些属于数字经济一部分的特定的电商企业会受到该变化的影响。因此，非数字化的商业还是将按现有规则处理，这对"什么是数字？"的定义形成了相当大的压力。

　　如上所述，这些提案将建立一个新的、扩大的常设机构的定义，而另一个必须解决的关键问题是收入的分配。在现行的《经合组织转让定价指南》下，如果大型跨国公司在其进行远程销售的管辖区内没有实体存在的，则其不必将收入分配给该市场地管辖区。[850]由于企业的传统风险和职能中不存在与数字化常设机构相关的内容，因此在没有进一步修订的情况下，无法将利润分配给外国常设机构。

　　在考虑了各种选项后，洪勒和皮斯通提议可能应用修改后的利润拆分法，将部分利润预先分配给市场地管辖区，以确定分配给常设机构管辖区的应税收入。他们的讨论认为来源地创造了价值，因此应当连同市场地管辖区"对一定的收入进行征税"，因为"需求方也创造了价值"。[851]

　　他们参考了德·维尔德(de Wilde)的工作成果，认为产出方(即经济等式中的需求方)也应被视为价值创造提议的一部分。[852]从第 1 章中，[853]我们记得本书在理论基础上得出的结论与洪勒和皮斯通的提议相似。在考虑价值创造时(并认识到许多学者认为这是一个棘手的问题)，[854]马丁·德·维尔德在他的一篇文章中提出了一个问题："如果需求方与创

---

[849] Ibid at 2—3.
[850] Ibid at 32.
[851] Ibid at 33.
[852] M de Wilde "Sharing the Pie: Taxing Multinationals in a Global Market" (PhD thesis, Erasmus University Rotterdam, 2015) at 303.
[853] 相关讨论参见第 1.5.5 节"价值创造与现有国际税收框架的关系"。
[854] 参见第 1.5 节"所得利益说及其与价值创造的关系"。

造收入有关，那么为何目前国际税法在分配公司的国际利润时没有考虑到这一点？ 答案似乎是，这只是事物如何演变为'历史的产物'。"[355]

因此，洪勒和皮斯通主张"市场地管辖区应至少有权对企业的部分收入进行征税，并且跨境收入的分配应部分依赖于目的地征税的因子"。[356]

他们继续建议，收入的分配应该是总利润的三分之一归市场地管辖区(即在所有符合新数字视同常设机构要求的管辖区之间，根据销售额分配全球利润)，三分之二根据现有的转让定价概念进行分配(归来源国)。他们承认这是一个谈判的问题，进一步的经济研究可能会产生不同的结果。[357]

洪勒和皮斯通的建议并非完全新创的，19 世纪时，乔治·冯·舒兹(Georg von Schanz)在开发"经济忠诚"这一概念时，便已提出了类似的观点，他提议来源地有权对国际贸易收入的四分之三进行征税，剩余的四分之一留给住所地。[358]

8.5.3 扩大常设机构法的优势与劣势

扩大常设机构法的优势之一是，它确实在一定程度上解决了消除数字商业远程销售赚取的商业利润的担忧。这是数字经济展现的主要挑战之一。扩大常设机构的定义可以直接应对这一挑战。与金额 A 所必须的方式相同，这不仅仅是建立一个新的联结度门槛；征税权也必须改变，使得目的地或市场地管辖区能够对(远程)数字交易的收入进行征税。因此，常设机构定义中显著经济存在的扩大，连同征税权的重新分配，无疑是一种解决消除利润这一挑战的方式。

使用修订后的常设机构的概念对建立联结度也是有吸引力的，因为它是一个熟悉的概念的延伸，即当常设机构的门槛建立时对企业利润实行已具有百年历史的征税。这种变化可以被看作是更加渐进的，但仍然

---

[355] M de Wilde "Tax Jurisdiction in a Digitalizing Economy: Why 'Online Profits' Are so Hard to Pin Down" (2015) 43(12) Intertax 796 at 798.

[356] Hongler and Pistone, above n 848 at 33.

[357] Ibid at 34.

[358] 相关讨论参见第 1.4.4 节"所得利益说的复兴"。

是对数字挑战的直接回应。

一些弊端中包括了一个主要问题，即该解决方案仅着重于数字经济本身。经合组织已经提出，解决数字经济所面临的挑战不能仅限于数字经济。国际货币基金组织在其报告中总结了对此的原因，该报告记载，在最初的经合组织/G20报告中，[859]关于数字化和税收的唯一共识"是鉴于这些技术的普遍性，以及其未来发展的不可预测性，试图将'数字经济'（或'数字活动'）分离出来进行特殊处理是不恰当的"。[860]

另一个问题(不一定是弊端)则是从跨国公司全部利润中分割出三分之一分配给目的地市场。这至少在概念上类似于按销售额进行公式分割的方法。换言之，根据洪勒和皮斯通的方法，全部的利润都将被分割(且三分之一分配给市场地管辖区)，这与按销售额的公式分割的结果相似(除了全部利润都分配给市场地管辖区)。

这种利润分割方法与牛津大学国际税务小组开发的按所得的剩余收入利润分割之间也存在显著差异。根据基于所得的剩余利润分割法，所有剩余利润均被分割。换言之，基于所得的剩余利润分割法在进行利润分割之前即已分离出常规利润。

8.5.4 21世纪20年代妥协所采纳的特征

经合组织秘书处的提案中采纳的扩大的常设机构概念的特征，涉及目的地基础的征税，即某种程度上数字企业交易的全球利润的部分利润于目的地被征税。从根本上说，这些概念非常相似。

经合组织秘书处的提案(于2020年1月修订)在某些方面确实有所不同，联结度的建立是通过在一段时间内获得"范围内"收入的存在，并与市场规模相称。收入门槛是对某些以数字为中心的自动化业务的唯一测试，而对于面向消费者企业，则还需要其他因素。

经合组织秘书处的提案也着重于将剩余利润(而不是总利润)分配给

290

---

[859] OECD, above n 846.

[860] IMF Policy Paper: Corporate Taxation in the Global Economy(International Monetary Fund, Washington DC, 10 March 2019)[20] at 14.

市场地管辖区。

8.5.5 此领域持续改革的可能性

所谓的"统一方法"(Unified Approach)确实汇集了剩余利润分配、公式分割以及显著经济存在的许多方面。如果经合组织在"统一方法"下的方式不能达成共识，那么许多组成部分可能会继续存在，以修改和重新分配征税权。

8.5.6 通过"解释和声明"来建立常设机构的联结度

一些国家采取的另一种方法是定义其对数字经济的征税方法，并发布解释声明或"官方通函"，表明它们认为的哪些收入是可归入其管辖区的常设机构的。其中最好的例子可能是以色列和印度等国家采取的方法。这种方法表明现有的规则足够广泛，可以在不修改现有框架的情况下对数字经济征税。换言之，这些管辖区不认为现有的国际框架不允许其对某些高度数字化企业的远程销售进行征税。

在审查此类方法时，我们首先关注以色列应对这一问题的方法，因为它说明了涉及主要解释的反馈类型。印度的方法也涉及解释，但因为印度引入了国内立法，且以往曾对商业交易相关的应税收入采用过不同的分摊方法，以及其承认在交易中需求方应当为目的地的管辖区带来利润，因此情况要稍复杂一些。

以色列税务局(ITA)最初在 2015 年 4 月发布了一份通函的草案，随后在第二年的 4 月发布了一份正式通函。[861]以色列方法的背景是来源于经合组织的工作成果，但 ITA 使用了显著经济存在这一概念，"尽管这一概念已从 BEPS 最终的建议中删除"。[862]

8.5.7 如何运作

(1) 以色列

对于那些向以色列居民客户提供服务(主要通过互联网)的外国公

291

---

[861]　The Israeli Tax Authority "Circular No. 4/2016" (11 April 2016).

[862]　Ernst & Young "Israeli Tax Authorities Publish Official Circular on Internet Activities of Foreign Companies in Israel" (15 April 2016) at 1.

司，是否构成可被征税的常设机构，在这一问题上 ITA 采取了一些可能被认为是激进的立场。当时 ITA 的负责人摩西·阿舍(Moshe Asher)解释说，这是一个获取信息，然后利用税务局的专业、法律和国际部门进行评估的案例。[863]预计此类纠纷将通过特拉维夫地区法院提起诉讼，并有可能向最高法院提起上诉。诉讼中总是存在着和解的可能性。

对于条约国家(与以色列有双边税收协定的国家)，该通函规定，如果一家公司在以色列有显著数字存在，并据此开展活动，那么便可能构成以色列的常设机构[即使该活动只具有准备性或辅助性特征(通常会根据经合组织第 5 条第 4 款予以排除)]。ITA 也可以根据以下情况确定一个外国供应商在以色列有显著数字存在：[864]

- 该外国供应商与以色列客户签订了大量的在线(基于互联网的)服务的合同；
- 该外国供应商的在线服务被以色列客户高度使用；
- 该外国供应商的网站在语言、货币等方面进行了调整，供以色列客户使用；
- 以色列和该外国供应商的网站/服务之间有大量的网络流量；
- 其他因素，如该外国供应商的代表在以色列开展活动(如寻找客户或收集信息，参与并保持与以色列客户的持续联系，提供大量的营销和支持服务)；以及
- 个人正式受雇于一家以色列居民公司，但由该外国供应商管理或该外国供应商参与招聘和确定就业条件。

对于非条约国家，根据国内法，外国公司类似的活动可能会导致其在以色列成为应税存在。也就是说，ITA 会认为根据国内法有以色列的应税存在，并且收入是由在以色列进行的商业活动而产生的。作为一项清晰的声明，该通函宣告了一个外国公司即使在以色列没有任何物理存

---

[863] 作者很高兴于 2019 年 4 月在 Tel Aviv 见到了摩西·阿舍并讨论了当时 ITA 的想法。

[864] 作者很高兴使用了安永提供的信息，above n 862 at 1。本通函以希伯来语书写。

在，也可能有应税活动。

关于是否有显著数字存在将视具体个案情况而定，并且涉及向 ITA 咨询。为此，ITA 有权要求外国数字供应商和在以色列的相关公司提供信息。

如果被视同存在常设机构，ITA 将按照经合组织报告中关于利润归属的规定将利润分配给常设机构。这似乎已经发生了。2019 年初《以色列时报》报道说，ITA 已经向技术型跨国公司提出了实质性的税收评估。[865]一位发言人告诉《以色列时报》，"今年已经向几家跨国企业发出了税收评估，其他企业也将很快发出"。该报指出，谷歌、脸书和苹果都在以色列有运营，谷歌的收入预估为每年 5.6 亿新谢克尔(1.51 亿美元)。

(2) 印度

在某些方面，印度似乎在追求一种相类似的方法，尽管有些许变化。印度政府(或更准确地说，中央直接税收委员会——"委员会")在 2019 年发布了一份提案草案，其中既考虑了联结度问题，也考虑了同样重要的利润归属问题。[866]印度不是经合组织的成员，不受经合组织公约和评论的约束。[867]根据 2018 年《财政法》(the Finance Act of 2018)，印度对基于显著经济存在的应税联结度进行了立法。该法案规定，如果一个外国实体在印度的收入超过了营业额门槛，以及超过了印度用户数量的门槛水平，那么足以表明其是一个显著经济存在，因此初步确定了国内业务所得税的义务。

在印度的双边税收协定中，常设机构的条款与联合国模式大致相似，且委员会注意到，在这些条款项下，利润可使用如下任何一种方法

293

---

[865] "Multinational Tech Giants Get Slapped with Israeli Tax Bills" Times of Israel(online ed, Jerusalem, 6 January 2019).

[866] 审查利润归属于印度常设机构和所得税规则第 10 条修正案(1962 年关于修改常设机构利润归属规则的提案)相关问题的委员会(中央直接税委员会、税务局、财政部，印度政府，2019 年)。

[867] See Deloitte and tax@hand "CBDT Committee Releases Draft Report on Attribution of Income to PEs" (3 May 2019).

归属于常设机构,如同该常设机构是一个"清晰且独立的实体"⑧⑥⑧:第一,基于常设机构独立账户的直接核算法,或第二,当没有详细和准确的账户时,依照印度国内法(规则10)采用间接分摊法。2010年经认可的经合组织方法(2010 Authorised OECD Approach, AOA)变化的主要影响之一是,如果无法根据账户轻易地确定商业利润,那么现在必须通过对功能、资产和风险(functions, assets and risks, FAR)的分析来确定收入,同时忽略需求方的因素。委员会注意到,印度一直反对基于FAR的经认可的经合组织方法:⑧⑥⑨

> 委员会还注意到,印度记录了其对修订后的第7条的异议,不仅是通过保留了不将其纳入其税收条约的权利,而且还记录了对其固有做法的拒绝。此外,印度一直在传达和分享一个观点,即由于企业利润取决于销售收益和成本,而销售收益又取决于需求和供应,因此仅仅根据功能、资产和风险来确定利润是不合适的。最后,由于自2010年起经合组织建议修订的第7条尚未被纳入印度的任何税收条约中,因此不存在应用经认可的经合组织方法来归属利润的问题。

委员会倾向于采用"比例分摊法"(fractional apportionment approach)(基于以来源于印度的利润分摊,承认需求方对利润贡献的重要性),而不是经认可的经合组织方法。委员会认为,按照比例分摊法计算的利润,可以根据印度的双边税收协定的第7条第4款以及规则10进行评估。委员会提出了一种基于三种因素的利润分摊法,每个因素的权重相同,分别为:销售额(代表需求)、员工成本以及资产(代表供应)。该方法分为三步实施:

第一,确定来源于印度运营的利润,即定义为来源于印度的收益乘

294

---

⑧⑥⑧ Proposal for Amendment of Rules, above n 866 at[169] on 73.
⑧⑥⑨ Ibid at[110], on 54.

以全球运营利润(EBITDA)的利润率。如果企业的全球业务出现亏损，或其在全球范围内经营的利润率低于 2%，则来源于印度的利润将按照印度收益的 2% 计算。

第二，根据销售额(33% 的权重)、员工成本和资产(合计 67% 的权重)这三个因素，将企业在印度运营的利润分摊给显著经济存在。

第三，从所得利润中扣除在印度已纳税的任何利润。

委员会认为，因为当达到规定用户或收益门槛时，2018 年《财政法》引入的显著经济存在或联结度的条款将触发税收影响，因此必须澄清数字化企业的显著经济存在的利润归属原则。对于用户对企业利润贡献巨大的新兴商业模式，委员会建议在销售额、员工成本和资产之外，将用户作为第四个分摊因素。委员会建议，在用户密集度为中低度的商业模式下，用户所占权重为 10%，而用户密集度高的模式，权重占 20%。

根据报告的建议将比例分摊法纳入规则 10，在印度和非居民企业管辖区之间没有税收条约的情况下，可以确定非居民实体的印度显著经济存在的税收状况，但双边税收协定适用的情形则不太清晰。

印度大多数的双边税收协定都规定，收入归属于一个常设机构的依据是，常设机构属于一个"单一的、清晰的和独立的"企业，同时也指出，税收协定并不排除根据一个国家的"习惯法"将收入归属于一个常设机构。德勤指出："在印度，习惯法是基于规则 10 的分摊法，还是基于 2001 年引入并由 CBDT 第 14/2001 和 5/2004 号通函扩大的转让定价立法中的独立交易原则要求，目前还没有形成一致意见。"⑧⑦⑩

德勤建议，若在常设机构的收入归属这一概念中加入市场因素，则需要达成国际共识并修改印度的双边税收协定。⑧⑦①如果条约的缔约方不接受这种方法，那可能会导致双重征税，以及在国际争端中引起大量的其他后果。

295

---

⑧⑦⑩　See Deloitte and tax@hand, above n 870.

⑧⑦①　Ibid.

8.5.8　优势与劣势

就以色列和印度而言，各自的政府和税务管理部门正在采取一种方法来解释其税法和税收协定，以扩大传统的常设机构概念的范围，并寻求对数字交易和利润进行征税。这两个国家以各自不同的方式拒绝接受传统的观点，即现有的国际框架和常设机构的概念不够广泛，无法对高度数字化的企业，特别是多边平台征税。以色列和印度都广泛宣传了它们的立场，并说明了它们采取这种做法的原因。就印度而言，这代表了它们一段时间以来所表达的观点。

对高度数字化的企业采取激进的征税方式是有争议的。这并不是说这种做法就是错误的，但必须承认，从某种意义上看这种做法是单方面的，因为作为双重征税公约缔约国的其他国家不太可能同意这种做法。当存在不同的观点，当跨国公司住所地管辖区不采取相同的方法时，就会在双重征税方面产生重大的后果。这方面涉及几个主要问题：首先是不确定性。税务机关已明确在以色列和印度的数字交易中扩大常设机构的概念，但现阶段仍不清楚是否会得到法院的认可。在对这些问题进行诉讼之前，涉及费用和不确定性，很难知道对税收目的正确的法律立场。这使得企业很难作出投资决定，而对于税务部门来说也很难作出评估/惩罚和征税的决定。其次是已着重说的双重征税。根据跨国公司住所地管辖区规则，在以色列或印度缴纳的税款是否可以作为外国税收抵免(或作为免税收入)？

总而言之，如同在第 9 章中所讨论的"数字服务税"，各国的单边征税方式有可能引起高代价的争端，给国际贸易带来重大问题，也会使企业面临无法解除的双重征税风险，通常被视为是不可取的。

8.5.9　利用国内立法支持和扩大常设机构的概念

其他国家采取的另一种单方面行动形式是利用具体和有针对性的国内立法，旨在解决规避常设机构概念的安排。这方面的例子可以看到包括英国的"转移利润税"(DPT)、澳大利亚的"转移利润税"模式以及新西兰的新常设机构新反避税规则和新来源规则修正案。

这种方法不同于第 8.4.2 节中讨论的国家所使用的方法。这种方法不是像以色列和印度那样坚持对法律的解释，而是通过国内法，明确意图将征税权扩大到常设机构的常规定义和可能的联结度之外。

这些新的国内法有一些共同的特征，例如全面的反避税关注点，在澳大利亚和英国即为转移利润税。英国和澳大利亚的转移利润税的类型有两个要素或分支，都是为了应对利润转移。一方面是反对利用缺乏经济实质的关联方之间税收不匹配的安排。[872]另一方面是针对规避常设机构规则安排的一方面或立法的一部分。换言之，这是旨在为克服规避建立常设机构结构的国内立法。

这种方法最早(因此也是最有争议)的一个例子是英国采取的。2014 年 12 月，在发布通过 BEPS 项目编制的最终报告之前宣布了转移利润税。这被描述为"商业界的一个意外"以及"为了保护英国税基而抢跑于 BEPS 工作之前的单边行动"。[873]

8.5.10 如何运作?

(1) 英国转移利润税对于常设机构的延及

转移利润税旨在"阻止和对抗大型集团通过试图避免在英国设立一个常设机构，以使得其可以无需被征收英国公司税而将利润转移出英国的行为"。[874]英国立法并未对常设机构的概念进行扩张，而是将课税权施加于一类情形，即针对某一个体(也称为"规避"常设机构)在英国开展活动的行为。[875]简要来说，如果一个未在英国设立常设机构(规避常设机构)的非英国居民企业向英国居民供应货物或服务，但能够合理地推测通过该规避常设机构(或非英国居民企业)开展活动的设计目的是为了避免其被认定为在英国存在常设机构，则转移利润税将会适用。即使该

297

---

[872] 这方面的一个例子是，"通过向避税天堂中的关联实体支付大额可抵扣税款，从英国子公司取走利润"，参见 Pinsent Masons 提供的 DBT 网站描述，网址为〈www.pinsentmasons.com/out-law/guides/diverted-profits-tax-regime〉。超出本次调查的范围，请查看《2015 年金融法》(英国)第 80 节转移利润费用中的"有效税收不匹配结果"和"经济实体条件不足"，或澳大利亚 DPT 中类似的澳大利亚"显著经济存在测试"。

[873] S Wasimi, J Nario and K Bertram "Diverted Profits Tax: UK, Australian and New Zealand Approaches" (24 July 2017) Tax Notes Int'l 349 at 349.

[874] Her Majesty's Revenue and Customs Diverted Profits Tax: Guidance(December 2018).

[875] Finance Act 2015(UK), s 86.

规避常设机构的设立目的是出于维护商业安全或是其他目的，但亦存在众多的豁免规则和适用门槛能够阻止转移利润税的适用。⑧⑦⑥

根据阿维·约纳的观点，转移利润税旨在应对诸如谷歌的"双层爱尔兰夹荷兰三明治"类型的企业架构，为佐证这一观点，他指向该架构和英国税务海关总署(HMRC)发布的指南中的示例3中架构的相似性。⑧⑦⑦在该示例中，HMRC发现由一家欧洲公司(确定地说，爱尔兰公司)负责与英国客户订立所有的销售合同。而这家爱尔兰公司通过一家设立在英国的附属公司来向其英国客户提供销售和服务。基于在实际发生的成本之上加上固定利润率(成本加上提供的服务所对应的利润)的计算方式，这家附属公司所实际分配到的利润非常少。⑧⑦⑧示例3中提及的这项安排使得欧洲公司能够规避在英国设立一个常设机构。由此英国的转移利润税将会适用，因为：(1)欧洲公司正在开展一项贸易活动；(2)作为英国居民企业的附属公司在英国境内开展的活动与欧洲公司供应货物和服务之间存在关联；以及(3)能够合理推定英国附属公司和欧洲公司的活动安排是被设计出来以帮助欧洲公司规避承担英国公司税。但同时也存在排除中小型企业被适用的门槛要求。⑧⑦⑨

对于分析一项推定是不是"合理的"，HMRC的建议如下：⑧⑧⓪

> 若要使得能够合理推定一项活动是被设计出来以用于确保外国公司并非通过一个英国常设机构开展商业贸易，需要在会计期间内存在某种程度的架构谋划安排，不论该谋划安排是在哪个会计期间

---

⑧⑦⑥　Wasimi et al, above n 873 at 353.例如，如果外国公司在英国的销售收入并未超过1 000万英镑，或与英国相关的费用支出的价值未超过100万英镑，则第86节将不会适用。此外，具有独立法律地位的代理商也被豁免于DPT项下规避常设机构的延及范围。

⑧⑦⑦　R Avi-Yonah "Three Steps Forward, One Step Back? Reflections on 'Google Taxes' and the Destination-Based Corporate Tax" (2016) 2 Nordic Tax Journal 69 at 70. See Example 3 at page 40 in Her Majesty's Revenue and Customs, above n 874.

⑧⑦⑧　尽管与架构中的常设机构部分并不相关，爱尔兰公司的利润通过支付特许权使用费且在未支付预提税(由于爱尔兰—荷兰双重征税协定的约定)的情形下被转移至荷兰公司，而后继续通过特许权使用费的形式被转移至另一家爱尔兰公司，该公司被认为既不需要缴纳爱尔兰税(因为其作为避税天堂的居民企业)也不需要缴纳预提税(因为荷兰本土不对境外特许权使用费的支付进行征税)。

⑧⑦⑨　2010年英国税收(跨国公司和其他条款)法案，s172。

⑧⑧⓪　Her Majesty's Revenue and Customs, above n 874.

被设计出来的。它们应当与那些我们预期在不考虑常设机构门槛的因素下会做出的安排在某些重要方面存在一些差异之处。

转移利润税的实际税率是 25%，且纳税人需要告知 HMRC 其可能落入该规则的管辖范围。若未能告知将可能招致罚金。

(2) 澳大利亚及其《跨国公司反避税法》

就在英国宣布其转移利润税不久后，澳大利亚政府宣布了其《跨国公司反避税法》(MAAL)，该法案旨在"防止跨国公司通过人为安排以避免在澳大利亚设立应税存在并将企业利润归入澳大利亚，从而导致澳大利亚的税基受到侵蚀"。[881]这并非一项新的税法，而是一项对澳大利亚《一般反避税立法》(GAAR)的修正案。[882]《跨国公司反避税法》自 2016 年的日历年度伊始起生效并自 2017 年 7 月 1 日(澳大利亚所得税年度的起始日)起施行，其第 2 节对转移利润作了重点规定(类似英国版的转移利润税)。[883]

虽然澳大利亚的《跨国公司反避税法》与转移利润税都适用于大型全球性企业(其全球母公司或集团公司整体的全球年收入应不低于 10 亿澳元)，但与英国的转移利润税相比，《跨国公司反避税法》的适用门槛显著更高。然而，与英国一样，《跨国公司反避税法》的目标也是旨在针对类似于"双层爱尔兰夹荷兰三明治"这样的架构。从注释备忘录中列示的示例 3.9 的案例可见一斑，该示例中描述了经典的谷歌架构，并认为其应当受到反避税法律的规制。[884]若符合如下情形，则这一反避税规则应当被适用：(1)一个大型的全球性企业，其(2)从事或实施一项计划(或该计划的一部分)的主要目的在于使纳税人能够获得一项税收优惠(即"目的测试")，或其目的是在获得税收优惠的同时减轻其至少一项在外国的纳税义务，以及(3)根据该计划，其为澳大利亚客户提供产品并从中获得收入，但具体的活动由其在澳大利亚设立的实体(或常设机构)直

---

[881] 2015 年税法修正案(打击跨国避税)法案：解释性备忘录(澳大利亚联邦议会，众议院)。
[882] 包含在澳大利亚 1936 年《所得税评估法案》。
[883] 有关跨国公司避税规则规定在 1936 年《所得税评估法案》(ITAA 1936)，s177DA 中。
[884] See Example 3.9 in Tax Laws Amendment, above n 881 at 43.

接开展或与提供产品直接相关，并且，该澳大利亚实体对于外国企业存在伙伴关系或在商业上依赖于该外国企业，以及(4)所获得的部分或全部收入并不能被归属于该外国企业在澳大利亚所设立的常设机构。

在注释备忘录的示例3.9中，如果外国企业基于如下关键因素而构建其事务的主要目的系获取税收优惠，则将满足"目的测试"：

● 实际过程中，且与其服务协议的约定相反，为实现供应合同所需开展的大部分活动均由其澳大利亚的附属公司实际开展。

300

● 总公司作为大型全球性企业，但在招揽客户、识别客户对于供给的需求、协商供给的细节问题以及合同条款、优化向澳大利亚客户的销售活动以及敲定合同等方面毫无贡献。

● 总公司仅雇用少量员工，他们不具备履行与澳大利亚客户订立的合同相关功能所必须的能力和知识，也不对澳大利亚客户履行该等职能。

● 将总公司和澳大利亚附属公司之间的活动进行拆分的目的似乎是，刻意地避免创设一个常设性质的澳大利亚机构。

● 自向澳大利亚客户供应商品所获得的收入被汇回至几乎没有实际经济活动的免税管辖区。

● 由于总公司并不拥有一个澳大利亚常设机构，总公司基于其计划，向位于避税天堂的关联公司支付的特许权使用费收入并不需要在澳大利亚缴纳特许权使用费预提税。

其结果是，外国公司会避免将其基于向澳大利亚客户提供软件服务所获得的收入，被归属于一个位于澳大利亚的常设机构中。而位于避税天堂的关联公司也避免了缴纳特许权使用费预提税的责任。

在截至2020年6月30日的财务年度中，公司税的税率为30%，而适用《跨国公司反避税法》的规避常设机构的税率也需按相同水平征收。[888]

(3) 新西兰的常设机构反避税规则

不同于英国和澳大利亚的改革措施，新西兰采取了一种相对更低调

---

[888] 鉴于大型全球性企业要求的金额门槛为10亿澳元，对小型公司征收较低的税率似乎与此不太相关。

的立法路径，来规制跨国公司所利用的税收缺口。⑧⑧⑥然而，2018 年 7 月 1 日生效的国际税收改革的一项重大举措中，大量的国际变革措施得以实施。⑧⑧⑦其中与本部分所讨论内容相关的特殊变革是引入了一项新的常设机构反避税规则，该规则的引入旨在解决英国和澳大利亚分别在其转移利润法和《跨国公司反避税法》立法项下所面临的相同问题。⑧⑧⑧

这一法案的背景是，新西兰是经合组织 BEPS 行动计划项下包容性框架和多边公约(也称为 MLI)的签署国(自 2017 年 6 月 6 日起生效)。MLI 的适用对现有条约带来的实质性变化之一是改变了《经合组织协定范本》第 5 条第 5 款中的非独立代理人测试的内容。对于已经接受了多边公约第 12 条的国家，由于其扩展了非独立代理人测试的内涵，因此只有经常订立合同或企业不对合同进行实质性修改的情况下，在合同订立中起主导作用的个体，才会被认定为常设机构。

基于各种不同的原由，只有大约三分之一的新西兰双边税收协定伙伴相互签字进行协定变更，以采纳 MLI 第 12 条的规则。但新西兰的政策与经合组织 BEPS 计划是相一致的，其扩大了常设机构的定义以将"事实上"的非独立代理人概念囊括其中。同时新西兰也希望对与新西兰完全没有签署过双边税收协定的，或那些虽然签署过双边税收协定但未通过采纳 MLI 第 12 条的规则对双边税收协定进行修改的跨国企业征税。因此如果相关的新西兰双边税收协定采纳了 MLI 第 12(1) 条的规则，则新的反避税规则将明确不再适用。⑧⑧⑨

新西兰的反避税立法旨在针对非居民企业通过"当地"人员进行协助开展重大的销售相关活动的行为，而这一销售相关活动的开展并不存在一个常设机构。在下述条件都满足的情况下，反避税规则认为该非居民企业在新西兰应视为存在一个常设机构：⑧⑨⓪

301

---

⑧⑧⑥　针对这些改革措施，有评论家们推测是因为新西兰的政治环境没有像英国和澳大利亚那么紧张，而新西兰的经济相对强劲也意味着新西兰政府的财政压力并没有英国和澳大利亚那么大。参见 Wasimi 等人的文章，同前注⑧⑦③，第 350 页。

⑧⑧⑦　通过《2018 年税收法案》(抵消税基侵蚀和利润转移;对《2007 年所得税法案》进行了修改。

⑧⑧⑧　包含在《2007 年所得税法案》中，s GB 54.

⑧⑧⑨　《2007 年所得税法案》，s GB 54(1)(e)(i).

⑧⑨⓪　Ibid.

- 该非居民企业属于一家大型跨国企业的组成部分，而该大型跨国企业的合并全球营业额应不低于 7.5 亿欧元；和
- 该非居民企业向新西兰的消费者提供货物或服务；和

302

- 存在一个个体(称为"服务商")在新西兰开展活动以使得供应活动开展，且这些活动不应当仅仅是准备性或辅助性质的；和
- 该服务商与该非居民企业存在伙伴关系，或是在商业上依赖于(其收入的 80% 或以上来自向该非居民企业提供服务)该非居民企业；和
- 非居民企业的收入受到双重征税协议的约束，但该协议的内容并不包括经合组织所施行的新的关于常设机构的条款；
- 该安排并非仅仅是出于偶然的目的或效果，以规避新西兰税收或新西兰和外国税收。

如果反避税规则予以适用，则将会视同存在常设机构。利润将按照惯常的归属规则进行归属，并适用 28% 的新西兰公司税率。[891]供应活动中的服务商将被按照常设机构的标准来确定所属于其的利润金额。[892]就这一点来说，需要注意的是新西兰适用的是第 7 条早期版本项下的常设机构利润归属规则，因为新西兰并不接受"经认可的经合组织方法"。新西兰的双边税收协定均未将最新版本的《经合组织税收协定范本》第 7 条关于商业利润的内容囊括其中，且新西兰对于经认可的经合组织方法的使用也表达了明确的保留。

如上所述，在与新西兰之间不存在协定的情形下，根据反避税规则可以视同为存在一个常设机构。该规则由新西兰《2007 年所得税法案》附件中对常设机构的定义予以了明确。如果收入被认定为应归属于该视同的常设机构，则在新西兰税法项下，该收入将被自动认定为来源于新西兰。[893]

8.5.11 优势与劣势

英国、澳大利亚和新西兰的上述制度的一个共同特点是，它们均使用国内反避税条款来扩大现有常设机构条款的范围和定义。

303

---

[891] See Wasimi et al, above n 873 at 354, where they point out that the taxpayer can also be liable for 100 per cent penalty for taking an abusive tax position(i.e. the tax burden would increase to 56 per cent).

[892] See Income Tax Act 2007(NZ), s GB 54(2)(b).

[893] Income Tax Act 2007(NZ), s YD 4(17C).

引入这种具体的国内反避税规则引发了推翻协定约定的问题，即引入国内法是不是为了明确地推翻国际协定所设定的义务。而问题是这种推翻行为不仅违反了协定本身，亦违背了国际法。因而，故意推翻一项国际协定，将会带来相当的政治和经济风险。

英国宣称其转移利润法并非对于协定内容的推翻，因为它是一种新税，不属于现有英国税收协定网络的范围内。但有一种观点认为，即使转移利润法不是一种新税，英国、澳大利亚和新西兰等普通法国家普遍都可以推翻其在协定项下的义务，尤其是在协定被滥用的情形下。[894]协定只有通过立法机关的批准才能够成为国内法的一部分，且立法机关可以通过后续立法来推翻包含协定在内的任何法律。该等管辖区的判例法通常支持推翻，尽管法院要求存在明确推翻的事由。[895]即推翻必须由议会在立法中通过明确的意图或指示予以授权。鲁文·阿维·约纳认为，英国纳税人不得就转移利润法与英国税收协定存在不一致而提出异议，"因为英国协定并非 '自动生效的'法律，其也没有通过立法程序以适用于转移利润税"。[896]

议会可以通过立法推翻协定作为一般性原则的强化，是不同司法管辖区一般反避税规则与税收协定之间的立法关系的体现。所提及的三个国家(英国、[897]澳大利亚[898]和新西兰[899])都已通过立法明确规定了其各自的

304

---

[894] See C Elliffe "The Lesser of Two Evils: Double Tax Treaty Override or Treaty Abuse?" (2016) 1 BTR 62.

[895] In the UK see the Court of Appeal decision Padmore v IRC(Padmore)[1989] STC 493, and Padmore v IRC(No 2)[2001] STC 280(Ch)，根据裁定特别专员和高等法院必须考虑旨在推翻为英国和泽西岛之间提供减税的双重征税协定的具体国内立法。上诉法院确认了高等法院的裁决，认为纳税人从泽西岛合伙企业获得的外国收入应当被免税。英国/泽西岛双重征税条约免除了泽西岛居民企业的英国税收，除非泽西岛企业通过英国的常设机构开展业务。该纳税人辩称，双重征税的安排应当有效，"不论有任何法规有任何规定"(1988 年《所得税和公司税法案》(英国)第 788(3)条中的措辞)。即使在有明示或明确的立法推翻的情况下也不应采纳。Philip Baker 在他的《双重征税公约》(Sweet and Maxwell, 2014), F.07 一书中提及，英国立法中的否定裁决条款("无论任何法规有任何规定")意味着条约将优先于后续立法，除非立法明示表达或明确指示推翻 ICTA 第 788 条的规定。In the United States, see Whitney v Robertson 124 US 190 (1888) and Cook v United States 288 US 102, 120(1933).

[896] Avi-Yonah, above n 877 at 71.

[897] 2013 年英国金融法案 Pt 5 和 Sch 41 引入的一般反避税规则(GAAR)旨在取代协定和 2010 年英国税收(跨国公司和其他条款)法案(TIOPA)s 6(1)的规定。2013 年英国金融法案第 209 (1)部分规定，所有的优先权规则(如第 209(2)部分中所定义的)均应根据 GAAR 而有效。

[898] 1936 年所得税评估法案(ITAA 1936)的 Part IVA 部分中包含的一般反避税规则不受澳大利亚税收协定适用的限制(参见 1936 年 ITAA 第 177B(1)小节和 1953 年国际税收协定法第 4(2)小节)，因此，无论最终税收是否与协定约定相左，均应当以 GAAR 的规定为准。

[899] 虽然税收协定(根据 section BH 1(4))通常具有推翻 2007 年所得税法案的其他条款的效力，但其明确受限于 sections BG 1(新西兰反避税规则)和 GB 54(视同的常设机构规则)的约束。

国内反避税规则的适用，不论它们在税务协定项下的义务如何。

除了这三个国家之外，还应当注意，2003 年之后缔结的条约都是基于一项共识而进行的商谈，即国内反避税规则可以更为普遍地凌驾于条约义务之上。⑩这与关于《经合组织税收协定范本》第 1 条的注释相一致，即基于《经合组织税收协定范本》所商谈达成的任何税收协定的主旨都是在于防止避税和逃税行为。

所有这些都应被视为是政府对政治和媒体所驱动的评述所作出的坚定的且一定程度上不惜冒险的回应，这些评述指称跨国企业没有支付其"公平份额"的税收——不论其是什么税收。所有这三种立法制度都依赖于反避税测试，包括避税行为需要满足"首要目的"或"并非仅仅是出于偶然的目的或效果"等要求。而这些测试将必然会造成业务的不确定性，并导致双重征税的潜在可能。

---

⑩　C Elliffe "Cross Border Tax Avoidance: Applying the 2003 OECD Commentary to Pre-2003 Treaties" (2012) 3 BTR at 307.

9．中期解决方案和长期改革措施

9.1 十字路口的抉择：通力合作还是各自为政？

COVID-19 危机带来的严重后果意味着全世界目前正以更加紧迫的步伐来到了国际税收改革的十字路口。[900]世界上多数国家将穷竭其国家财政，并不惜巨额负债为其经济政策提供财政资金以对其商业经济和劳动工人提供支持。国际货币基金组织预测，因受疫情危机影响，2020 年和 2021 年全球 GDP 的合计损失将高达近 9 万亿美元，超过日本和德国经济体量的总和。[900]这意味着各国政府将需要从各种来源获取税收，而跨国公司将可能且无疑会成为符合逻辑的税基的组成部分，尤其是在跨境贸易逐渐恢复之后。

在许多方面，这场危机都证实了许多高度数字化的企业在某些受到疫情突出影响的关键领域的优势。这是因为许多国家为了减缓病毒的快速传染，制定了要求进行自我隔离或小团体隔离的管制措施。在这种状况下，大多数人变得更加依赖于社交媒体、远程在线购物、流媒体娱乐、在线教育和其他科技辅助式的交互应用。

---

[900] Gita Gopinath "The Great Lockdown: Worst Economic Downturn Since the Great Depression" (14 April 2020) International Monetary Fund 〈https://blogs.imf.org/2020/04/14/the-great-lockdown-worst-economic-downturn-since-the-great-depression〉；详见国际货币基金组织项目，预测 2020 年全球经济增长将下降至负 3%，相较于 2020 年 1 月时的预测下调了 6.3 个百分点，是在短时间内所做出的重大修订。这意味着大封锁成为自大萧条以来的最严重衰退，远比国际经济危机更为严峻。

[900] See Gopinath, above n 901.

306
这些都表明最为关键的挑战，也是本书所关注的问题，是如何回应高度数字化经济所带来的税收问题，这已然不是当下可以继续置若罔闻的事项。如果全世界无法达成一个以共识为导向的多边解决方案，我们将会看到临时性或单边的保护本国利益的征税措施的出现。这些本国税制的设计及其范围可能存在差异，但最普遍的一类形式则是众所熟知的数字服务税。

本章通过对数字服务税所共有的一些关键的通用设计问题的考察，以审视实施单边的数字服务税所带来的影响。而着重关注单边税收相关的问题，也必然会引起对其与经合组织包容性框架所提议的多边解决方案之间的比较。从远观之，实行以多边共识为导向的国际性框架具有明显优势。这也是数年来多数国家所持的观点。㊡但事实是，即使各方都有明确的意愿希望达成一项共识，但这并不必然意味着各方更容易确立共识，或是在所有相关各方之间达成一致。

重点随之转向包容性框架下倡导的多边解决方案，以分析 21 世纪国际税收框架长期进化的可能路径。即使各方无法就现有提议达成共识，但似乎各方在 21 世纪 20 年代妥协中的一些基本要素将很有可能成为新国际税收框架的核心原则。

9.2 数字服务税的关键通用设计问题

9.2.1 适用范围问题

数字服务税的困境之一是其通常仅针对特定的高度数字化的商业模式。这会使得如何准确且公正地识别和判定目标企业存在困难，尤其是如何将数字经济活动与其他经济活动之间进行分割本身即存在固有困

㊡ OECD Tax Challenges Arising from Digitalisation — Interim Report 2018: Inclusive Framework on BEPS(OECD Publishing, 2018) 407 at[178].

难。⑨⁰⁴因此，需要作出一些关键性的决定，以明确何种经济活动属于"范围内"的活动以及何种经济活动不会落入其范围当中。⑨⁰⁵这未必仅仅是数字服务税的一项问题；事实上，在衡量"支柱一金额 A"规则如何适用于"自动化数字服务"业务的过程中，对于如何判定属于"自动化数字服务"也存在同样的难题。⑨⁰⁶

与此同时，这也意味着数字服务税仅针对一项特定的业务类别，因此也必然无法解决数字经济活动中其他方方面面的具体挑战，而这些挑战也被认为是现行国际税收框架所面临的难题的一部分。换言之，在第3章中讨论的对于税收体系面临的七大挑战中，数字服务税仅解决了其中的一小部分挑战。可以认为，仅其中两项挑战通过数字服务税得到了解决：其一，逐渐消没的对企业利润进行课税的能力，但仅限于对自动化数字服务企业，而不包括面向消费者企业；其二，对数据的使用和用户的贡献。

与适用范围相关的其他问题在于规则的设计。例如，意大利的数字服务税试图囊括一类交易：即一位居住在第三国(如新西兰)的消费者，在意大利使用一个总部位于美国的多边平台打开了一个应用程序来预定在法国的住宿。意大利政府试图对此类交易征收数字服务税，因为该应用软件在意大利境内被使用(打开)，即使其用户并非意大利居民且预定也是意大利境外的服务。⑨⁰⁷复杂的地域规则在其中被应用，以确定交易的发生地点并识别应税服务的用户。但可以预计的是，这类规则在实践中的具体施行将存在难度。⑨⁰⁸

---

⑨⁰⁴　参见第 2.1.1 节第(2)点的讨论"将数字经济与其他经济区分开来的困难"。

⑨⁰⁵　其他的关键决定还包括业务规模的门槛，尤其是企业的营业额与其在多大程度上反映了高度数字化企业运营的关系。许多在零售或大宗商品(如超市和石油公司)等领域具有极高营业额的大型企业可能也仅在其相对较小比例的一部分业务中具有高度数字化的商业模式。

⑨⁰⁶　参见第 5.3.2 节第(2)点的讨论"金额 A 范围内包括哪些类型的企业"。

⑨⁰⁷　Article 1, [35—50] of Law 145 of 30 December 2018, Italy.意大利数字服务税自 2020 年 1 月 1 日起生效，根据其规定，除其他事项以外(转述非官方翻译)：就数字中介服务而言，如果该服务涉及一个多边的数字接口，当用户在意大利使用一项设备时，通过使用该数字接口以在协助用户之间进行标的货物或服务的供应。具体参考指标为相应税务期间内，在意大利通过数字接口完成标的交易的用户数量。

⑨⁰⁸　作者要感谢罗马诺和他在罗马的普华永道团队，他与其他优秀的评论家们于 2019 年 4 月对于假定的意大利服务税的讨论，具有非常大的启示作用。

对于适用范围的最大的担忧，则是如何满足其中的法律要求，如第9.2.3节所讨论的，即该项税收必须作为消费税进行征收。据此带来了两个主要的弊端。首先，该项税收必须基于总收入而非净利润的基础上进行征收，在高度数字化企业处于亏损或低盈利状态的情形下，将可能导致过度征税。而可以想象的是，如果高度数字化企业在特定的管辖区中能够赚取巨额的剩余利润或者仅存在极低的或不存在任何的经营边际成本，那么一个基于企业总收入为依据且采用较低税率的税制则又会导致征税过低。其次，该项税收不能够抵扣其他直接所得税。这意味着可能会导致对企业的双重征税。如第4章所讨论的，种种这些特性使得数字服务税成为了相对"丑陋的"税收。[909]

9.2.2　经济层面的担忧

评论家们时常批评称数字服务税是一项不道义的税收，从某种意义上说，其是在现有条约和商业义务之外被刻意设计出来的。正如露丝·梅森(Ruth Mason)和利奥波德·普拉达(Leopold Parada)形容欧盟版本数字服务税时所描述的那样：[910]

> 欧盟的数字服务税招致了严厉和正义的批判。评论家们声称，数字税如同关税的机制一样，将会导致对于特定行业和国家的区别歧视和低效，产生双重征税的后果，最终被施加给消费者并招致相应的报复行为。数字服务税的产生更像是欧盟在应对不断增长的数字经济税收挑战时，在达成更优方案之前的一个不太理想的权宜之计。而这一临时性的权宜之计却可能会阻碍长期改革的进程。

该论述也承认，在数字服务税的引入过程中，充斥着法律争议(区别歧视和关税)和经济难题(低效、双重征税、最终由消费者负担和贸易

---

[909]　参见第 4.3 节的讨论"临时措施"。

[910]　Ruth Mason and Leopold Parada "Digital Battlefront in the Tax Wars" (2018) 92 Tax Notes Int'l 1183 at 1184.

290

战)的混合议题。这些经济层面的担忧并非不无道理。数字服务税的实施,且由于其不能抵扣其他直接所得税,将很可能增加企业的资金成本并降低企业的收益。其后果将是导致对于创新和发展的阻碍。抑或是,在缺乏替代品或竞品的商业环境中,由于价格缺乏竞争弹性,企业将会把数字服务税的实际成本最终施加给消费者。但无论怎样,令人担忧的是,更多的资源需要被使用以实现同等的生产水平,导致社会经济整体福利遭受无谓的额外损失和负面影响。

309

但诚然,对此也有相反的观点。例如,崔威教授(Wei Cui)主张捍卫数字服务税的经济学逻辑。他提出的这一观点立足于认定数字平台能够赚取多种形式的地域性特殊租金,大部分的地域性特殊租金源于"用户的个性化选择或数据,而基于技术的部署是非竞争的,因此这些都应该被归属于用户所在地的管辖区"。[⑪]崔威教授指出,高度数字化平台之所以能够赚取巨额利润系基于地域性特殊租金,而其应归功于通过技术辅助进行个人数据抓取的实现。他还指出,双边市场商业模式中的间接网络效应使得价值创造和付款来源之间的关系发生了错位。这意味着地域性特殊租金可以"合理地归属于"受平台补贴的一方,而同时平台可以为另一边的用户提供货币化的垄断访问权限。[⑫]这说明对于受补贴的社交媒体平台,将在其用户构成的司法管辖区产生经济租金,而同时该平台获得的广告收益则来源于设立在平台所在管辖区以外的其他管辖区的广告商。他认为,对源于技术被部署的地点获得的租金收益进行征税既有效率且公平。崔教授的论断具有一定的影响力,且在全世界无法就多边解决方案达成一致意见的背景下,也不失为一个引入数字服务税的正当理由。

正如露丝·梅森和利奥波德·普拉达的文章中所述,从实务层面来看亦存在报复性行动和贸易战的可能性。[⑬]法国实施数字服务税的后果

---

⑪　Wei Cui "The Digital Services Tax: A Conceptual Defense" (22 April 2019) Social Science Research Network ⟨https://papers.ssrn.com/sol3/papers.cfm?abstract_id=3273641⟩ at 30.

⑫　Ibid at 30.

⑬　Mason and Parada, above n 910.

便是招致美国贸易代表办公室对其发起调查，其指称"法国的数字服务税对美国企业存在区别歧视，不符合当今的国际税务政策准则，并使得受影响的美国企业承受了极其沉重的负担"。⑭美国贸易代表办公室认为，法国拟施行的数字服务税将追溯过往进行征收，其适用的衡量标准为企业的营业收入而非总收入，且具有域外法权，以及其意图是对特定美国科技企业的商业获利进行打压，这些都与现行的税收准则相左。美国警告其将对奶酪、香槟等价值 24 亿美元的法国商品加征高达 100% 的贸易关税。2020 年 1 月末，法国总统马克龙同意暂缓对美国科技巨头征收数字服务税，以作为对特朗普政府暂缓对法国商品威胁征收报复性关税的交换。⑮

9.2.3　法律担忧

对于数字服务税的引入亦存在相当的法律担忧。本书第 4 章讨论了通行的数字服务税和双边税收协定之间的关系相关的法律问题。⑯就双边税收协定是否能够阻止数字服务税的顺利适用的问题存在较大的可能性将会引发诉讼争议，这是因为数字服务税是《经合组织税收协定范本》第 2 条项下的一项"税收"。但如果仔细审视对于第 2 条的解释、相关的判例法、经合组织的指南、政府在提议或实施数字服务税时所作的论断以及学术评论，都表明数字服务税的许多特征将会超出第 2 条内容的范畴。此外，非歧视待遇条款也似乎不太可能被适用。⑰

数字服务税的另一个重要的法律层面的不确定性和担忧是世界贸易组织成员所受的规则约束。这些规则适用于大约 160 个国家(更多国家正在等待加入)，因此临时性的数字服务税违反世界贸易组织规则并引发挑战的可能性较高。本书第 4.6 节在分析审视了与世界贸易组织贸易服

---

⑭　Office of the United States Trade Representative "Conclusion of USTR's Investigation under Section 301 into France's Digital Services Tax" (press release, 2 December 2019).

⑮　Liz Alderman, Jim Tankersley and Ana Swanson "France and U. S. Move toward Temporary Truce in Trade War" (21 January 2020) The New York Times ⟨www.nytimes.com/2020/01/21/business/france-US-digital-tax.html⟩.

⑯　参见第 4.4 节"双边税收协定范围的限制"。

⑰　参见第 4.4.6 节"双边税收协定的限制：双边税收协定非歧视待遇条款的适用"。

务协议(GATS)最相关的三项协议条款后得出以下结论，即存在合理的论据可以认为，无论是第 2 条规定的最惠国(MFN)义务、第 17 条规定的国民待遇(NT)义务还是第 22 条规定的争端解决和协商机制都不应适用。鉴于世界贸易组织规则不应适用于规范性税收规则的宏观政策考量，该等结论是正当且合理的。⑱

311

上述这些结论，即无论是双边税收协定抑或是世界贸易组织贸易规则均不应适用于数字服务税，是基于对数字服务税所包含的如下主要特征而得出：

- 其不应被归为一项所得税(或可用于抵扣其所得税)，而应当被归为一项基于营业总收入的消费税。这一特征也是主张其不属于《经合组织税收协定范本》第 2 条项下的一类税制的主要构成论点。

- 其应当在对居民和非居民企业的适用方面一视同仁。这一特征并非基于《经合组织税收协定范本》第 24 条项下的要求，而是基于世界贸易组织国际协定项下的义务要求。⑲也就是说，不应对于不同国家的居民企业进行区别歧视(基于最惠国义务的要求)，或对于非居民企业和居民企业设置差异化的政策(基于国民待遇义务的要求)。

上述两项主要特征对数字服务税和国际框架之间的兼容性和联结性造成了现实的阻碍，尤其是其几乎确定会导致双重征税。然而，从税务政策设计的角度考虑，这两项特征被嵌入数字服务税的内涵中似乎在很大程度上能够降低税法和贸易法项下现行法律义务的法律冲突风险，因此这些不适配的问题也必须被接纳和容忍。

这一领域的后续动向是欧盟法院(CJEU)大法庭近期在 Tesco-Global 案⑳和 Vodafone 案㉑中对于匈牙利营业税和欧盟法项下的基本自由准则

---

⑱ 参见第 4.6 节"世界贸易组织成员施加的限制"。

⑲ 诚然，其坚称《经合组织税收协定范本》第 24 条不应适用。

⑳ Case C 323/18 Tesco-Global Áruházak Zrt v Nemzeti Adó-és Vámhivatal Fellebbviteli Igazgatósága ECLI:EU:C:2020:140.

㉑ Case C-75/18 Vodafone Magyarország Mobil Távközlé si Zrt. v Nemzeti Adó-és Vámhivatal Fellebbviteli Igazgatósága ECLI:EU:C:2020:139.

之间的兼容性关系所做的论断。这些匈牙利的案件涉及对源于零售和数字广告的产生的净营业额进行课税的挑战。这些案件被视为是为欧盟法律对数字服务税的潜在挑战奠定了基调。㉒欧盟法院认为，匈牙利对该等营业税的征收并未导致区别歧视。一项基于营业额金额而累进设置的税制——其适用于具有高营业额的外资子公司，而对于低营业额的匈牙利国内公司则不适用——并未违反基本自由准则。正如露丝·梅森评论道，欧盟法院"为拒绝以基本自由准则来挑战数字税这一事项奠定了基调"。㉓

9.2.4　税收以及其他税务管理的担忧

如本书第4章所讨论的，尽管目前的共识是数字服务税的很多方面并不尽如人意，但对于数字服务税在实施过程中所伴随的弊端是否超过解决数字税挑战的需要，也并未达成统一的意见。㉔因此，经合组织在其中期报告中也并未倡议反对数字服务税，而是旨在为数字服务税的设计提供指引。㉕

经合组织对数字服务税的有限认可，可以被认为是其通过规范化的回应，以将数字服务税对国际税收体系的伤害降到最小的一项尝试，并缓和其所带来的消极后果。经合组织的建议是，数字服务税应当：

(1) 是临时性的(在此意义上，其应当在多边性的共识达成后立即被替代)；

(2) 仅应针对高度数字化的商业模式(即，其不应当适用于普通的网络货物和服务贸易)；

(3) 设置一个较低的税率以将超额征税的影响降到最低；

(4) 尽量将其对初创公司、非盈利实体以及中小规模企业(就此可通过对企业实体的规模和相应的管辖权设置相称的门槛阈值，以确保数字服务税仅适用于超大型企业)的影响降到最低，并确保其不会对该等企

㉒　Ruth Mason "What the CJEU's Hungarian Cases Mean for Digital Taxes" (8 March 2020) Social Science Research Network 〈https://papers.ssrn.com/sol3/papers.cfm?abstract_id=3550757〉.

㉓　Ibid at 16.

㉔　参见第4.2.2节"BEPS以外"。

㉕　OECD, above n 903 at[178].

业或实体施加过度的合规成本。㉖

设置一项具有高度针对性的、低税率的且(可能是)临时性的税项意味着其后果从短期来看，可能会导致低效的风险，从某种意义上说，相较于通过其所获得的税收收入，纳税主体以及税务管理机关为此所需付出的成本将是高昂的。

9.2.5 与经合组织基于共识驱动的多边解决方案相比如何？

313

上述所提及的对于数字服务税的主要担忧，如其适用范围、经济效率、法律约束以及税收和行政管理缺失的问题，都表明相比于经合组织及其包容性框架的提案而言，这类税收属于最不受欢迎的选项。就多边解决方案而言，其相较于数字服务税的核心差异之处在于，采取多边路径具有三项"全局性的"益处：

- 对国际税收框架进行改革的契机与解决特定问题相互耦合。换言之，需要对税收体系进行改革，以应对高度数字化业务和其他在市场管辖区使用营销性无形资产的业务所带来的挑战。相较于"用螺栓紧固在"一个在很大程度上无法兼容的附加税上，在整体的国际税收体系中解决这个问题更为可取。如果可以通过达成长期协议的方式来解决这一问题，这些变革措施也将能够更为持久和协同。

- 确保在 21 世纪 20 年代妥协项下所支付的税收可以完全抵扣㉗在现行框架设定内产生的任何税负。尤其是，重点确保"支柱一金额 A"规则所确立的在市场所在地管辖区的新的征税权项下的应缴税金可以抵扣其本来可以通过在住所地管辖区通过设立单独实体的方法而赚取的收入。

- 建议一个统一的税务体系，在该体系下能够存在统一的方法为所有司法管辖区使用，从而减少双重征税的情形，降低企业的合规

㉖　Ibid at[178—80].
㉗　抑或是通过对相关收入的税负进行豁免以避免双重征税。

成本和行政管理成本，减少和降低昂贵的争议纠纷以及减少国际避税和利润转移的空间。

根据上述这些主要的优点阐述，可以得出一个显著的结论，即采取基于共识驱动的多边解决方案是更为可取的。

9.3 21 世纪 20 年代妥协所改革的主要领域

9.3.1 向目的地征税的演进

本书的最后一个部分回顾 21 世纪 20 年代妥协所提出的五个主要的改变。它们代表了目前和未来的变革中最值得关注的内容，因此也可以被认为是未来的变革趋势或前进方向。其提出的改革内容比高度数字化企业带来的挑战所特定要求的税务回应更为广泛，但明确的是，数字化的商业模式乃是 21 世纪税收体系改革的催化剂。

21 世纪 20 年代妥协结果的第一项变革是国际税收体系逐渐向目的地征税演进。在专注于现行税收体系中的议题和问题时，有时候很容易忽视其中所蕴含的总体性的税务准则。正如贯穿于本书中所论述的，现行的国际税收体系其实是各方妥协的结果。[928] 本质上而言，20 世纪 20 年代妥协涉及在住所地和来源地的司法管辖区之间对不同类型的收入分配征税权。就企业利润而言，经过 1927 年的技术专家委员会报告[929]和 1928 年的政府专家组报告中的双边公约草案[930]之后，位于某个司法管辖区的居民企业将在其所在的管辖区被课税，只有在该企业在其他司法管辖区开展业务且设立常设机构的情形下，其才会在其他司法管辖区被课税。

在第 3 章中，国际税收体系所面临的七项挑战被认为是源于企业的

314

---

[928] 参见第 1.3 节"国际双重征税的历史：'20 世纪 20 年代妥协'"。

[929] 国际联盟(来自阿根廷、比利时、捷克斯洛伐克、法国、德国、英国、意大利、日本、荷兰、波兰、瑞士、美国、委内瑞拉的技术专家)双重征税和逃税。

[930] 国际联盟(政府专家大会)双重征税和逃税(日内瓦 1928 年 10 月)。

数字化进程。而并非所有的七项挑战都可以通过局部向目的地征税演进的改变得以解决，[331]仅其中的四项可以。

第一，高度自动化的商业模式使得企业并非必须在其他管辖区内设置一个常设机构，方能顺利开展业务。[332]如第6章中所讨论的，如何应对逐渐消没的对企业利润进行征税的能力的问题，是一项复杂的挑战，其在于不仅需要解决这其中的联结关系(常设机构问题)，也需要解决对常设机构的利润如何进行分配的问题。[333]

第二，现行国际税收体系的核心是以来源地征税作为基础，也就是商品货物的生产地(即，资本被使用以制造商品货物或产出服务的地点)。对于进口国/消费市场而言，只有在存在常设机构的情形下其才会拥有征税权，更重要的是，该等征税权的范围也仅限于可归属于该常设机构开展的经营活动的利润。鉴于传统的转移定价规则可以被使用，境内的分支机构(或常设机构)并不需要对无形资产享有所有权，不涉及DEMPE(无形资产的开发、价值提升、维护、保护、应用)行为，[334]因此也不承担任何与资产相关的风险。[335]

这意味着使用来源地规则的现行税收体系，为跨国公司的税务筹划提供了两个重要的和法律意义上的空间。其一，避免在市场地管辖区设立常设机构；其二，如果前述方式无法实现，则确保在该市场中运营的企业实体仅承担较少的功能和风险。这可以使得其获得较少的利润分配。

上述两个有关税务筹划空间的问题与逐渐消没的对企业利润进行课税的能力密切相关，如第5章所论述的多边解决机制，尤其是"支柱一

315

---

[331] 如第4章所详细阐述的，经合组织多边解决机制的其他构成部分，如支柱二提议的方案，也与这些挑战的内容相关。

[332] 参见第3.2节"逐渐消没的对企业利润课税的能力"。

[333] 参见第6.2节"处理逐渐消没的对企业利润课税的能力"。

[334] 经合组织跨国企业与税务机关转让定价指南(经合组织，2017年)；对于如何判定一个实体是否拥有一项无形资产的经济权属，经合组织指南规定，应界定一个实体是否履行了所谓的DEMPE职能。DEMPE代表开发、价值提升、维护、保护和应用的含义。因此，如要界定该实体是否履行了DEMPE职能，需要确定谁拥有控制权，谁在为此提供资金，以及谁在承担与该职能相关的风险。

[335] 参见第6.2.5节"挑战：利润的分配"。

金额 A"规则被设计出来以解决这些问题。其通过修订联结度规则从而取消了对于常设机构的要求。这意味着只要属于"范围内的"自动化数字服务㉦并满足相关的门槛要求,㉧则都将被纳入"支柱一金额 A"规则的范畴中。反之,对于面向消费者企业,则需要满足一些额外的要求以建立税收关联。这些额外的考虑因素包括可以证明显著经济存在和产生持续性收入的因素,也可能包括涉及跨国公司在市场地管辖区存在实体,或在市场地管辖区定向投放广告。

316 　　通过将征税权转向目的地征税的多边解决机制,不仅部分解决了对企业利润逐渐消没的课税能力所带来的挑战,也解决了因数据使用和用户贡献所带来的挑战。㉨也就是说,通过多边解决机制——基于目的地征税原则——将征税权分配给了用户所在地的司法管辖区。

　　第三,挑战涉及最重要的实践领域之一,即无法通过转移定价来妥当地处理特定的跨国企业及其交易。㉩这个问题在下述第 9.3.3 节,将其作为变革的重要方面之一进行了更为详细的讨论。在目的地征税规则的语境下,需要特别注意根据"新的"利润分配规则,一部分非常规的剩余利润需要被分配至产品或服务被消费的市场管辖区(即在目的国进行征税)。

　　第四,可以从税收竞争的角度审视部分转向目的地征税。现行规则基于来源地进行征税,对于高度数字化和发达的司法管辖区较为友好,对现行规则进行修订以将征税权分配给市场所在地的司法管辖区,通常意味着会在各管辖区之间进行更大程度的税收分享。目的地征税并不支持将活动迁移(或更加讽刺的,将知识产权或其他资产迁移)至税务更加友好的司法管辖区,因为征税行为将发生在终端消费者所在的市场管辖区。

　　总的来说,整个 21 世纪 20 年代妥协中最为重要的改变,正是"支

㉦　参见第 5.3.7 节"联结度规则"。
㉧　参见第 5.3.6 节"相关门槛"。
㉨　参见第 3.3 节"数据使用、用户贡献,以及对其价值的衡量"。
㉩　参见第 3.6 节"特定跨国企业及其交易中转移定价的失效"。

柱一金额 A"规则对于向目的地征税的迁移。如本书第 5 章所阐述的，[940]虽然潜在的税收金额可能会减少，但从基于来源国征税到目的国征税的迁移却是一个深刻的转变。就目的地征税而言，其具有众多的优点，包括对于税务筹划的阻断(尤其围绕那些使用转移定价的交易)，消除将投资活动设置在税务友好司法管辖区所带来的不尽如人意的后果(税收竞争)以及在第 8 章中所讨论的旨在转移利润的技术手段。[941]

9.3.2 对税收联结度规则的修订

很长一段时间以来，常设机构的概念一直饱受争议。1999 年，经合组织财政事务委员会成立了一个监测现行条约规范对企业利润征税的适用情况的技术顾问小组(TAG)，其主要的任务是审查现行的企业利润征税的条约规则在电子商务语境下的适用情况，并审查替代规则的建议方案。[942]TAG 的最终报告考虑了新兴的电子商务模式，并提出了一些对于常设机构定义的澄清建议。在随后的十年中，对于其中各种话题的一些顾虑被不时提及，其中比较重要的话题诸如如何界定"受支配""以企业名义订立合约""活动的碎片化"以及"准备性或辅助性活动"这些概念的含义。[943]直到 2015 年，经合组织通过税基侵蚀和利润转移行动计划以及其行动计划 7 项下的行动，以"修改《经合组织税收协定范本》中对于常设机构的定义，这将能够解决那些被用于规避在一个国家拥有税务协定项下应税存在的策略"。[944]行动计划 7 提出了一些修订建议，以确保中介机构在一个国家从事活动的意图是使得一个外国企业得以履行其日常的订立合约，则该企业将可以被视为在该国家具有应税存在，

---

[940]   参见第 5.8 节"总结"。

[941]   讨论了各种替代政策选择的各种优缺点部分。例如，参见第 8.2 节"基于目的地的现金流征税"。

[942]   OECD Centre for Tax Policy and Administration "Are the Current Treaty Rules for Taxing Business Profits Appropriate for E-Commerce?" (June 2004) OECD 〈www.oecd.org/tax/treaties/35869032.pdf〉.

[943]   OECD Centre for Tax Policy and Administration Interpretation and Application of Article 5(Permanent Establishment) of the OECD Model Tax Convention(12 October 2011) OECD 〈www.oecd.org/tax/treaties/48836726.pdf〉.

[944]   OECD Preventing the Artificial Avoidance of Permanent Establishment Status, Action 7—2015 Final Report(OECD Publishing, 2015).

除非该涉税中介是基于其独立的业务而执行这些活动。[945]其他的一些修订则包括将对常设机构定义若干例外情形的适用，限制在那些本质上属于准备性或辅助性的活动中。并确保无法通过将一个整体性的经营业务分割成若干个零散的业务来适用这些例外情形。同样的，也包括排除了通过在密切的关联公司之间拆分合同来适用该等例外情形的路径。各国之间已经，并且事实上仍然可以通过多边协议来执行这些修订。[946]

现在可以明晰的是，不论是过去还是现在，各国都一直专注于常设机构的概念，因为其是 20 世纪 20 年代妥协的一个重要组成部分，并且各国为了支持其能够应对使用数字商业模式进行远程销售的先进技术和能力，也都付出了巨大的努力。

第 8 章讨论了对常设机构概念的改革，这些改革或是已经被提出，或是在少数较为激进的国家已经被实际施行。这些改革措施包括通过扩充其概念基础，[947]国内法的解释或宣告，[948]或通过国内反避税立法(例如转移利润税)，[949]以作为对常设机构概念的修订。

21 世纪 20 年代妥协则建议对自动化的数字型企业取消对于常设机构的联结性要求。但对于面向消费者企业，仍然需要具备一些弱于常设机构的联结性要求。毫无疑问的是，这是一个重要的改变，也是最为重要的未来趋势之一。

9.3.3 转移定价中利润分配规则的改变

21 世纪 20 年代妥协的第三个值得关注的特点是其对转移定价和税收分摊中的一项方法的运用。"支柱一金额 A"规则的一个关键组成部分涉及利用转移定价方法，该方法可以将剩余利润进行分离，并将部分利润分配至市场所在地的司法管辖区。对于使用转移定价方法来实现此

---

[945] OECD Model Tax Convention on Income and on Capital Condensed Version(OECD, 21 November 2017) at Article 7.

[946] Multilateral Convention to Implement Tax Treaty Related Measures to Prevent Base Erosion and Profit Shifting(entered into force 1 July 2018).

[947] 参见第 8.5 节"扩大常设机构的概念"。

[948] 参见第 8.5.6 节"通过'解释和声明'来建立常设机构的联结度"。

[949] 参见第 8.5.9 节"利用国内立法支持和扩大常设机构的概念"。

功能的路径，也值得回顾和反思。

如第 8 章所述，当跨国公司试图决定其在不同司法管辖区设立的独立实体的利润安排时，会使用一些通过"外包"方法来进行转移定价的利润调节手段。[50][51]奥斯特休斯和帕森斯将这些方法描述为，基于一个独立实体与跨国企业订立合同所能够获得的收益，来确定其活动和职能的适当和公平的价值或利润。[52]跨国公司使用这类技巧分配其利润，以便将整个跨国公司集团的部分利润分配至那些涉及营销和分销等业务的附属公司。其结果是，涉及营销、分销、合同制造和合作研发活动的常规利润将归属至该等活动发生地的司法管辖区。

这为那些收到由此类外包活动带来的常规利润的司法管辖区，提供了合理且相对稳定的收入水平。然而，这一分割的结果意味着，转移定价规则将剩余利润从上述提及的常规利润中分割了出来。

问题是，将剩余利润与常规利润进行分割促使了跨国公司将其部分或全部剩余利润进行转移，以确保这部分利润在更低税率和更友好的税务司法管辖区被赚取。

如第 8 章所提及和讨论的，阿维·约纳教授等人提出的剩余利润公式分割法，以及牛津大学企业税务中心的迈克尔·德弗罗教授带领的团队所提出的基于所得的剩余利润分配法，都使用了这些方法以将剩余利润和一般利润分割开来。[53]"支柱一金额 A"规则所提出的统一方法也是如此。

虽然转移定价的一些更传统的元素仍然保留了下来，但使用这种外包方法来建立剩余利润的出发点不同于一些传统的基于交易的转移定价方法，即在公平交易的基础上将利润分配至不同的实体。这是因为这种方法将跨国公司利润视为一个整体，并以公司整体概念为基础来确定剩

---

[50] 这种在美国最常用的方法是可比利润法，而在经合组织转移定价准则中使用的是交易净利润法。

[51] 相关讨论参见"外包法的运用"。

[52] Paul Oosterhuis and Amanda Parsons "Destination-Based Income Taxation: Neither Principled nor Practical?" (2018) 71 Tax L. Rev 515 at 530.

[53] 参见第 8.3 节"基于所得的剩余利润分配"。

余利润。因而其与公式分割法和剩余利润分配法的内容也具有一些概念上的渊源。

9.3.4 重新定义住所地征税

320   21 世纪 20 年代妥协的第四个特点是计划强化基于住所地的税收。如之前所讨论的，[54]许多被提议的改革方案主要是关注基于来源地的税收(例如，将利润分配至来源地的司法管辖区、改变联结性规则、将剩余利润归属于来源地的司法管辖区)，但经合组织的包容性框架指出了基于住所地税收的不足之处。这主要是源于两个主要的问题：[55]

(1) 设立公司住所的便捷性，尤其是在税务友好的司法管辖区设立附属公司。在国际税务筹划的长期实践中，通过在该等司法管辖区审慎设立税务住所，使得跨国公司有机会对其在全球的收益免于税责。

(2) 对公司收入征税与自股东收入(如有)征税的分离。

鉴于第(1)项问题下增强了跨国公司降低其公司税负的机会，因而使得跨国公司有可能在第(2)项下推迟缴纳股东税收，并因此推迟总体税收的缴纳。

本书第 6 章将支柱二中提出的收入纳入规则形容为"一种全球化的受控外国公司规则"。[56]通过约束公司股东与公司收益之间的联系，以至少确保其利润需要缴纳一个最低水平的税率，据此，基于住所地征税规则下的一些问题得到了解决。这一项改革的特点并非主要归因于高度数字化业务的发展，而可以被推测为不论是基于来源国征税还是所在国征税，都只能获得极少甚至无法获得税收(包括对于所在国的股东征税亦是如此)，因此税务机关吹响了哨声并暂停了比赛。

9.3.5 税务竞争的考虑

321   21 世纪 20 年代妥协的最后一个值得注意的特点可能也是最具争议的一个问题，且这个问题可能会导致第 5 章讨论的建议中的某些要素最

---

[54] 参见第 3 章和第 6 章，特别是第 3.7 节"基于住所地征税的不足之处"。
[55] 参见第 3.7 节"基于住所地征税的不足之处"。
[56] 参见第 6.7 节"基于住所地征税的不足之处"。

302

终被旁落。本书第 3 章讨论了税收竞争的挑战，即某些自利的国家会存在破坏国际共识的动机。⑤⑦经合组织工作计划的回应解决了来源地司法管辖区的课税权问题，强化了母公司管辖区对于所得来源地的税收管辖权，并试图通过额外的税基侵蚀和利润转移措施来防止利润和投资转移，该部分内容在第 6 章中进行了讨论。⑤⑧

也许 COVID-19 疫情所造成的糟糕的财政后果会促使世界各国选择一个更加团结一致的和基于共识为导向的路径。期望这一基于团结和共识导向的路径能够胜过个别国家在这场健康危机中所采取的脱节且相异的路径。

就当下而言，国际税收框架比以往任何时候都更需要 21 世纪 20 年代妥协。

---

⑤⑦　参见第 3.8 节"国家之间的竞争"。
⑤⑧　参见第 6.8 节"国家之间的竞争"。

ministration Interpretation and Application of Article 5 (Permanent Establishment) of the OECD Model Tax Convention(12 October 2011)

经合组织税收政策与管理中心《经合组织税收协定范本》第 5 条(常设机构)解释和适用(2011 年 10 月 12 日)，第 317 页

OECD Committee on Fiscal Affairs Application and Interpretation of Article 24 (Non-Discrimination): Public Discussion Draft (OECD Publications, June 2008)

经合组织财政事务委员会第 24 条(非歧视条款)的适用和解释：公开讨论草案(经合组织出版社，2008 年 6 月)，第 146 页

OECD Explanatory Statement: 2015 Final Reports(OECD/G20 Base Erosion and Profit Shifting Project, 2015)

经合组织解释性声明：2015 年最终报告(经合组织/G20 税基侵蚀和利润转移项目，2015)，第 34 页

OECD Model Tax Convention on Income and on Capital: Condensed Version 2017 (OECD Publishing, November 2017)

经合组织收入和资本税收协议范本：2017 年精简版(经合组织出版社，2017 年 11 月)，第 5 页

OECD Secretary-General Report to G20 Finance Ministers and Central Bank Governors (OECD Publishing, June 2019)

经合组织秘书长给 G20 财长和央行行长的报告，(经合组织出版社，2019 年 6 月)，第 168 页

OECD Technical Advisory Group on Monitoring the Application of Existing Treaty Norms for Taxing Business Profits Are the Current Treaty Rules for Taxing Business Profits Appropriate for E-Commerce? Final Report(Centre for Tax Policy and Administration, 2003)

经合组织监测现行条约规范对企业利润征税的应用的技术咨询小组，"现行企业利润征税的条约规则是否适用于电子商务？"最终报告(税收政策和管理中心，2003 年)，第 31 页

OECD/G20 Inclusive Framework on BEPS Programme of Work to Develop a Consensus Solution to the Tax Challenges Arising from the Digitalisation of the Economy(2019)

经合组织/G20 BEPS 包容性框架为经济数字化带来的税收挑战制定共识解决方案的工作计划(2019)，第 35、41 页

OECD/G20 Base Erosion and Profit Shifting Project: Addressing the Tax Challenges of the Digital Economy, Action 1-2015 Final Report (OECD Publishing, October 2015)

经合组织/G20 税基侵蚀和利润转移项目：应对数字经济带来的税收挑战，行动 1-2015 年最终报告(经合组织出版社，2015 年 10 月)，第 113 页

OECD/G20 Base Erosion and Profit Shifting Project: Addressing the Tax Challenges of the Digitalisation of the Economy, (OECD Publishing, February 2019)

经合组织/G20 税基侵蚀和利润转移项目:应对经济数字化带来的税收挑战(经合组织出版社，2019 年 2 月)，第 238 页

OECD/G20 Base Erosion and Profit Shifting Project: Addressing the Tax Challenges of the Digitalisation of the Economy—Policy Note (OECD

图书在版编目(CIP)数据

课税数字经济/彭诚信主编;(新)克雷格·埃利
夫(Craig Elliffe)著;赵冉冉译.—上海:上海人
民出版社,2022
书名原文:Taxing the Digital Economy:Theory,
Policy and Practice
ISBN 978-7-208-17892-2

Ⅰ.①课… Ⅱ.①彭… ②克… ③赵… Ⅲ.①信息经
济-国际税收-税收管理-研究 Ⅳ.①F810.423

中国版本图书馆 CIP 数据核字(2022)第 158876 号

策 划	曹培雷　苏贻鸣
责任编辑	夏红梅
封面设计	孙　康

课税数字经济

彭诚信 主编

[新西兰]克雷格·埃利夫 著

赵冉冉 译

出　　版	上海人民出版社
	(201101　上海市闵行区号景路 159 弄 C 座)
发　　行	上海人民出版社发行中心
印　　刷	上海商务联西印刷有限公司
开　　本	720×1000　1/16
印　　张	22.5
插　　页	4
字　　数	303,000
版　　次	2022 年 10 月第 1 版
印　　次	2022 年 10 月第 1 次印刷
ISBN	978-7-208-17892-2/D·3997
定　　价	88.00 元

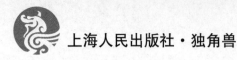

上海人民出版社·独角兽

阅读,不止于法律,更多精彩书讯,敬请关注:

微信公众号　　　微博号　　　视频号